中外经典文库

休谟文选

李瑜青 主编

上海大学出版社
·上海·

图书在版编目(CIP)数据

休谟文选 / 李瑜青主编. —上海：上海大学出版社，2023.2
（中外经典文库）
ISBN 978-7-5671-4590-0

Ⅰ.①休… Ⅱ.①李… Ⅲ.①休谟（Hume，David 1711-1776）—文集 Ⅳ.①B561.291-53

中国国家版本馆 CIP 数据核字（2023）第 023898 号

统　筹　刘　强
责任编辑　刘　强
助理编辑　陈　荣
封面设计　柯国富
技术编辑　金　鑫　钱宇坤

中外经典文库
休谟文选
李瑜青　主编

上海大学出版社出版发行
（上海市上大路 99 号　邮政编码 200444）
（https://www.shupress.cn　发行热线 021-66135112）
出版人　戴骏豪

*

南京展望文化发展有限公司排版
上海华教印务有限公司印刷　各地新华书店经销
开本 890mm×1240mm　1/32　印张 9.75　字数 227 千字
2023 年 3 月第 1 版　2023 年 3 月第 1 次印刷
ISBN 978-7-5671-4590-0/B·133　定价 48.00 元

版权所有　侵权必究
如发现本书有印装质量问题请与印刷厂质量科联系
联系电话：021-36393676

目录
CONTENTS

优雅而快乐的人 …… 001
注重行为和德行的人 …… 009
人性的高贵与卑劣 …… 017
论技艺的提高 …… 024
鉴赏的标准 …… 036
鉴赏力的细致和情感的
　　细致 …… 057

论商业 …… 061
论货币 …… 074
论利息 …… 085
论贸易平衡 …… 095
论贸易的猜忌 …… 110
论赋税 …… 114
论社会信用 …… 119

沉思和献身哲学的人 …… 133

论艺术和科学的兴起与
　　进步 …… 137
论雄辩 …… 161
怀疑派 …… 173
谈谈悲剧 …… 194
谈谈随笔 …… 203
谈谈写作的质朴和
　　修饰 …… 208
学习历史 …… 214

观念的起源 …… 219
"必然联系"的观念 …… 225
理解的作用 …… 243
自由和必然 …… 257
各派哲学 …… 277
论德与恶 …… 287

优雅而快乐的人

人类最高的技艺和勤奋所得到的产物，无论是在其外表的美妙或其内在的价值上，都不能与自然产物的最高和谐相媲美，这对于人类的虚荣心来说，真是莫大的耻辱。技艺仅仅是工匠手下的东西，被用来给那些出自大师之手的作品以些许修饰之笔。某些服装衣饰可能是由工匠绘制的，然而那最重要的人物形象，却是他不可企及的。技艺可以制作一套衣服，但只有自然才能创造人。

我们发现，甚至在那些通常被称为技艺性工作的生产中，那最高贵的品种也要铭感自然的恩惠，因为它们主要的美来自大自然的力量和快乐的熏陶。诗人们天生的热情，是由他们在作品中所赞美的事物激发起来的。即使是最伟大的天才，一旦失去对自然的凭依，被抛到神圣的里拉①一边（因为自然并不公平），那么他仅从技艺的规则中，是毫无希望达到只有从自然的神灵启示才能产生的神圣和谐的。幻想的欢乐之流并没有给技艺的修饰和雕琢提供任何材料，它那虚幻的歌声是多么贫乏啊！

但是，人们却不断对技艺进行无效的尝试，这之中尤数一本正经的哲学家们所做的事最为可笑，他们提出一种人造的幸福，并企

---

① 里拉，古希腊的一种七弦竖琴。——译者注

图通过理性的规则以及沉思来使我们快乐。波斯王色克塞斯曾允诺要向每一种新快乐的发明者颁奖,为什么他们之中没有人向他要求这种奖赏呢?莫非是:或许他们已经发明了太多的快乐以供自己之用,以至于他们鄙视富有,无须任何由最高统治者的恩赐所带来的享乐。甚至我会这样设想,他们并不乐意通过向波斯宫廷呈献这样一种新奇而又无用的可笑东西,来为自己寻求一种新的快乐。当仅限于理论和希腊学校里一本正经的演说中时,这种沉思才能在他们愚昧的弟子中激起赞美;然而只要试图把这种原则付诸实践,马上就会暴露出它们的荒谬。

你自称要通过理性以及技艺的规则使我幸福。那么,你就必须根据技艺的规则重新创造我,因为我的幸福须得依附在我最初的骨架结构中。但是要实现这一点,恐怕你还缺乏力量和技能。我不能接受这样的见解,认为自然的智慧低于你的。让自然去启动她如此贤明地构造出来的大自然机体吧,我觉得我只要一碰,就会毁坏它的。

我要出于什么样的目的,去妄自调整、斟酌或增补那些自然已经在我身上牢固树立的任何一个动机或原则呢?难道这就是通往幸福的必由之路吗?不过,幸福所包含的是舒适、满足、恬静和愉悦;而不是戒备、忧虑和劳累。我身体的健康在于它有完成一切行动计划的能力。肠胃消化食物,心脏循环血液,头脑把精神分类并将其提炼得精粹优雅。事实上,这一切都无须我自己的关注。如果我能够仅以我的意志就停止血液在血管中迅疾地奔流,那么,我也就能够企望改变我的思想观点与感情的进程。假如自然并没有使一件物体给我的感官带来快乐,而我却锻炼了自己的能力,努力要从这一物体中得到快乐,那是愚蠢的。通过这种无效的努力,我只能给自己带来痛苦,而决不会得到任何快乐。

那么,抛弃所有那些无用的企图吧。什么在我们身体内创造我们自己的幸福啦,什么尽情欣赏我们自己的思想啦,什么满足于舒舒服服过日子的意识啦,什么鄙视来自客观外界的一切援助和一切供给啦,这全是出于傲慢的声音,而不是出于自然的声音。甚至,假如这种傲慢能够自持,能够表达一种真正的内在意愿,无论它是抑郁的还是剧烈的,那都很好。但是,这种软弱无能的傲慢除了控制外表,别无他用;它不遗余力所关心的只是虚构言词以及支撑某种哲学的尊严,为着欺骗无知的群氓。在这种时候,由于缺乏情感的欢乐,心灵也就失去了自己的支持,陷入深深的悲哀与沮丧中。悲惨而又劳苦的凡人啊,你的心灵在不超出其自身的范围内才是幸福的!它被赋予了什么样的才智才能填满如此巨大的一个空间,并代替你一切肉体感觉和官能的位置呢?没有你的其他器官,请问你的头脑能够生存吗?在这种情况下,它必然制造出何等愚蠢的形象!什么也不干,只是永远地沉睡。进入一种昏睡,或是忧郁状态,一旦剥夺了外部的消遣和享乐,你的心灵必会沉沦。

因此,不要让我再处于这无情的压力之下吧。不要使我只限于我自己,而向我指出那些提供头等享乐的对象和乐事吧。且慢,为什么一定要请求你们这些骄傲而又无知的哲人,向我昭示通往幸福之途呢?还是请教一下我自己的情感和爱好吧。在它们那里我才能获悉自然的命令,这是在你肤浅的谈话中所得不到的。

看哪,正如我所希望的,神圣、亲切的欢乐(即卢克莱修所谓的肉体的快乐),对于诸神和人类最高的爱,正向我走来。当她接近的时候,我炽热的心在跳动,所有的感官和所有的机能都沉浸在欢乐中;而她则把春天全部的花朵和秋天全部的果实一股脑儿全倾倒在我的周围。她那悦耳的歌声伴着最轻柔的乐曲使我陶醉。同时,她邀请我去分享那些美味的佳果,它们喜气洋洋地放射着天地的光辉,她亲手将这些佳果馈赠给我。伴随着她的是欢闹的爱神丘比特,他一会儿鼓起香气扑鼻的双翼向我扇动,一会儿擎来芬芳馨人的油膏向我浇洒,一会儿端上泡沫飞溅的玉液琼浆向我奉献。哦!让我放松身体,永远躺在这称心如意的玫瑰床上,就这样,感受着这美妙的时刻以轻盈的脚步向前流逝。然而,残酷的时机啊!你这样快地飞向何方?为什么我那强烈的希望,以及你吃力地肩负的那满载欢乐的重担,非但没有延缓反而加速了你毫不松懈的脚步?在寻找幸福的一番劳苦之后,容许我享受片刻这温柔的静憩吧。在经历了如此漫长、如此愚蠢的禁欲痛苦之后,容许我饱享这精美的佳肴吧。

可是办不到。玫瑰失去了它们的色彩,佳果失去了它们的风味,前不久还曾如此愉快地以它的气味陶醉着我的全部感官的芬芳美酒,现在再去引诱那已经厌腻了的口味,已是徒劳。欢乐在讥笑我的消沉。她在召唤她的姐妹德行来帮忙。欢愉,这嬉戏的德行听到了召唤,就把我那些快活的朋友们全部带了来。欢迎啊,我最亲爱的同伴,非常欢迎你们来到这浓荫之下的居室,来到这丰盛的宴席。你们的出现使玫瑰恢复了色彩,使佳果恢复了风味。生气勃勃的美酒的雾气现在重又缭绕在我的心头;你神采奕奕,分享着我的快乐,看得出,你的愉快来自我的幸福与满足。我从你的爱好中得到了爱好;你令人愉快的出现鼓舞着我,将使我重新恢复感官的享受,我的感官在这过分的享乐中已得到了充分满足;然而心灵却跟不上肉体的步伐,也并没有去代替她那过分受苦受累的伙伴。

我们愉快地谈话,比正式的学派论证更容易启迪真正的智慧。我们亲密友好地交往,比政治家和自封的爱国者们空洞的辩论,更容易展现真正的美德。不要对过去耿耿于怀,也不要对未来忐忑不安,让我们安享眼前的幸福吧;在这有生之年,我们只须牢记那死亡或命运的力量还无法顾及的现世利益。明天将带着明天的快乐来临;一旦明天使我们天真的希望落空,我们至少可以享受到今朝有酒今朝醉的快乐。

假如酒神巴克斯和追随他的那些狂欢者们,用野蛮的喊叫打断我们的娱乐,并以他们狂乱、喧闹的欢情来搅扰我们,那么,请不要害怕,我的朋友。活泼的缪斯们已在周围守候;她们富于魅力的美妙乐音,足以使荒郊野漠的豺狼虎豹变得温顺,并把温柔的欢乐注入它们的心田。在这隐蔽场所的庇护下,只有安宁、融洽与和谐;除了我们婉转的歌声和我们友好交谈的欢声笑语,这儿的寂静从不曾被打破。

但是听啊!缪斯的宠儿,豪侠的第蒙①折断了里拉;而且,当他以自己那更加悦耳的歌声为和谐的乐曲伴唱时,我们就被他那与歌声同样欢快奔放的想象力所鼓舞,他自己也深深地为之激动。他唱道:"你这快乐的年轻人,你这上帝的宠儿,当花草繁茂的春天把她全部艳丽的春光倾泻在你头上时,不要让荣誉以她虚妄的光彩诱惑了你,使你在这个美妙的季节、人生的全盛时期,发生意外或危险。智慧向你指出了快乐之路,自然也在召唤,要你跟她走上铺满鲜花的坦途。对于它们威严的呼声,难道你能充耳不闻吗?面对它们温柔的诱惑,难道你能无动于衷吗?哦,虚幻的人生啊!就这样,失去你青春的年华;就这样,抛弃这宝贵的时光,轻视那易逝的福祉。好好考虑一下你的补偿吧。那如此引诱你高傲之心的荣誉,那诱惑你孤芳自赏的荣誉,它不过是一个回声,一个梦,甚至是一个梦的幻影,一点小风就会把它驱散。愚昧无知的群氓呼出一

---

① 第蒙,16 世纪伊丽莎白女王的乐师,作曲家。——译者注

口气就会使它消失。你倒不必害怕死亡会把它夺去。但是看哪!当你还活着的时候,诽谤却会把它从你那儿夺走;无知也会怠慢它;自然并未享有它;唯有想象力放弃了所有的欢乐,来接受这像她自己一样空洞无依、虚无飘渺的报偿。"

时光在不知不觉中流逝,它飘忽不定地带着各种感官的快乐,以及各式各样和谐与友谊的乐趣。纯洁带着含情脉脉的微笑,走近这前进的行列;当她出现在我们眼前时,竟使我们神情恍惚,销魂夺魄。她美化了全部的景象,并使欢快的场面达到了狂喜的境地,即使这些欢乐已从我们眼前逝去,仍令人觉得她们还像刚才一样,正笑容满面地向我们走来。

然而,太阳已经落到地平线下面去了;静悄悄地包围我们的黑暗,此时已用它无垠的夜色笼罩了整个大自然。"欢庆吧,我的朋友们,继续你们的盛宴,或把它变为温柔的静憩。虽然我不在场,但你们的快乐与安宁也就是我的快乐与安宁。"但是,你往何处去?难道有什么新的快乐会把你从我们的交往中唤去?离开了这些朋友们,你还会有什么惬意?没有我们参加,你还能有什么愉快?"是的,我的朋友们,我现在所追求的快乐,就不容许你们分享。只有在这里,我希望你们不在场;也只有在这里,我才能为失去同你们交往找到一个充分的补偿。"

不过,我并没有穿过这密林的浓荫向前走多远,它以重重黑暗包围着我,然而透过黑暗,我想我是看到了可爱的塞丽娅①,我的希望,我的心上人。她正急切地在树丛中徘徊,等待着约会的时间,默默无声地责备我迟到的脚步。但是,她从我的出现所得到的

---

① 塞丽娅,英国诗人斯潘色诗中提到的女神,她有三个儿子,分别代表信仰、希望和博爱。——译者注

快乐,是对我的歉意最大的宽恕。驱散一切焦虑和怄气的念头吧,空出坦荡的心胸,不为别的,只为我们共同的快乐与销魂。我的美人,用什么样的语言,才能表达我的柔情,或描述那此刻正使我的内心激动万分的情感!要描述我的爱情,语言是太无力了;而如果,啊啊!你在你自己身上感觉不到这同样的激情,我就是竭力把它的确切观念转达给你也是徒劳。但是你的每一句话和每一个动作都足以消除这疑虑;而且当它们表达了你的感情时,也足以使我钟情了。这种隐居、这种静谧、这种黑暗,是多么亲切啊!现在,没有什么东西来搅扰这已被陶醉的灵魂。除了思想、感官全部充满了我们共同的幸福,再没有任何别的东西。这幸福的思想、感觉完全地占有了心灵,并传递着一种愉快,这种愉快是受骗的凡夫俗子们在任何其他的享受中所找不到的。

但是,为什么泪水沐浴着你鲜红的面颊,你的内心在沉重地叹息呢?为什么用这样徒然的忧虑来烦扰你的情感呢?为什么你总是问我,我的爱情还将持续多久?啊啊!我的塞丽娅,我能解答这个问题吗?我怎么能知道我的生命还将持续多久?而这也会打扰你温柔的心绪吗?是不是我们孱弱会死之人的幻梦总是呈现于你,使你最快活的时光变得沮丧,甚至伤害那些由爱情唤起的欢乐呢?倒不如这样考虑,如果说生命是易逝的,青春是短暂的,那我们就应该更好地使用眼前的时光,一点儿也不要错过那易朽的肉身所应享有的福祉。只一会儿工夫,这些就将不复存在了。我们及时行乐吧,就像我们从未享受过一样。人们对我们的记忆不会总是留在地球上的,甚至传说中的地下幽灵也不会为我们提供寓所。我们无效的担忧,我们徒劳的计划,我们靠不住的推测,将都被耗尽并失去。我们现存的有关万事万物始因的疑问,啊啊!必将永远得不到解答。只有这一点我们可以确信,即,如果有任何至高无上的主宰精神在统辖,那么他必然会高兴地看着我们达到我们生命的终点,并安享这一快乐,我们被创造出来仅仅是为了他。让这种想法给你忧虑的思想带来宽慰吧;不过,通过经常地细细品味这一想法,也不会使你的快乐太甚。为了无限地放纵爱情和欢乐,消除一切愚昧迷信的顾虑,只要懂得这种哲学就足够了。但是,我的美人,当青春和恋爱激起我们热切的情欲时,我们必然会在这爱情的拥抱中,找到更为快乐的话题。

(杨 适 译)

注重行为和德行的人

大自然在对待人类和对待其他动物方面有多么明显而重大的不同啊。它赋予前者一种崇高神圣的精神,让他具有和最高存在者一样的特性,大自然不允许这些高贵的品质白白浪费,而是根据必然法则驱策人们处处最大限度发挥他的技艺与勤劳。兽类有很多必需品是靠大自然提供的,它们的衣着武装都来自这位万物的慈父:凡是需要它们自己努力的地方,大自然靠注入本能而给予了它们这种技巧,根据大自然正确无误的命令指导它们谋生。可是人,却是赤身裸体、两手空空地来到这无情的世界,依靠父母的关切操劳才逐步摆脱无助状态,凭借自己的奋斗与警惕,得以生长成熟,这才仅仅获得了生存的能力。一切都是用技艺和劳动换来的;大自然只供给了粗糙原始的材料,人们通过顽强进取和富于智慧的工作才使得它们从毛胚变成了对人类有用和便利的东西。

啊,人啊!知识,这是大自然的礼物;因为它给予了你获得一切必需的智慧。但是决不能在所谓"感激"的名义下,满足于大自然的馈赠而沉溺于怠惰无为之中。难道你愿意返回到那样的生活:以草为食、以天为屋、用石头棍棒为武器抵御贪婪的野兽?那就是返回野蛮状态,返回可悲的迷信,返回野蛮的无知,使自己堕落到比你所赞叹和愚蠢地模仿的那些动物的状况更低下的地步。

慈父般的大自然给了你技艺和智慧,它让这个世界充满了能够发挥这些才能的原料。听一听她的声音,它清清楚楚地告诉你,你自己也应当是你努力的对象,只有凭借技艺与专心致志,你才能获得必要的能力,把自己提高到宇宙中适当的位置上来。看看这位工匠吧,他把一块粗糙得不成样子的矿石变成贵重的金属,然后用他那灵巧的双手把金属铸成模子,奇迹般地制造出各种防卫的武器和便利的用具。他这种技艺并非天生:是实践教会了他;假如你也想要得到这样的成功,你就必须追随他那辛劳的足迹。

然而,当你一心巴望着施展你身体的力量和机能时,你岂不是可耻地荒废了你的心灵?出于愚不可及的懒惰而让心灵仍像当初来自大自然之手时一样的蒙昧粗鄙、毫无教养?每一个理性的存在者都不应如此蠢笨和疏忽。假如大自然在才能和天赋方面并不丰富,那么这就更需要人工以弥补其不足。假如她始终慷慨大方,晓得她还是要指望我们的努力勤勉,那么她就会按照我们轻率负恩的程度而施加报复。最肥沃的土壤,当其未经耕耘之时,不能为它懒惰的主人长出葡萄和橄榄以提供愉悦和受用,只能充斥着最可厌的杂草。最富有的天才也是如此,当它未经教化时只能产生最恶劣的毒害。

一切人类努力的伟大目标在于获得幸福。为此目的,爱国者和立法者们发明了技艺,培育了科学,制定了法律,建造了社会。即使是那些风餐露宿、茹毛饮血的孤寂的野蛮人,也须臾不曾忘记这个伟大的目标。虽然他对人生的技艺一无所知,但是他也能把这些技艺的目的记在心上,在笼罩他的黑暗之中渴求着幸运。最粗鄙的野人,比起那些在法律保护下享受着人类劳动所发明的种种便利的优雅的公民,相差是那么悬殊;但是,这些公民自己比起那些有德之士、比起那真正的哲学家,相差也是同样巨大。有德之士、真正的哲人,能够支配自己的欲望,控制自己的激情,根据理性而学会对各种职业和享受确立正确的评价。是不是因为有一种为了获得任何其他成就所必需的艺术和训练呢?难道不存在指导我们从事这一基本任务的生活艺术、规则和方案吗?离开了技艺我们就不能达到任何满足吗?没有反思和理智,依靠欲望和本能的盲目指引,一切就无法调整吗?的确,在这桩事上是不能犯错误的;然而每个人,不管他多么堕落和疏忽,都是用一种正确无误的动机追求幸福,就像我们所看到的那些天体,由全能之神的指引而在苍茫的太空运行。不过,假如错误在所难免,那就让我们记住它们,探究它们的原因,权衡它们的分量,寻求对它们的补救。当我们根据这一点确立我们的行为准则时,我们就成了哲人。当我们将这些准则付诸实践时,我们就成了贤者。

正如许多雇来组装机器的轮子和弹簧的下级工匠,他们擅长各种生活的专门技艺,而他则是工长,他把各个部分装合在一起,让它们按照正确的协调与比例运转,作为这种协同秩序的产物,他造就出真正的幸福。

当其在你心中有了这么迷人的目标时,为达此目标所必需的劳作与关注还会是沉重难堪的吗?要知道,正是劳动本身构成了你追求的幸福的主要因素,任何不是靠辛勤努力而获得的享受,很快就会变得枯燥无聊、索然无味。请看那些勇敢的猎人吧,他们离开温柔的卧榻,挣脱惺忪的睡意,当曙光女神还没有把她火焰般的大幕布满天空之际,就匆匆冲入了森林。他们听任那些使自己受到致命伤害的各种野兽留在家中,留在邻近的旷野之上,尽管这些野兽的肉味,堪称佳肴。勤劳者鄙视这种唾手可得的东西。他要搜寻一只活物,一只能躲避他搜索、逃过他追踪、抗御他进犯的活野兽。在这种追猎中,他激发了心灵的每一种激情,动员起全身的每一个部分,因而他感到了休息的惬意,高兴地把这种快乐比作那引人入胜的劳动的快乐。

即使在追捕最无价值而又常常漏网的猎物时,生气勃勃的努力不也能给我们快乐吗?那么,我们为什么不能用同样的努力来从事陶冶心灵、节制情感、开拓理性这种更美好的工作呢?当我们感到自己每天都在进步,发现自己内心深处日益充满新的灿烂的光辉,难道不会更加快乐吗?要着手医治你自己的昏沉怠惰,事情并不困难:你只需尝到一次诚实劳动的甜头就行了。要从事学会正确地评价每一桩事体,并不需要长期钻研:你只需比较一下心灵与肉体、德行与幸运、荣誉与快乐,哪怕比一次就够了。这样,你就会体会到勤勉的意义;这样,你就会认识到什么才是你努力的恰当目标。

从玫瑰床上你寻不到安眠,从美酒佳肴中你得不到快乐。你的怠惰会使人困乏,你的快乐将令人作呕。没有蒙受教诲的心灵会发现每一件可爱的事物都那么无聊可厌;还在你那满是邪恶怪癖的身体苦于恶病缠身之前,你身上比较高贵的部分就会感到毒素的侵蚀,你会徒劳地寻求新鲜刺激以重新麻醉自己,但这仍然只能更加重那不可救药的悲哀。

我用不着告诉你,倘若你一味追求快乐,只会越来越承受运气和偶然性的摆布,屈从于外物的支配,这样,一件不测之事就可能突然夺走你的一切。我可以假定你福星高照,命运赐予你安享富贵荣华。我要向你证明的是,即使在你最奢侈的享乐中,你也并不幸福;另外,生活过于放纵,你就无法享受命运允许你所拥有的快乐。

但确切无疑的是,运气的捉摸不定是一件不容无视或忽略的事情。幸福不可能存在于没有安全的地方,而安全也不可能有听凭运气主宰的余地。即使反复无常的神明并不向你勃发怒气,但是它的恐怖依然会折磨你,让你寝食不宁、提心吊胆,在最美好的盛宴上也垂头丧气、沮丧万分。

智慧的殿堂坐立在磐石之上,它高出一切争端的怒火,隔绝所有世俗的怨气。雷声滚滚,在它脚下轰鸣;对于那些狠毒残暴的人间凶器,它是高不可及。贤哲呼吸着清澈的空气,怀着欣慰而怜悯的心情,俯视着芸芸众生:这些充满谬见的人们,正盲目地探寻着人生的真正道路,为了真正的幸运而追求着财富、地位、名誉或权力。贤哲看到,大多数人在他们盲目推崇的愿望前陷入了失望:有些人悲叹曾经一度占有了他们意欲的对象被多忌的命运夺走;所有的人都在抱怨,即使他们的愿望得到满足或是他们骚乱的心灵的热望得到安慰,它们也终究不能给人带来幸福。

然而,这是不是说贤哲就总是保持着这种哲学的冷漠,满足于悲悼人类的苦难而从不使自己致力于解除他们的不幸呢?这是不是说他就永是滥用这种严肃的智慧,以清高自命,自以为超脱于人类的灾祸,事实上却冷酷麻木而对人类与社会的利益漠不关心呢?不,他懂得,在这种阴郁的冷漠中,既没有真正的智慧,也没有真正的幸福。对社会深沉的爱强烈地吸引着他,他无法压下这种那么美好、那么自然、那么善良的倾向。甚至当他沉浸于泪水之中,悲叹于他的同胞、家国和友人的苦难,无力挽救而只能用同情给以慰藉之时,他仍然豁达大度、胸襟宽广,超乎这种纵情悲苦而镇定如常。这种人道的情感是那么动人,它们照亮了每一张愁苦的脸庞,就像那照射在阴云与密雨之上的红日给它们染上了自然界中最辉煌的色彩一样。

但是,并非只有在这里,社会美德才显示了它们的精神。不论你把它们与什么相混合,它们都依然能占据上风。正像悲哀困苦压制不住,同样,肉体的欢乐也掩盖不了。无论恋爱的快乐是何等销魂,它不能消除同情与仁爱的宽厚情感。它们最重要的感染力正是源于这种仁慈的感情;而当那些享乐单独出现时,只能使那不幸的心灵深感困倦无聊。请看这位快活的浪荡子弟,他宣称除了美酒佳肴,他瞧不起其他一切享受。如果我们把他与同伴分开,就像把一颗火星在趁它尚未投向大火之前与火焰分开,那么,他的敏捷快活顿时便会消失;虽然各种山珍海味环绕四周,但是他会讨厌这种华美的筵席,而宁肯去从事最抽象的研读与思辨,感到更为可心适意。

然而,一旦这种社会的激情摆脱了尘世的万物,本身与善良的情感联结在一起,从而激励我们去从事那些高尚美好的行动,那么它们就提供了最为令人心旷神怡的快乐,或者是在上帝和人的眼中显现出最为荣光的风采。正好像协调的色彩能靠它们谐和的匹配而交相辉映、倍显光辉,人心中的高贵情感也是如此。看一看父母的仁爱之心中大自然的伟大成就吧!当一个人为其子孙的幸运和德行而满怀欢欣的时候,当一个人甘冒最可怕、最巨大的危险而支持他的子孙的时候,什么样自私的情感、什么样感官的快乐能与之相比?

在继续使仁慈的情感升华的过程中,你还会加倍赞美它灿烂的光荣。在心灵的和谐中,在相互尊重和感谢的友谊中,有着多么美妙的魅力啊!在帮助不幸者时,在安慰忧伤者时,在教育堕落者时,在中止残酷的命运或无情的人们对善行与德行的侮辱行为时,能得到多么大的满足啊!然而,当我们通过美德的示范或明哲的劝诫,使我们的同胞学会了控制自己的情感、改造自己的劣行、征服隐藏在内心深处的最凶恶的敌人,因而战胜了罪恶,一如它战胜了悲苦,那种快乐又该是怎样的崇高啊!

但是，这些目标仍是太受人类心灵的局限了。人心来自天上，它自夸为是最神圣的，具有最广大的仁爱，并且把它的注意力超越它的亲朋故旧，而把它慈爱的愿望扩展到最遥远的后世子孙。它把自由和法律看作人类幸福的源泉，并积极地保卫它们，坚持它们。当我们为了公众的幸福而蔑视辛劳、危险和死亡时，当我们为了国家的利益献出生命从而使生命变得崇高时，辛劳、危险，还有死亡本身，便都会显得美好而动人。这样的人是幸福的，慷慨的命运允许他把来自天性的东西献给美德，使那种不然就会被残酷的贫困夺走的东西成为珍贵的礼物。

在真正的贤者和爱国者那里，凡是能表现人性或是能把会死的人提高到像神一样的事物都是互相联系的。最柔和的慈爱、最无畏的坚毅、最温厚的情感、对德性的最崇高的热爱，所有这一切都成功地使他震颤的心房充满生气和力量。当一个人反省内心，发现那些最骚乱的激情都已经变为正确的、和谐的，发现各种刺耳的杂音都已经从迷人的音乐中消失，那该是何等的欣慰！假如说沉思是如此可爱，即令就其单调的美而言；假如说它夺人心魄，即使当它最美好的形式对我们不相适合；那么，道德美的效果又必将如何？当它装饰我们自己的心灵，成为我们自己反思和努力的结果之时，它又将具有如何的影响？

但是，德行的酬劳在何处？我们常常为它付出了生命和幸福的代价，大自然又为这种如此重大的牺牲提供了什么作为报答？哦，大地之子啊，难道你们不知道这位圣洁的女王的尊贵吗？当你们目睹她迷人的丰姿和纯正的光辉时，莫非还真的想要她一份嫁妆吗？不过我们要知道，大自然对人类的弱点一向是宽容谅解的。她从来不会让她宠幸的孩子一无所获，她为德行提供了最丰富的嫁妆；然而她小心提防，免得让利益的诱惑引起那些求爱者的兴趣，而这些求爱者对如此神圣超绝的美的朴素的价值其实是漠不关心的。大自然非常聪明，她所提供的嫁妆只有在那些业已热爱德性、心向往之的人们眼中才具有吸引力。荣誉就是德行的嫁妆，就是正当辛劳的甘美报酬，就是加于廉洁无私的爱国者那思虑深重的头上或是胜利的勇士那饱历风霜的面庞之上的胜利桂冠。有德之士靠着这种无比崇高的奖赏的提携，蔑视一切享乐的诱惑和一切危险的恐吓。当他想到死亡仅只能支配他的一部分时，就连死亡本身也失去了它的恐怖。不论是死亡还是时间，不论是自然力量的强暴还是人事升沉的无定，他确信在一切人之子中他会享有不朽的名声。

一定有一个支配宇宙的存在者，他用无限的智慧和力量，使互不调和的因素纳入正义的秩序和比例。且让那些好思辨的人们去争论吧，去争论这位仁慈的存在者究竟把他的关注扩展到多远的地方，去争论他为了给德性以正确的酬劳并让德性获得全胜，是否让我们在死后还继续存在。有德之士无须对这些暧昧的问题作任何抉择，他满意于万物的最高主宰向他指明的那些嫁妆。他无比感激地收下为他备下的进一步的酬赏；然而如果遭受了挫折，他并不认为美德就只是徒具虚名；相反，他正是把美德视为自己的报偿，他欣喜地感受到造物主的宽宏大量，因为是造物主让他得以生存，并赋予了他这样的机会，从而学会了极为宝贵的一种自制。

（杨　适　译）

人性的高贵与卑劣

在学术界里有些派别是隐秘地形成的,这同政治派别的形成相似;这些学派虽然有时同主张别种看法的人并不公开冲突,却把他们的思想方式扭到另一方向。这类学派里最引人注目的,是那些对人性高贵问题有不同感受,把自己学说建立在这些不同感受之上的派别;似乎正是在这一点上,划分了有史以来直到如今的哲学家、诗人和神学家。有些人把我们人类捧到天上,把人描绘成半神半人的东西,说人类源出于上天,在世代相传中仍然保留着明显的印记。另一些人则坚持主张人性愚昧,认为人类除了虚夸就没有什么优于别的动物之处,他们对人类所能感受到的只是非常可鄙而已。如果一位作家具有修辞和雄辩的才华,通常他参加前者的行列;要是他的才华在于讽刺和嘲笑,他就自然地投身于另一极端。

我不认为所有贬低我们人类的人都是美德的敌人,也不认为他们在揭露他们同胞的缺点时都怀有恶意。相反,我意识到某种道德上的敏锐感觉,尤其在伴随着爱发脾气的性格时,是很容易使一个人对世界抱嫌恶态度的,也很容易使他们对通常的种种人世经历产生过多的愤愤不平。不过尽管如此,我还得承认,那些倾向于喜爱人类的人的感受,比起告诉我们人性卑不足道的相反看法,对于美德要更为有益。如果一个人对他生就的地位和品质预先有一种高度的评价,他就会自然地努力用行动去达到它,会责备做卑劣或罪恶的事情,认为这会使他堕落,达不到他在想象中为自己设定的形象。所以我们看到,我们的全部礼仪和流行的道德学说都坚持这种看法,都致力于说明罪恶是人所不屑为的,它本身就是可憎的。

我们发现,很少有什么争论不是由于表述上的某种含糊其词引起;而我现在要讨论的关于人性是高贵还是卑劣的问题,看来也不过是其中的一例而已。所以,在这个争辩中,考察一下什么是实际问题,什么只是词句之争,也许是值得的。

没有一个讲理的人能够否认在长处和短处、善与恶、智和愚之间有自然的区别;可是我们在用赞许之词或指责之词来指称它们的时候,通常起作用的主要是靠比较,而不是靠事物性质中某些固定不变的标准,这一点也是显而易见的。与之相似,每个人都承认数量、广延和大小是实际存在的,但是在我们说某个动物是大的或是小的时候,我们总是不知不觉地把这个动物同与它同种类的其他个体作了比较;正是这种比较决定了我们关于它的大小的判断。要是一条狗和一匹马同样大小,我们就会称赞这条狗真大,会说这匹马太小。所以如果我现在来讨论什么问题,我就总得想想争辩的主题是不是一个比较的问题。如果是,就得想想争论者拿来比较的对象是完全相同的,还是在谈些彼此大不相同的东西。

我们在形成关于人性的见解时,喜欢把人和动物作对比,这样我们就意识到人是唯一赋有思想的生物。这种比较,确实是对人有利的。一方面,我们看到有的人思想不受任何地点和时间上狭隘范围的限制,他的探寻达到了地球上最遥远的区域,甚至超出地球达到行星和各种天体。他回过头来思考最初的原始状态，至少是人类历史的起源；向前，他的眼光看到他自己所作所为对后世的影响，并能对千年后的人类面貌作出推断。这种人，他对原因与后果的追寻达到了巨大范围和极其错综复杂的程度；能从特殊现象中抽取一般原理，改进自己的发现、发明；能纠正自己的错误；能从自己的失误中获益。另一方面，我们又看到与此完全相反的人。他的观察和推理局限在周围少数感官对象上；没有求知欲，没有远见；靠本能盲目行动，在很短时间里就达到了他所能达到的最完善的地步，此外决不能再向前迈出一步。这些人之间的差别是多么大啊！我们必须在同后一种人作对比时赞许前一种人，这样才能提高对人性的见解。

为了否定这个结论，通常可以使用两种办法：第一，把情况描绘得很不美妙，坚持认为人性软弱有毛病；第二，在人和最完善的智慧之间作一种新的神秘的对比。在人的各种卓越才能里，有一种是他能超出自己的经验来形成一个关于完美的观念；在他的关于智慧与美德的概念里，他可以不受限制。他能够容易地拔高他的看法，想象出有一种全知存在，如果把自己的知识拿来同它比较，就显出是非常不值一提的东西；在它面前，人的智慧和动物的聪敏之间的区别也就显得微不足道，在某种意义下归于消失了。现在全世界的人都同意一点，就是人类理智同完美智慧之间有无限的距离，那么我们在作出这种比较时就该懂得，在我们的感受能力本来没有多少真实区别可言的地方，我们就不去争论什么了。人对全知非常无知，即使他自己有了关于全知的观念也无法认识什么是全知，这种无知超过了动物对人类的无知；但是动物同人之间的差别毕竟是很大的，只有在把这种差别拿来同前一种差别对比时才能使它显得微不足道。

人们通常也把一个人同另外的人加以对比,发现我们能称作有智慧的或有美德的人为数很少,这样我们就容易接受关于人类可鄙的一般看法。这种推理方法是错误的。为了理解这一点,我们可以通过观察发现人们称之为智慧与美德的那些美名,其实指的并不是各种具体水平的智慧与美德的性质,而是全部都来自我们对某个人同其他人的比较。当我们发现某人达到了很不寻常的高度智慧时,就称之为一个有智慧的人;所以,说什么世上有智慧的人很少,实际上并没有说出什么东西来,因为他们享有这种美名只不过是由于他们罕见。如果人类中最低下的也像西塞罗或培根伯爵那样有智慧,我们还是有理由说智慧的人很少。因为在这种情形下我们就会进一步提升我们关于智慧的看法,不会对才能上并不特别突出的任何人给予某种特殊的尊敬。与之类似,我还听到人们不假思索地说,他们观察到有少数女人是美丽的,因为其他女人缺乏这种美。他们没有想想把"美丽的"这个形容词仅仅用在具有某种程度的美的女人身上是否合适,实际上女人都有某种程度的美,但是我们只把这个词用在少数女人身上。一个女人的某种程度的美,会被人们称之为丑;可是对于某一个男子来说,她被看作是个真正的美人。

正如我们在形成某种关于人类的见解时,通常是把人类同高于或低于他的物种加以比较,或是在人类之中把各个人加以比较,所以我们对人性中的不同动机或推动原则也常常进行比较,以便规范我们对于它们的判断。这确实是唯一值得我们重视的一种比较,它决定着这里所讨论的问题的一切方面。如果我们的自私和恶劣的动机过分凌驾于我们的社会动机和道德动机之上,就像某些指示家所断言的那样,那我们无疑就得承认人性是卑劣的这种结论。

在所有这类争论中，词句之争真是太多了。如果有人否认一个国家或集体里所有的公共精神和感情的诚挚性质，我对他这种想法是怎么回事真感到不可思议。或许他从来不曾以清楚明白的方式感受到这种诚挚精神，因而无法消除他对这种诚挚的力量和真实性的怀疑。但是，除非他进而否认任何不掺杂自利自爱成分的私人友谊能够存在，那我就确信他不过是误用了言词，混淆了概念；因为任何人都不可能自私或毋宁说是愚蠢到如此地步，使他分辨不出人们之间的差异，挑选不出他可以赞许和肯定的品质来。难道他连天使般的人（他自诩为这样的人）的友谊也无动于衷吗？难道他会把伤害和错误地对待他，同对他仁爱和加惠于他的人都等量齐观吗？不可能；他不知道他自己；他忘记了自己的内心活动；或者我们还不如说，他是在使用一种与别人不同的语言，说的不是这些词语本来所指的意义。还有，什么是你所说的自然感情呢？它不是指某种自爱吗？是的，一切都是自爱。你爱你的孩子，因为他是你的；你爱你的朋友，理由也是一样；你爱你的国家，只以它同你自己的联系如何为度。如果把自我这个观念去掉，那就没有什么能打动你，你也就完全死气沉沉、麻木不仁了；而如果你在任何活动中老是只看到你自己，那只是由于虚夸，由于你想给自己求得名誉和声望。如果你承认这些事实，那么你对人类行为的说明我是乐于接受的，这就是我对你的答复。自爱就展现于对他人的仁爱之中，你必须承认它对人类行为有巨大影响，在许多情况下它甚至比它那种原始的模样和形式影响更大。否则，有家庭、孩子和亲友的人，为什么很少有人会不赡养不教育他们而只顾自己享乐呢？的确如你所观察到的那样，这也许是从自爱出发的，因为他们家庭和朋友的诸事顺遂正是他们的快乐和荣耀所在，或他们自己的快乐和荣耀的重要方面。如果你也是这些自私的人们之中的一员,那你就会确信每一个人都有好的想法和善良意愿;那你也就不至于听到下面这个说法时感到吃惊:每个人的自爱,和其中我的自爱,会使我们倾向于为你服务,说你的好话。

照我的看法,使那些非常坚持人性自私的哲学家走入歧途的有两件事:第一,他们发现每个善良或友爱的行为都伴随着某种隐秘的愉快;从这里他们得出结论说,友谊与美德不可能是无私的。但这种看法的谬误是显而易见的,因为是善良的情感或热情产生了愉快,而不是从愉快中产生善良的情感。我为朋友做好事时感到愉快是因为我爱他,而不是我为了愉快才去爱他。

第二,哲学家们总能发现有德之人远不是对赞扬抱无所谓态度的,因此就把他们描绘成一些虚荣心很强的人,说他们一心想得到的就是别人的称赞。但这也是一种错误的看法。如果在一个值得赞许的行为里我们发现了某些虚荣的气味,根据这一点就贬损这个行为,或者把它完全归结为追求虚荣的动机,那是很不公正的。虚荣心同其他情欲的情况不同。如果表面的善良行为里实际上有贪婪和报复打算,我们很难说这些打算在伪善行为里究竟占有多大比重,只能很自然地假定它就是唯一的动机。但是虚荣心同美德却可以紧密相随,喜欢得到做好事的名声与做好事本身是非常靠近的,所以这两种情感容易混在一起,甚于同其他任何感情的关系;爱做好事而一点不爱赞扬几乎是不可能的。因此,我们发现这种光荣感永远会按照心灵的特殊兴趣和气质以曲折变化的形式存在于人心之中。尼禄[①]的虚荣

---

① 尼禄(37—68),古罗马皇帝(54—68),以暴虐、放荡出名。——译者注

表现在驾驭一辆凯旋车上,而图拉真①则表现在用法律和才干治理帝国上。爱美德行为所带来的光荣,正是人类爱美德的一个有说服力的证据。

(杨 适 译)

---

① 图拉真(53—117),古罗马皇帝(98—117)。——译者注

论技艺的提高

奢华(Laxury)是一个含义不确定的词,既可作为褒义词用,也可作为贬义词用。一般说来,它指的是在满足感官需要方面的大量修饰铺张。各种程度的奢华既可以是无害的,也可以是受人指责的,这要看时代、国家和个人的种种环境条件而定。在这一方面,美德与恶行的界限无法严格划定,甚于其他的种种道德问题。要说各种感官上的满足,各种精美的饮食衣饰给予我们的快乐本身就是丑恶的,这种想法是绝不可能被人接受的,只要他的头脑还没有被狂热弄得颠倒错乱。我确实听说有一位外国僧侣,他因为房间的窗户是朝一个神圣的方向开的,就给自己的眼睛立下誓约:决不朝别处看,决不要见到任何使肉体感到欢乐的东西。喝香槟酒或勃艮第葡萄酒也是罪过,不如喝点淡啤酒、黑啤酒好。如果我们追求的享乐要以损害美德如自由或仁爱为代价,那就确实是恶行;同样,如果为了享乐,一个人毁了自己的前程,把自己弄到一贫如洗甚至四处求乞的地步,那就是愚蠢的行为。如果这些享乐并不损害美德,而是给朋友和家庭以宽裕豁达的关怀,是各种各样适当的慷慨和同情,它们就是完全无害的;在一切时代,几乎所有的道德家都承认这是正当的。在奢侈豪华的餐桌上,如果人们品尝不到彼此交谈志向、学问和各种事情的愉快,这种奢华不过是无聊没趣的标志，同生气勃勃或天才毫无关系。一个人花钱享乐如果不关心、不尊重朋友和家人，就说明他的心是冷酷无情的。但是如果一个人匀出足够的时间来从事有益的研究讨论，拿出富裕的金钱来做仗义疏财的事，他就不会受到任何的指责。

由于奢华既能看作是无害的，又可视为不好的事，所以人们会碰到一些令人惊讶的荒谬意见。例如一些持自由原则的人甚至对罪恶的奢华也加以赞美，认为它对社会有很大好处；另一方面，有些严厉的道德君子甚至对最无害的奢华也加以谴责，认为它是一切腐化堕落、混乱，以及公民政治中很容易产生的派别纷争的根源。我们想努力纠正这两种极端的意见。首先，我要证明讲究铺张修饰的时代是最使人幸福的，也是最有美德的；其次我要证明，只要奢华不再是无害的，它也就不再是有益的；如果搞得过分，就是一种有害的行为，虽说它对政治社会的害处也许算不上是最大的。

为了证明第一点，我们只需考虑私人的和公共的生活这两方面铺张修饰的效果就行了。照最能为人接受的观念来看，人类的幸福是由三种成分组成的，这就是：有所作为，得到快乐，休息懒散。虽然这些成分的安排组合应当看各人的具体情况有不同的比例，可是决不能完全少了其中任何一种，否则，在一定程度上，这整个的幸福的趣味就会给毁掉。待在那里休息，确实从它本身来看似乎对我们的欢乐说不上有什么贡献，可是一个最勤勉的人也需要睡眠，软弱的人类本性支持不住不间断的忙碌辛劳，也支持不住无休止的欢乐享受。精力的急速行进，能使人得到种种满足，但终于耗费了心力，这时就需要一些间隙来休息；不过这种休息只能是一时的才适当，如果时间拖得过长就会使人厌烦乏味，兴趣索然。在心灵的休息变换和心力的恢复上，教育、习俗和榜样有巨大的影响力；应当承认，只要它们能增进我们行动和快乐的兴味，对人的幸福就是非常有益的。在产业和艺术昌盛的时代，人们都有稳定的职业，对他们的工作和报酬感到满意，也有种种愉快的享受作为他们劳动的果实。心灵得到了新的活力，扩展了它的力量与能力；由于勤恳地从事受人尊重的工作，心的自然需要就得到满足，同时也预防了不自然的欲望，那通常是由安逸怠惰所引起和滋长起来的。如果把这些生活的艺术从社会里驱逐掉，就剥夺了人们的作为和快乐，剩下来的就只是无精打采而已；不仅如此，甚至连人们对休息的趣味也给毁掉了，它不再是使人欣慰的休息，因为只有在劳动之后，在花费了气力、感到相当疲劳之后，使精力得到恢复的休息才是使人感到舒适的。

勤勉和日常生活艺术的种种改善的另一种好处，就在于它们能产生出某些文学艺术的精品来；不过单靠它是不行的，必须有别的条件在某种程度上配合。产生伟大哲学家、政治家、著名的将军和诗人的时代，通常总有无数的精巧的成衣匠和造船工人。我们很难想象，那能够生产出完美毛料衣着的国家里全然没有天文学或伦理学知识。时代的精神影响一切艺术和学问，人们的心智一旦从怠惰中唤醒，激发出力量，就会指向生活的各个方面，促进各种艺术和科学。人们从愚昧无知中走出来，享用到作为有理性的人的应有权利，他们就会去思考，去行动，去开拓他们心灵上的愉快情感，就像他们开拓物质上的幸福生活一样。

这些艺术愈加提炼改善，人们就愈是成为爱交往的人。要说那些学识很多、谈话材料丰富的人，会满足于孤寂生活，远离他的同胞，这是不可能的，不过是无知妄说和不开化的观念。他们成群地居住在城市里，喜欢接受和交流知识，喜欢显示他们的才智、教养和关于生活、谈话、衣着、家具摆设等等方面的趣味。珍奇诱发智慧,空虚产生愚昧,而愉快则兼而有之。各式各样的俱乐部和社会团体到处都有,男男女女在这里相会很方便,这种社会交往的方式使人们的脾气和举止迅速地得到改进修饰。所以人们除了从知识和文艺那里获得提高外,还必定能从共同交谈的习惯和彼此给予的亲切、愉快中增进人性。这样,勤劳、知识和人道这三者就由一个不可分割的链条联结在一起,并从经验和理性中见到它们进一步的加工洗炼。这种繁荣昌盛的景象通常就被称作比较奢华的时代。

伴随这些益处的害处并不是程度相应的。人们的愉快感情愈是改进,沉溺于过分的这类追求的情况就愈少,因为这类过分对真正的快感最具毁灭性。……在讲究优雅的时代,放荡的恋爱,甚至婚床上的私通,常常只看作是一段风流韵事罢了,但酗酒就不为风尚所容许,被认为是一种讨厌的、对身心有害的恶行。在这件事情上我不仅赞同奥维德或佩特罗尼乌斯①的看法,也赞同塞内卡和加图②。我们知道有段故事,在喀提林③密谋暴乱的时候,凯撒不得不把一封暴露他同加图妹妹塞尔维拉私通的情书交到加图手中,这位严正的哲学家怒气冲冲地把这封信扔回给他,在激怒中骂他是一个醉鬼;对加图来说,似乎找不到比这个词更难听的骂人话了。

勤勉、知识和人道,不仅有益于私人生活,而且对公共生活起

---

① 佩特罗尼乌斯(? —66),古罗马作家,长篇讽刺小说《萨蒂利孔》的作者,做过总督和执政官,是个终生追求享乐的浪荡公子。《萨蒂利孔》详尽地记录了当时的享乐生活,文笔典雅流利,机智风趣。——译者注

② 加图(公元前95—前46),是与之同名的监察官大加图的曾孙,被称作小加图。大加图全力维护罗马古风和传统的道德标准。小加图是保守的元老院贵族领袖,当过保民官,反对恺撒,西塞罗著有称颂他人品的文章。——译者注

③ 喀提林,罗马共和国末期的贵族,担任过行政长官和总督,竞选执政官失败后,曾密谋暴乱,被西塞罗揭露和镇压。——译者注

着有益的作用。它们在促成政治治理的伟大繁荣方面的影响作用,正如在造成个人的快乐和兴旺方面的作用一样。增多和消费使生活丰富多彩和欢乐愉快的物品,对社会是有利的;因为这些物品增添了个人的正当享受,是劳动的贮藏库,一旦国家遇到危难,就可以拿来为公共利益服务。在一个国家里,如果没有对多余奢侈物品的需要,人们就会怠惰,不知道什么是生活的欢乐,这对公共事业也是不利的。因为靠这样一些惰性的人的工作,国家是不能保持或支持它的舰队和陆军的。

欧洲各王国的疆域,到现在有两百年几乎没有变动了。但是它们在力量和威望上的区别为什么如此之大呢?这只能归功于技艺和工业的增长进步。在法国国王查理八世入侵意大利时,他率领了两万军队;可是圭恰尔迪尼①告诉我们,这支军队的装备耗尽了法国的财力物力,以致若干年里它不能再有大的作为。而晚近的法国国王②在战争期间则能保持四十万军队,在马萨林③死后直到他自己去世的这个时期里,他能进行持续近三十年之久的长期战争。

生产得益于知识很多,这些知识是同技术上的长期发展与改进不可分的;另一方面,知识还能够使社会从它的民众的生产中得到最大的益处。要使一国的法律、秩序、治安和纪律臻于某种完善的地步,就必须首先使人们的理性通过教育训练得到提高,并且运用到改造那些粗陋的技艺(首先是商业和制造业方面)上去,否则便是空谈。一个民族,如果连制造纱锭或使用织布机的好处都不

---

① 圭恰尔迪尼(1483—1540),意大利历史学家,文学家。——译者注
② 指路易十四(1638—1715)。——译者注
③ 马萨林(1602—1691),法国枢机主教黎塞留的继任者,并继他成为法国首相。他曾任路易十四的导师,路易十四即位后,他引导幼主关心政务,并训练了大批官员。——译者注

懂,对于这样的民族所能塑造出来的政府,我们能指望它会是好的吗?更不必说,一切愚昧的时代迷信猖獗,它使政治偏邪,还搅扰妨碍人们追求利益与幸福的正当活动。治国安民的艺术知识能培养温良与平和的性格习俗,因为它是用比严厉苛刻要好的人类生活准则的益处教育人们的;苛虐的统治驱迫它的臣民起来同它作对,并且由于赦免无望,使逼上梁山的人只能同它作对到底。随着知识的增进,人们的秉性温和起来,人道精神就发扬光大了;而这种人道精神乃是区分文明时代同野蛮愚昧时代的主要特征所在。这样,派别之争就减少了根深蒂固的宿怨性质,革命行动就减少了悲剧性质,政权统治就减少了严酷性质,民众暴乱也就减少了频繁发生的次数,甚至对外战争也减少了残酷性。在战场上,我们尊敬可爱的钢铁般的勇士,不讲怜悯,也从不畏惧;离开战场,他们就抛弃残酷,恢复了普通的人性。

我们无须担心人们失去残忍心就失去了尚武精神,在保卫国家和自由时变得懦弱无力。技艺不会削弱精神和身体,相反,勤劳作为身心发展不可少的伴侣,能给两者添加新的力量。俗话说,天使是勇气的砺石,它能以亲切美好磨掉勇敢上面的浮垢,如粗暴残忍之类的东西。尊严体面的意识是更有力量、更持久、更有支配作用的原则,它由于知识和良好教育所造成的时代风气的提高,获得新鲜的活力。此外,勇敢如果不加以训练使之得到熟练的战斗技巧,就不能持久,也没有什么用处,而野蛮民族就谈不上有什么战斗训练和军事技术。古人记述达塔默斯是最早懂得战争艺术的唯一蛮族人。皮洛士①看到罗马人整理他们的部队井然有序,颇有

---

① 皮洛士(公元前 319—前 272 年),伊庇鲁斯国王。曾不惜惨重代价取得了对马其顿和罗马的军事胜利。他的兵法受到许多古作家的引用和赞扬。以下引文见普鲁塔克《皮洛士》第 16 章第 5 节。——译者注

艺术和训练,惊讶地赞叹道:"这些野蛮人在训练上一点也不野蛮!"我们可以观察到:古罗马人由于专一致力于战争,几乎成为未开化民族中唯一总是保持着军事素养的民族;可是现代的意大利人却成为欧洲民族中唯一缺少勇气和尚武精神的文明民族。如果有人说意大利人懦弱是因为他们奢华,讲究礼仪文雅,爱好艺术,那就该想想法国人和英国人,他们的勇敢是无可争议的,这同他们喜爱技艺、努力经商是一致的。意大利的历史学家们对于他们同胞的这种退化,讲出了一个颇有道理的原因。他们谈到意大利的所有统治者是如何终于都放下了刀剑的:那时威尼斯的贵族统治猜忌它的臣民,佛罗伦萨的民主政体完全致力于商业贸易,罗马被僧侣们统治着,而那不勒斯受女人的治理。此后,战争就成为雇佣兵们寻好运的事业,他们彼此殴打争斗,为了使世人感到吃惊,他们会在大白天去进行一场所谓的战斗,晚上就回到营房,一点血也不曾流过。

　　严肃的道德家们攻击技术和艺术的改善,依据的主要事例就是古罗马,它把穷困、质朴的美德和集体精神结合在一起,从而上升到一种令人惊叹的庄严与自由的高度;可是当它从被征服的行省那里学到亚洲式的奢华,就陷入各种腐败之中了,这时暴乱和内战就发生发展起来,终于完全丧失了自由。所有的拉丁古典作品,那是我们小时候就谈过的,它们充满了这类伤感,都把国家的衰亡归咎于从东方得来的技艺和财富。萨鲁斯特①甚至认为欣赏绘画也是一种罪恶,不亚于淫荡和酗酒。在罗马共和国末期,这类伤感非常流行,所以这位作者对古老严格的罗马美德充满着赞赏之情,

---

① 萨斯鲁特(公元前86—前34),古罗马历史学家。休谟这里提到的,是他在历史著作《喀提林叛乱记》中的看法。——译者注

尽管他本人正是当时奢华和败坏的一个突出的例证;他轻蔑地谈到希腊人的雄辩,可他本人正是最优美的作家;他为了上述目的颠三倒四口若悬河说了许多枝枝节节的话,可是他本人的著作正是正确鉴赏力的典范。

不难证明这些作家把罗马陷入混乱归咎于奢华和技艺是弄错了原因,其实这是由于政体的设计不佳,由于征服的无限扩张。使生活愉快和便利的改善,并没有产生见利忘义和腐败的自然倾向。一切人花费在各种特殊享受上的代价如何,要看对比和经验来定。一个看门人贪爱钱财,把它花在咸肉和白酒上,同一个廷臣贪财用来买香槟酒和美味的蒿雀,并没有多大差别。财富在一切时候对一切人都有价值,因为它总是能用来买欢笑的;不过人们同样也习惯于荣誉感和美德并想得到它们,而且除此之外就没有别的东西能限制他们爱钱或使他们按规矩来获得金钱。荣誉感和美德,虽然不会在一切时代受到几乎同等的关注,但在知识和文化昌盛的时代,自然会受到人们的最大尊重。

波兰在欧洲各国里最不会打仗,也最不会和平;最少机械技术,也最少文学艺术;可是在这里,贪污腐败仍然是最盛行的。贵族保住他们选帝侯的权力,似乎只不过是为了把它卖给出高价的人。这就是波兰人几乎唯一具有的一种贸易。

英国自技术进步以来,自由绝不是衰落下来,而是得到了前所未有的繁荣。近年来腐败现象虽然似乎有所增长,那主要是由于我们现在建立的自由制度,我们的贵族看到没有议会就不可能进行统治,害怕议会的权力怪影。不用说,这类贪财腐败的现象在选举人中比在被选举人里更加流行,所以我们不应归咎于奢华和技艺的进步。

如果我们正确地考察这个问题,就能看出技艺上的进步对自由是比较有利的，即使它不能产生一个自由的政府，也有一种天然的倾向要保持这种政府。在粗野的缺乏高度文化的民族那里，忽视技术改进，所有劳动只用来种地；整个社会划分为两个阶级：土地所有者和他们的农奴或佃户。后者必然是依附于人的，只能处于受奴役和受压迫的境地，尤其是他们由于贫穷没有能力获得农业知识。这种情况在一切忽视技术的地方必定总是如此的。而土地所有者很自然地把自己树为小暴君，他们或者为了自己的安宁和统治必须屈从于一个更高的主宰，或者为了保持他们的独立性，而必定彼此争战不休，有如古代的贵族领主那样，使整个社会陷入混乱和灾难，其危害或许比在最专制的政府统治下的情形更甚。但是奢华如果能滋养工商业，那么农民就能因耕作得当而富裕和独立起来；商人也能得到一份财富，使自己接近于中等阶层的地位和威望，而中等阶层的人总是社会自由的最好最稳固的基础。农民们由于摆脱了穷困和愚昧，就不再受从前那样的奴役了；而由于任何人不再能指望对其他人实行专制，领主贵族们也得到报偿，不必再屈从于他们的最高君主的专制。他们也愿意有平等的法律来保护自己的财产，使它免于君主的或贵族专制制度的侵夺。

社会下层是我们的得人心的政府的支持者。全世界都公认，这是由于这个政府主要关心和做的事情是增进商业贸易，而商业能使民众有均等的机会得到财富。既然如此，一方面激烈指责技艺的改进，一方面又把它视为有害于自由和公共精神的东西，那是非常矛盾的。

谴责现在，推崇远古的美德，几乎是根植于人类天性中的一种癖好；由于留传下来的只是文明时代的情感和意见，所以我们见到的多属攻击奢华甚至攻击科学的严厉批评，所以现在我们也易于赞同这类意见。但是如果我们比较一下处于同一时代的不同国家,只要我们充分熟悉它们的风貌,评判时不带偏见并能恰当地加以对比,我们就会很容易地觉察到上述见解是谬误之见。背信弃义和冷酷无情,是一切恶行中最有害、最可恨的,它似乎专属于不文明的时代;在文雅的希腊人、罗马人看来,这是他们周围野蛮民族的特征。因此,他们也应该正当地认为他们自己的祖先(虽然他们给予了很高的评价)其实并没有什么伟大的美德,同后代相比,在品德和人道方面,以及在鉴赏能力和学术方面,都要差得多。古代法兰克人或萨克森人可能得到高度赞扬,不过我相信大家都会认为他们的生活和命运处在摩尔人、鞑靼人的手心里并不安全,远不如法国或英国有身份的人的处境,而这种人是最文明国家里的最有教养的人。

现在我们来谈谈打算说明的第二点,因为无害的奢华,或一种技艺上的精美、生活上的便利,是有益于社会公众的,所以只要奢华不再是无害的,也就不再有益。如果超出一定限度,就会成为对政治社会有害的东西,即使它还算不上是最有害的。

让我们想想我们称之为罪恶的奢华是什么。能满足人们需要的东西,即使是满足肉欲的,它们本身也不能被看作是罪恶的。只有这样一种满足需要的行为才能看作是罪恶的:它耗尽了一个人的金钱,使他再也没有能力尽到按他的地位应尽的职责,无力实现照他财产状况本来应当有的对他人的关怀帮助。假如他改正了这个毛病,把部分钱用来教育孩子、帮助朋友、救济穷人,这对社会有什么不好呢?反之如果没有奢华,这些花销也还是要的。如果这时使用的劳动只能生产少量满足个人需要的东西,它也能济穷,满足许许多多的需要。在圣诞节的餐桌上只能摆出一碟豆子的穷苦人,他们的操心和辛劳也能养活全家六个月。有人说,没有罪恶的奢华,劳动就不会全部运用起来,这只不过是说人性中有另一些缺点,如懒惰、自私、不关心他人。对于这些,奢华在某种意义上也提供了一种救治,就像以毒攻毒那样。但是美德同使人健康的食物一样,总比有毒的东西(不论如何加以矫正)要好。

现在我提出一个问题,假如大不列颠现在的人口数目不变,土壤气候也不变,由于在生活方式上达到了可以想象的最完美的地步,由于伟大的改革以其万能的作用改变了人们的气质习性,这些人们是否会更幸福呢?要断言并非如此,似乎显然荒谬可笑。只要这片土地能养活比现在还多的居民,他们在这样一个乌托邦里除了身体疾病(这在人类的灾难里还占不到一半)外就不会感到有什么别的坏事。所有别的弊端都来自我们自己或他人的罪恶,甚至我们的许多疾病灾祸也来自这种源泉。去掉道德上的罪恶,坏事也就没有了。但是,人们必须仔细地克服一切罪恶;如果只克服其中一部分,情况恐怕更糟糕。驱逐了坏的奢华而没有克服懒惰和对别人的漠不关心,那就只不过是消灭了这个国家里的勤劳,对人们的仁爱和慷慨大度一点也没有增益。因此还不如满足于这样的观点:在一个国家里,两个对立的恶可能比单单只有其中之一要好些;但是这绝不是说恶本身是好的。一个作家如果在一页上说道德品质是政治家为了公共利益而提出来的,在另外一页又说恶对社会有利,这并不能算前后非常矛盾。真正说来,这似乎只是在道德体系论说里用词上的矛盾,把一个一般说来有益于社会的事情说成是恶而已。

为了说明一个哲学上的问题,我想讲这些道理是必要的。这个问题在英国有许多争议,我把它叫作哲学的问题,而不叫作政治的问题。因为无论人类会获得怎样奇迹般的改造,比如他们能得到一切美德,摒弃一切罪恶,这总不是政治长官的事情。他只能做可能做到的事情,他不能靠美德来取代和治疗罪恶。他能做到的时常只是以毒攻毒，用一种恶来克服另一种恶，在这种场合他应做的只是选择对社会危害较轻的那一种恶。奢华如果过分就成为许多弊病之源，不过一般说来它总还是比懒惰怠慢要好一点，而懒惰怠慢通常是比较顽固的，对个人和社会都有害。如果怠惰占了统治地位，一种毫无教养的生活方式在个人生活领域里普遍流行，社会就难以生存，也没有任何欢乐享受可言。在这种情况下，统治者想从臣民那里得到的贡献就寥寥无几，由于该国的生产只能满足劳动者生活的必需，也就不能给从事公务的人提供任何东西。

（杨　适　译）

鉴赏的标准

人们在鉴赏力方面差别很大,就像世上流行的各种意见很不相同一样,这个事实十分明显,人们甚至无须考察就可以明白。大多数所知有限的人,在他们熟悉的小圈子里都能看出鉴赏力的差别,即使这个小圈子里的人们都在同样的政治制度下受教育,从小都受到同样偏见的影响,也是如此。而那些能把眼光扩展到遥远的国度和古代去加以审视的人,对于这方面的巨大差异和对立,会更加惊叹。我们对那些同我们的鉴赏力、领悟力大不相同的看法,往往容易贬之为野蛮;但我们很快就能发现别人回敬我们的类似贬斥之词。最后就连最傲慢自负的人在看到各方面的人们都同样自信时,也大吃一惊,面对着这样一种情感好恶的纷争,再也不敢认定自己所喜爱的就一定是对的了。

鉴赏力的这种差异,对于并不留意的人来说也已经是显而易见的了;要是我们认真加以检视,会发现实际上的差异比初看上去还要更大些。人们对各种类型的美和丑,尽管一般议论起来相同,但实际感受仍然时常有别。在各种语言里,都有一些带着褒贬含义的词;这些词对使用同一种语言的所有人来说,必有彼此协调一致的运用。优美、适当、质朴、生动,是人人称赞的;而浮夸、做作、平庸和虚假的粉饰,是大家都指摘的。但是只要评论家们谈到特殊的事例，这种表面上的一致就烟消云散了；我们就会发现他赋予种种言词的含义原是大不相同的。与此相反，在各种科学和意见的问题上，人们之间的分歧更多是在对一般而不是在对特殊的看法上，表面上的分歧多于实质上的分歧。一旦把名词术语解释清楚，常常就结束了争论，争执双方惊讶地发觉他们争了许久，但在根本点上他们的判断本来是一致的。

那些把道德建立在情感而不是理智上的人们，倾向于把伦理学问题放到对情感的考察中加以把握。他们认为，在一切有关操行和做人规矩的问题上，人们之间的差别实际上要比初看上去还大。确实，一切民族和一切时代的作家都异口同声地称颂正义，人道、大度、谨慎、诚实，谴责与此相反的品质，这一点是显而易见的。就连那些以愉悦人们想象力为主的作品的作者和诗人，从荷马直到费讷隆①，都在谆谆教导着同样的道德格言，赞誉和谴责着同样的美德与恶行。这种一致性，照通常的说法，应归功于朴实理智的影响；这种理智在一切场合维护所有的人心中类似的情感，预防它出现那些像在抽象科学里常常发生的争辩。要是仅就这种一致性是真实的而言，我们或许可以接受上述解释，并以此为满足。不过我们也必须看到，道德上的这种表面的协调，有些部分乃是由言语的性质本身造成的。美德这个词，不论在哪种语言里都表示着赞扬，正如恶行这个词总表示着谴责的意思。除非最明显地甘冒天下之大不韪，任何人都不会把一个公认是好意的词赋予贬斥的意义，或把表示责备的词给予赞扬的意义。荷马的一般道德格言，无论他在作品的什么地方谈到，谁也不会同他争辩；但是很显然，一

---

① 费讷隆（1651—1715），法国教士和作家。曾被路易十四聘为他的孙子的教师。著有小说《泰雷马克历险记》等。——译者注

且他描绘具体的行为方式,例如表现阿基里斯的英雄形象、乌吕西斯的足智多谋时,他把许多凶狠的品质掺杂到前者的英勇之中,把许多奸狡欺诈的品质掺杂到后者的智谋之中,这就是费讷隆所无法容许的了。在希腊诗歌里,贤者乌吕西斯仿佛生来就爱说谎和骗人,而且常常是在毫无必要甚至毫无益处时也惯于这种伎俩;但是在法国史诗的作者笔下,乌吕西斯的儿子就比较谨慎自重,在危急关头也从不离开最严格的真理和诚实的人生道路。

真正说来,伦理学能给予我们的一般教训,其价值是很小的。那些推荐种种美德的人,他们所做的事其实不过是在解释词句本身罢了。发明了"仁爱"这个词并以好的意义来使用它的民族,比起某些在著作里塞进"待人以仁爱"这类戒条的冒牌立法者或先知,在教人为善上要清晰得多,也要有效得多。其实,在全部语言表述中,最不容易受到歪曲和误解的,正是那些同其他意义联结在一起的、包含着某种程度的褒贬意义的语词。

所以很自然地,我们要寻找一种鉴赏的标准,它可以成为协调人们不同情感的一种规则,至少它能提供一种判别的准则,使我们能够肯定一类情感,指责另一类情感。

然而有一种哲学却认为我们这种企图只是空想,并论说要想获得任何鉴赏的标准都是永远不可能的。它说,这是因为理智的判断与情感的评价是极不相同的两回事。一切情感都是正确的,因为情感无求于外,不管在什么场合只要一个人意识到它,它总是真实的。但是所有理智的规定却不能认为是正确的,因为它们必须以外物本身为准,即以实际的事实为准,这样,它们就无法与这个标准相符合了。对于同一个事物,不同的人可以采纳上千种不同的意见,但不可能都是正确的,其中只有一种意见正确真实,可是如何把它辨认出来并加以确定还是一大难题。与这种情形相反，由同一事物所激起的上千种不同的情感，却可以都是正确的，因为感受这种东西并不以表现外物中的实在性质为任务。它只不过标志着外物与人心官能之间的某种呼应或关系，如果这种呼应或关系实际上不存在，情感就绝不可能发生。美不是物自身里的性质，它只存在于关照事物的人心之中，每个人在心中感受到的美是彼此不同的。对于同一对象，一个人可能感受到的是丑，而另一个人却感到了美；各个不同的人都应该默从他自己的感受，不必去随声附和别人的看法。要寻求真正的美或真正的丑，就像妄图确立什么是真正的甜或真正的苦那样，是一种不会有任何结果的研究。由于感官气质的不同，同一个对象可以既是甜的，又是苦的。谚语早就说过，争论口味问题是徒劳无益的。把这个明显的道理，从肉体的感受问题扩展到精神感受上来，看来是很自然的，甚至是十分必要的。这样说来，我们就发现常识尽管时常同哲学尤其是怀疑论哲学相抵触，却至少在这一方面彼此一致，它们都主张同一观点。

虽说上述道理成为谚语，似乎已为常识认可，但确实还有另一种常识持与之相反的看法，它至少可以对上述观点起修正和限制的作用。要是有谁在奥格尔比①和弥尔顿之间，或在班扬②与艾迪生③之间作比较，说他们在天才和优雅方面不相上下，人们一定会认为他是在信口乱说，把小土堆说成同山陵一样高，把小池塘说成像海洋那么广。虽然也许会有几个人，在对比中宁愿偏爱前边的

---

① 约翰·奥格尔比(1600—1676)，英国印刷师，曾翻译过维吉尔和荷马的诗歌。——译者注
② 班扬(1628—1688)，英国散文作家，著有宗教寓言小说《天路历程》等。——译者注
③ 艾迪生(1672—1719)，英国散文作家，文学评论家。——译者注

两位作家，但这样的鉴赏力决不会受到人们的重视。我们可以毫不犹豫地说，这些冒牌评论家的感受是荒唐可笑的。在这样说的时候，我们就把鉴赏力无差别可言的原则完全抛开了。当然这个原则在有些情况下还是可以承认的，其条件是拿来比较的对象看来大致相当；要是这些对象相比之下不成比例，谈论这个原则就显得太随便任性，甚至成为显而易见的瞎说了。

很清楚，艺术创作的种种法则，不是靠先天的推理来确定的，也不能看作是从比较那些永恒不变的观念的性质和关系中得到的理智抽象的结论。它们的根据同一切实用科学一样，都是经验；它们不过是对普遍存在于各个国度和时代的人们中的快感所作的概括。诗歌中甚至雄辩中的美，许多是靠虚构、夸张、比喻，甚至滥用和颠倒词语的本来意义造成。要想制止这种想象力的奔放，叫各种表现手法都合乎几何学那样的真实性和准确性，那是同文艺评论的规律完全背道而驰的。因为这样创作出来的作品，从普遍的经验来看，只能是最枯燥无味使人厌烦的东西。但是诗歌虽然全不受准确真理的管束，却也还须受到艺术规律的制约，这些艺术规律是天才的或有观察力的作家发现的。要是某些忽视或不遵守艺术创作规律的作家也能给我们以快感，那也并不是因为他们违反规律或规矩使我们得到艺术享受，而只不过是因为尽管有这种毛病，他们作品中还有别的优美之处能使公正的评论家感到满意，这些美的力量胜过缺陷，它使人心得到的满足超过了缺点所引起的厌恶之情。阿里奥斯托[①]是讨人喜欢的作家，但这并不是由于他那些古怪的虚构编造，把严肃的风格同喜剧风格胡乱混杂，故事安

[①] 阿里奥斯托(1474—1553)，意大利诗人。他的代表作长篇传奇叙事诗《疯狂的罗兰》，是意大利文艺复兴时期的名作。——译者注

排缺少连贯性,时常打断叙述。他的魅力在于语言明快有力,构思流畅多变,善于描绘感情,特别是欢乐和恋爱这类感情的天然画面。所以他的缺点虽然减弱了我们的快感,并不足以抵消它们。退一步说,即使我们的快感是由他的诗篇中那些我们称之为缺陷的方面引起的,也不能否定一般的批评原则,因为这只不过是否定了一些特殊的批评原则。按照这些特殊的批评原则,上面提到的那些手法,应算作缺点,应受到普遍的指摘。这就是说,假如那些手法能给我们快感,它们就不能算作缺点,既然它们也能产生快感,我们就不必管这种快感是如何不期而至和难于解释了。

但是艺术的全部一般规律虽然都仅仅依据经验,依据对人类天性中共同情感的观察,我们却不应以为人们的感情在一切场合下都符合这些规律。人心中比较细致的感情带有很柔嫩和敏感的性质,需要许多适当条件的共同作用,才能使合乎情感的一般已知原则顺当地、确实地展现出来。对于这类感情的细腻微妙的成长,即使是最小的内外干扰,都会起妨碍和搅乱的作用。我们若要实际体验一下这种情感发展过程的性质,若要尝试一下美和丑的力量,就必须细心地选择合适的时间地点,把它们放到一种贴切的情景里来加以想象。这样做时,我们的心要从容沉静,思虑要把种种情景加以回顾,对于我们描写的对象要认真把玩,缺少上述这些条件的任何一个,我们的尝试就会陷于虚妄,我们就无法鉴定广泛的和普遍的美。至少,自然在美的形式和感受之间所建立的关系会因此变得比较模糊不清,而这是需要更大的精确性才能追寻和辨认出来的。要是我们能弄清它的影响,就不可只考察各个特殊的美的作用,而应依据那些得到人们经久不息的赞美的作品,这些作品经历了各种反复无常的风气和时尚的变迁,一切无知和敌意的错误攻击,依然保存了下来。

同一个荷马,两千年前在雅典和罗马受到人们喜爱,今天在巴黎和伦敦还在为人们赞美。风土人情、政治、宗教和语言方面的千变万化,不能磨损他的光辉。一个糟糕的诗人或演说家,仗着权威的支持或流行偏见的作用,也许可以风靡一时,但是他的荣誉是决不能持久的,也不会得到普遍的承认。当后代或外国读者来考察他的作品时,戏法就戳穿而烟消云散了,他的毛病也就现出了原形。与此相反,一个真正的天才,他的作品历时越久,传播越广,他所得到的赞扬就越真诚。在一个狭小的圈子里,敌意和嫉妒真是太多了,甚至同作家亲近的熟人也会减弱对他的成就的赞赏,但是一旦这些障碍消除了,那自然的、动人心弦的美,就会发挥出它的力量。只要世界还在,它在人们心中就会永远保持威望。

　　由此可见,尽管鉴赏力千变万化、反复无常,还是有一些褒贬的一般原则,细心的人可以在心灵的所有活动里发现这些原则的影响。我们机体内部原初结构的某些特殊形式或性质,仿佛是专为快感设计出来的,而另一些则同不快相关,如果在某些情况下它们失去效用,总是由于官能有了缺陷或者还不完善。一个发高烧的病人不会坚持说他自己的味觉能判定食物的滋味,患黄疸病的人也不会硬说他能对颜色作出判断。每个人都有健全和不健全这两种状态,惟有前一种状态才能为我们提供一种真实的辨别与感受的标准。在感官健全的状态下,如果人们的感受完全一致或大体相同,我们从这里就可以获得完善的美的观念。这种情形同关于颜色的观念类似,尽管颜色被当作只是感官的幻象,我们还是可以认为,白昼对一个视力健康的人所显现的可以叫作真实的颜色。

　　内部官能有许多不时产生的毛病,会妨碍或减弱我们对美丑感受的一般原则发生作用。虽然某些对象依靠人心的结构,能够很自然地引起快感,但是我们不能期望因此在每一个人的心中所引起的快感都完全相同。只要发生某些偶然的事件或情况,就会使对象笼罩在虚假的光里,或者就会使我们的想象力不能感受或觉察到真实的光。

许多人缺乏对于美的正当感受,一个最显著的原因,是他们的想象力不够精致,而这正是了解那些比较微妙的情绪所必不可少的。人人都自以为具有这种精致的能力,人人都在谈论它,要把各种各样的鉴赏力或感受都归结到这个标准之下。但是本文的意图就在于用某种理智之光来说明情感的感受问题,那么对于所谓"精致"下一个比以前所作出的更确切的定义该是正当的。在这方面我们无须求助于高深的哲学,只要引用《唐吉诃德》里的一个有名的故事[①]也就行了。

桑科对那位大鼻子的随从说,我自称精于品酒,这绝不是瞎吹,这是我们家族世代相传的本事。有一次我的两个亲戚被人叫去品尝一桶据说是上等的陈年好酒。头一个尝了以后,仔细品味了一阵,说,酒倒是好酒,不过他尝到酒里有那么一点皮子味,未免美中不足。第二个同样仔细小心地品尝、考虑了一番,也称赞这是好酒,只可惜有股铁味,他很容易辨别出来。你一定想不到他们两个的话受到多少嘲笑。可是谁笑在最后呢?等到把桶里的酒都倒干以后,在桶底果然有一把旧钥匙,上面拴着一根皮带子。

由于对物质东西和精神事物的品鉴非常相似,这个故事对我们就很有启益。虽然美和丑比起甜与苦来,可以更加肯定地说不是事物本身的性质,而是完全属于内外感官感觉到的东西,不过我们还是应该承认,对象本身必有某种性质,按其本性是适于在我们的感官中引起这些感受的。要是这些性质微弱,或者彼此混杂掺

---

① 见塞万提斯的《唐吉诃德》第二部分第13章。——译者注

和在一起,我们的鉴赏力往往就会忽略这些过分细微的性质,或者在它们混乱地呈现时难于辨别它们各自的风味。而如果我们感官的精微使一切性质都逃不脱它的观察,同时感官的准确又足以觉察混合物里的各种成分,我们就把这叫作鉴赏力的精致,不管我们使用这个词是按它的本义还是按它的引申义,都没有什么关系。那么,在这里美的一般法则就是有用的了,它是我们从已经树立起来的典范里,从观察一些表现愉快和不快的感受很纯净并且具有很高水准的作品中提取出来的一般法则。如果在一部完整的作品里,这些素质不高,不能给我们以快慰的享受或使我们得到对嫌恶的体验,这样的作者我们认为他不配自诩为具有这种精致。得到这些一般法则或公认的创作典范,就像在上述故事里找到了拴着皮条的钥匙一样;它证实了桑科亲戚的品鉴能力,使那些自以为正确反而嘲笑他们的人狼狈不堪。要是没把桶里的酒倒光,桑科的亲戚的鉴赏力仍是精致的,嗤笑他们的人也依旧是迟钝的,并没有什么两样;但是要想证明前者比后者高明,并且使所有的旁观者都相信这一点,那就要困难得多。同样,如果作品的美没有条理化,没有归纳成一般原则,如果没有公认的优秀典范,鉴赏力的高低不同还是存在,有的人的审美水平还是比别人强;不过在这种情况下要叫胡乱批评的人哑口无言就不容易办到了,他总会坚持他那些特别的看法,拒绝同他相反的评论。但是一旦我们向他指出一条公认的艺术法则,一旦我们用一些事例说明了这条法则的作用,就是从他自己的特殊趣味来看,他也得承认是适用的;一旦我们证明了这条法则可以运用到当前的事例上来,而他现在还没有觉察它的作用和意义,这时他就不得不作出结论,承认整个说来错误在于他自己,承认他还缺少精致的鉴赏力,这种精致对于他今后在各种作品或评论中感受到美与丑是不可少的品质。

如果每种感觉官能,能够精确地知觉到它面前的最微小的对象,不让任何东西逃脱它的注意与观察,我们就承认它是完善的。眼睛能看见的东西越小,它的官能就越好,它的组织结构就越精巧。要考考味觉是否良好,不能用强烈的刺激,而要把各种微细的成分混合起来,看看我们是否还能够辨别出每一种成分来,尽管这每一种成分微乎其微,而且同别的成分掺和在一起。同样,对于美与丑有敏捷锐利的知觉,是我们精神方面鉴赏力完善的标志。如果一个人怀疑他把所读文章中的优点和缺点都放过去而没有观察到,他对自己是决不会满意的。在这个问题上,人的完美同情感官能的完美是统一的。一个人的味觉如果太精致了,在许多场合会给他本人和他的朋友带来不便。但是才智和美的精致鉴赏力则不同,它永远是一种令人向往的品质,因为它是一切最美好、最纯真的欢乐的源泉,而这种欢乐是最能感染人的天性的。在这一点上,全人类的情感是一致的。不管在哪里,只要你能查明某种精致鉴赏力,就一定能得到称赞;而查明它的最好办法,就是把建立在不同国家、不同时代的共同经验和一致同意上的那些典范和法则当作衡量的尺度。

人与人之间在鉴赏力的精致上虽然相差甚远,要想增进和改善这种能力的办法,莫过于在一门特殊的艺术上进行实际锻炼,经常地观察和沉思一种具体的美。任何对象在刚刚出现在眼睛或想象力之前时,我们对它的感受总不免是模糊混乱的,这时我们的心灵在很大程度上还无法对它的优缺点作出判断。鉴赏力还不能感知作品中的某些优美之处,更不必说辨别每个优美处的特性,确定它的质量和程度了。如果能就作品的整体作个一般的评论,说它是美的或是丑的,就算够好的了;就是这样的判断,一个缺乏实际锻炼的人,在说出时也不免会流露出很大的踌躇和保留。但是在他对这个对象有了经验之后,他的感觉就比较确实和细致起来,不仅能觉察到各个部分的美和不足,而且能辨别各种美和不足的类型,各各给以适当的赞扬与批评。在观察对象的全部过程里,都有一种清晰明白的感受在伴随着,对于作品中各部分很自然地适于引起快感和不快到了什么火候,属于怎样的类型,他能辨认得清清楚楚。先前仿佛蒙在对象上的一层雾消散了,官能由于不断运用也更加完善起来,于是他能够毫不犹豫地评判各种作品中的美。总之,在完成作品时实际锻炼所给予我们的灵巧和熟练,本身正是在品鉴作品的实际锻炼中获得的。

由于实际锻炼对于审美这样有益,所以我们在评论任何重要作品之前需要对它一读再读,并从各种角度去观察它,对它作细心的思考。因为在开始阅读作品时,思想还不免有些不集中,有些忙乱,这就干扰了对美的真实感受。这时人物的关系还没有搞清楚,风格上的真正特点也难于把握住,有些优点和缺点仿佛纠缠在一起,模糊地呈现在我们的想象力之中。还不用说,另有一种肤浅涂饰的美,初看上去固然叫人喜爱,不过我们在发现它同理性或激情的正当表现不能相容时,马上就觉得索然无味了,这时我们就会鄙弃它,至少大大降低了对它的评价。

为了继续锻炼我们的审美力,就需时时对各种类型和水平之间的优美进行比较对照,估量它们相互的比例。如果一个人不曾有机会比较各种不同的美,他就完全没有资格对面前的任何对象下断语。只有通过比较,我们才能规定和安排各种赞美或贬责之词,并学会把它们运用得恰到好处。粗劣的乱涂乱画也有鲜艳色彩和模仿如实之处,在一个乡民或印度人看来也是美,能打动他们的心,博得他们的最高赞赏。民间小调并非完全缺乏和谐自然的旋律,只有熟悉高级的美的人,才能指出它的音调刺耳,言语庸俗。

十分低劣的美,在对最高级形式的优美有素养的人看来,能给予他的不是愉快而是痛苦,因此他会称之为丑。我们总是很自然地会把自己所能知道的最好的东西当作完美的顶点,给予最高的赞许。只有对不同时代、不同国度里都受人赞美的那些作品经常进行观察、研究和比较衡量的人,才能正确评价当下展示在他面前的某个作品,看看在天才的创作的行列当中能否给它一个适当的地位。

此外,一个评论家要想能较好完成这个任务,他还必须使自己摆脱一切偏见,除了对象本身,除了把对象置于自己独立的审视之下以外,不考虑任何别的东西。我们可以观察到,一切艺术作品若要能对人心产生它应有的效果,都必须从一定的观点上来对它加以审视才行。因此,如果人们的状况,不论是实际的还是心理上的,不能同理解作品所要求的相适应,这些人就不能充分领略它们。一个演说家面对的是些特定的听众,就必须考虑到他们特有的语言才能、兴趣、意见、情绪甚至偏见,否则他就休想左右他们的决定,点燃他们的热情。或许这些听众对他抱有某些成见,不论这成见多么不合理,他也绝不可忽视这个不利条件,这样,在谈到正题之前,就必须说些使他们心平气和的话,来争取他们的好感。另一个时代和国家的评论家在读到这篇演说词时,就应该注意到当时这一切的情况,应该设身处地想想他所面对的听众是怎样的,才能对这篇演说作出正确的判断。同样,如果一个作品是为公众写的,我同它的作者有友谊或嫌隙,那么我在读这个作品时,就应该抛开个人恩怨,把自己想成一个一般的公众,如果可能的话,就应该忘掉个人和我的特殊处境。受偏见影响的人不能照这个条件看问题,而是死守住他的原有立场,不肯把自己置身于理解作品所要求的观点中去。如果作品是为另一时代或国家的读者写的,他不考虑他们的特殊见解与偏见,他满脑子装的只是自己时代和国家里的看法,凭这些他就鲁莽地谴责在原作品为之而作的那些读者看来很值得赞美的东西。如果作品是为公众而写的,他一点也不能开拓自己的心胸,对他同作者间的竞争和赞许、友谊和敌对之类的一己利益,始终耿耿于怀,不肯抛开。这样一来,他的感受能力就扭曲变质了,对于同样的作品在人们心中能唤起的同样的美和丑的感情,他就感受不到了。如果他给自己的想象力以正当的推动,能暂时忘记一下自己,本来是可以感受到的。显然,由于他的鉴赏力离开了真实的标准,结果就失去了一切信誉和威信。

大家知道,在听凭理智来作决定的一切问题上,偏见对于健全的判断力的危害带有毁灭性,它会歪曲智力的全部作用;同样,偏见也危害着健康的鉴赏力,败坏我们对美的感受,其程度毫不亚于前边发生的情形。在这两种情况下,要抑止偏见,都要靠人们健康的意识。就这一点而言,正如在别的许多问题上一样,理性纵然不是鉴赏力的主要因素,至少对于鉴赏力的活动也是必要的成分。在一切比较高级的天才创作里,各个部分之间总是紧密联系彼此协调的,如果一个人的思想不够开阔,就不足以把握所有这些部分,比较它们间的相互关系,从而理解贯穿于全部作品中的线索和整体统一性,这样他就感受不到这个作品中的美或丑。每个艺术作品都有它打算达到的目的或目标,在估量作品的完美程度时,就要看它是否适于达到这个目的和达到的程度如何。雄辩的目的是说服人,历史的目的是教导人,诗歌的目的是用激情和想象来打动人,给人以快感。在我们阅读任何作品时,必须时时考虑到它们的这些目的,并且还要能判断它们所运用的手段在多大程度上适于达到它们各自的目的。此外,各种类型的作品,即使是最富于诗情画意的,也仍然是一连串的命题和推论,当然,这并不一定是最严格、最确实的,但总还是可以说得通的,看上去合理的,无论它被想象的色彩如何装饰过。在悲剧和史诗中表现人物的思考、推理、决断和行动,应该适合他们的性格和处境;这种创作是极为精细微妙的,除了必须有鉴赏力和想象力的才华,也少不了判断力,否则就绝没有成功的希望。不用说,那些有助于提高理性的种种才能也应该相应地优秀,概念要相应地明白,区别要相应地确切,理解要相应地生动活泼,这些对于真实的鉴赏力的活动都是重要的,并且是它最可靠的伙伴。一个有理性的人,对艺术又有了经验,却不能对艺术的美作判断,这是极少可能或根本不可能发生的事;同样,一个人若没有健全的理智却有很好的鉴赏力,也是没有的事。

  因此,尽管鉴赏的原则有普遍性,它在所有的人心中即使不完全相同也近于一致,但是有资格评判任何艺术作品,并使自己的感受达到美的标准的人却为数甚少。要使我们的内在感官发展到如此完美的地步,从而能容许一般的鉴赏原则充分发挥它的作用,产生出一种符合这些原则的感觉,那是不容易的。这些内在感觉官能常常是有缺陷的,或是被某种混乱所扭曲,因此它所激起的感情就常常只能是错误的。如果评论家缺乏精致感,他的判断缺乏清晰性,只能感受些对象里粗浅的性质,那么,较为精细的体验他就会视而不见,从他眼皮下滑过去。如果他缺乏实际锻炼,他在下评语时就不免带着混乱和踌躇。如果他不善于运用比较,最轻薄无聊的美也会被他当作赞许的对象,这样的所谓美,其实还不如叫作缺陷。如果他为偏见所支配,他的所有的自然情感就都变质了。如果他缺乏健全的理智,他就没有能力辨认出情节和说理的美,而这正是最高级、最优越的美。一般来说,人们都不免有上述缺陷中的这一方面或那一方面,因此对于真正的正确判断是不可多得的,即使在艺术风气最优雅洗练的时代也不例外。概括起来说,只有具备如下可贵品质的人才能称得上是真正的鉴赏家,这就是:健全的理智力,能同精致的感受相结合,又因实际锻炼而得到增进,又通过进行比较而完善,还能清除一切偏见;把这些品质结合起来所作的评判,就是鉴赏力和美的真正标准,不管在什么地方我们都可以找到它。

可是在哪里能找到这样的鉴赏家呢?识别他们可有什么标志呢?怎样把他们同冒牌的鉴赏家区别开来呢?要搞清这些问题是困难的。这样一来,我们好像又一次陷入了本文一直在努力设法摆脱的不确定状态。

不过我们要是正确地考虑这件事,就会看出这些只涉及事实而不涉及情感的问题。具体到某个人,关于他是否具有健全的理智和精致的想象力,能否不带偏见,这当然是可以争议的,往往需要作反复的讨论和研究;但是这样的品质很有价值,值得重视,关于这一点,所有的人都不会有不同的看法。所以在遇到这类疑问时,人们所能做的同其他诉诸理智的争论问题并没有什么两样。他们应当提出他们所能想到的最有力的论据;他们应当承认有一个真实的决定性的标准存在于某个地方,即实际地存在着,它是一个事实;他们也应当宽容同样诉诸这个标准却与自己不同的看法。如果我们已经证明了人们在鉴赏力上出发点和水平不一,有高有低,证明了总会有某些人(尽管具体地加以择定有困难)被普遍的情感公认具有高于其他人的优异之处,那么这对于说明我们当前遇到的问题也就足够了。

实际上,发现鉴赏标准——即使是那些特殊人物的鉴赏标准——的困难,也并非如初看上去那么大。虽说我们在理论思考上容易认为在科学上有某些标准而在感情上没有这样的标准,但是在实践上我们发现在科学上要想确立这样的标准常常比在感情上更难。抽象的哲学理论,深奥的神学体系,在一个时代里可以盛行一时，随后一个时代就被普遍否定了，它们的谬误被揭露出来，另一些理论和体系便取而代之，而这些理论和体系同样也要为它们的后继者所代替。在我们所经验到的事情里，最容易受机遇和风气转变所影响的，莫过于这样一些所谓的科学定论。雄辩和诗歌的美则与此不同，对于激情和自然的恰当表现，不久就定能得到公众的赞赏，并将永远保持下去。亚里士多德、柏拉图、伊壁鸠鲁和笛卡尔，可以彼此取代，但泰伦提乌斯①和维吉尔②则对一切人的心灵保持着普遍的无可争辩的影响。西塞罗的抽象哲学已经失去了它的价值，可是他那雄辩的力量仍然是我们赞美的对象。

有精致鉴赏力的人尽管很少，但由于他们的理解力健全，才能出众，在社会里还是容易被人们辨认出来的。他们所获得的优越地位，使他们对天才作品的生动赞美能够广泛传播开来，使这些作品在公众心目中占据优势。许多人单凭自己的感受，对于美只能有一种模糊不定的知觉，不过只要给予指点，他们也还是能品味各种美好东西的。每一个能改变眼光赞美真正的诗人和雄辩家的人，都是引起欣赏风气的转变的因素。虽然各种偏见可能一时占上风，由于它们绝不会联合起来颂扬一个对手以反对真正的天才，所以最后还得屈服于自然的和正当感情的力量。因此，一个文明的民族虽然在选择他们应予赞美的哲学家方面容易搞错，在喜欢某个珍爱的史诗或悲剧作家方面却绝不会长久地陷于错误。

上面我们已尽力给鉴赏力确立一个标准，并指出了人们在这

---

① 泰伦提乌斯（约公元前190—前159），古罗马喜剧作家。写有六部诗剧，擅长描写人物的微妙心理活动，作品是古代纯正拉丁语的典范，对后来欧洲喜剧的发展有很大影响。——译者注

② 维吉尔（公元前70—前19），罗马最重要的诗人。写过牧歌、农事诗，尤以史诗《埃涅阿斯纪》著名。他的作品在当时就被认为是完美无缺的典范，对英国文学影响巨大。——译者注

方面的不一致是可以协调的；不过还有两种差异的来源，它们虽然确实不足以混淆美和丑的各种界限，却仍时时会使我们的褒贬产生程度上的区别。来源之一是不同人们的生来的气质不一样，另一来源是我们所处时代和国家里的生活方式和意见总是特定的。鉴赏力的一般原则在人性中都是一致的。如果人们判断不一，一般说来总会发现他们在能力上或缺乏实际训练，或缺乏精致性；正是由于这个理由，我们称赞某人的鉴赏能力而指责另一个人。但是倘若从人们内在结构和外部环境这两方面的差别来看，都全然没有可以指摘之处，也没有理由说某个人的这些条件比另一个人的好，在这种情况下，鉴赏评判中某种程度的差异就是不可避免的，我们也不能找到一个能协调对立情感的标准。

一个情欲热烈的年轻人，总是比较易于为热恋和柔情的想象所打动的；而年长的人，则更喜爱那些能指导人生和使情欲得到中和调节的智慧和哲理。二十岁时喜欢奥维德这样的作者，到了四十岁喜欢的也许就是贺拉斯了，五十岁时则可能是塔西佗。在这些场合下，我们若是想勉强进入别人的感受，或想消除我们的自然倾向，那都会是徒劳的。我们选择我们喜爱的作家，就像选择我们的朋友一样，是由于彼此在气质和性格上相合。欢乐或激情，感受或思考，不管这些成分中的哪一种在我们性情里有某些缺陷或毛病，进行评判时受到偏见影响，占据了最主要的地位，它都会在我们心里唤起对与我们相似的作家的一种特殊的共鸣之情。

一个人喜欢崇高，另一个人喜欢柔情，第三个人喜欢戏谑。对缺点不能留情的人，十分勤于推敲；比较注意欣赏优美文笔的人，则可以为了一个高尚的或动人的一笔而原谅二十处荒唐和缺点。某人最爱洗练和有力的语句，另一个人却喜欢辞藻繁富，音韵铿锵。有的爱单纯朴实，有的则爱多方描饰。喜剧、悲剧、讽刺文学、颂歌赞赋，各有其偏爱者，他们各各偏爱自己所爱的那类作品的作家，认为比别的作家好。显然，一个评论家要是只赞扬一类体裁或一种风格的作品，而指责所有其余的作品，那是一个错误；但是对于适合我们特点和气质的作品而不感到有一种偏好，也几乎是不可能的。这样一些偏好是纯真无害的，不可避免的，说它们谁对谁错是没有意义的，因为在这里并没有什么能用来判定的标准。

基于同样的理由，我们在读到作品所描写的情景和人物时，对于那些在我们自己时代和国家里所能见到的情形有类似之处的，总是更喜欢一些，而对于习俗全然不同的一套描述就要差些。我们要想使自己的爱好能适应于古代的淳朴生活方式，诸如公主去泉边提水，国王和英雄自己烹调食物等，也要费不少气力。一般说来，我们应当承认对这类生活方式的描述并不是作者的过错，也不是作品中的缺陷，但是我们不会对它们深受感触。由于这个缘故，要想把喜剧从一个时代或国家移植到另一时代或国家，那是不容易的。法国人或英国人不欣赏泰伦提乌斯的《安德罗斯女子》或马吉阿维尔的《克丽蒂亚》，因为在这两个喜剧里，全剧的女主角一次也不对观众露面，总是躲在幕后；而这种手法对于古希腊人和现代意大利人的矜持脾气本是适应的。一个见多识广善于思考的人对于这类特殊的手法可以接受，可是要想使普通读者抛开他们通常的观念和感受方式，欣赏同他们毫无相似之处的描写，是完全办不到的。

说到这里，我想有一个看法或许对于我们考察那个有名的古今学术之争会有些益处。在这场争论里，我们往往看到一方以古代的习惯方式为据，要求谅解古人的某些似乎是荒谬之处；而另一方则坚决不接受这种谅解，或者至多只认可对作者的辩护，而不能原谅作品。我觉得，在这个问题上争论的双方常常没有把正当的界限划分清楚。如果作品所表现的一些淳朴的习俗特点，像我们上边提到过的那些事例,它们就确实应当得到容许;谁若是对这些描写感到震惊,那显然只能证明他的精致和高雅并不实在。假如人们全不考虑生活方式和习俗的不断演进,只接受迎合于当前流行的时髦东西,那么诗人的"比黄铜更经久的纪念碑"[①]就一定早已像普通的砖瓦土块一样坍塌了。难道因为我们的先辈穿着带绉领的衣服和用鲸骨绷起的大裙子,我们就必须把关于他们的描写都扔到一边去吗?但是如果说到道德与端庄的观念与时变迁,如果描写邪恶的行为而不给予正当的谴责和贬斥,这就应视为对诗篇的损害和真正的丑恶了。我不能够也不应该同意这样的感受,虽然考虑到时代的习俗我可以原谅诗人,但我决不会欣赏这样的作品。某些古代诗人所描绘的人物性格是那样的不人道、不体面,甚至有时荷马和希腊悲剧作家也有这类描写,这在很大程度上降低了他们高贵作品的价值,现代作家在这一点上就可以超过他们。如此粗野的英雄的命运和感情,不能引起我们的兴趣,我们不喜欢看到善恶的界限被搞得这么混乱;尽管考虑到作者的种种成见,我们可以对作者给予宽容,也绝不可能接受他的这类情感,或同情那些我们显然认为是应受谴责的人物性格。

道德原则方面的情况同各类思辨意见不同。思辨的意见总是不断流动和变革的,儿子同父亲所信奉的体系可以不同,甚至就一个人来说,也很难自夸他在这一方面能持久一贯。但在一切时代和国家的文学作品里,如果发现有什么思辨的错误,对于这些作品的价值却没有多大影响,只要我们把思想和想象加以调整,对那些曾经流行的意见有所理解,就能欣赏由此而来的感情和结论。但是要我们改变对人类行为的判断,摆脱我们所熟悉的、由长久习惯

[①] 见 Horace, Carmina Ⅲ.30.1.——译者注

所形成的准则来产生另一种褒贬和爱憎的情感,那就是十分困难的事了。如果一个人确信自己判断所据的道德原则是正确的,他就会忠实地谨持它,不能因为他对作者表示尊重而稍微背离自己内心的情感。

在各种思辨的错误里,宗教方面的思辨错误如果出现在天才作品中,那是最可原谅的。任何民族或个人的文明或智慧,从来不是由他们的神学原理的精微或粗陋来决定的,我们也决不允许据此下判断。事实上,人们都用同样健全的理智指导着他们日常的生活,而健全理智是不理会宗教说教的,因为宗教向来高高在上,被认为是超于人类理性认识的。所以,一切评论家,如果他想对古代诗歌作出公正的评价,就必须对那些异教神学观念的种种荒唐之处存而不论;而我们的后代在回顾我们时,也将持同样的宽容态度。只要诗人把宗教信条仅仅看作信条,我们就决不应该认为这是他的错误。但如果他被这些说教搞得神魂颠倒,陷于冥顽迷信的地步,他就会搅乱道德的感情,改变善恶的天然界限。照我们上面所说的原则,这就是些不可磨灭的污点了,因为它们不是那些可以宽容的时代性的偏见和错误意见。

罗马天主教的一个基本精神就是要煽起对其他宗教信仰的强烈仇恨情绪,把一切异教徒、穆斯林和各种旁门左道都说成是天怒神罚的对象。这样的情绪虽然确实应予谴责,可是天主教宗教团体里的虔信者们却视为美德,并且在他们的悲剧和史诗里当作一种神圣的英雄主义来加以表现。这种固执的狂热,损害了两部很好的法国悲剧:《波利耶克特》和《阿达利》[①];剧中全力渲染了对天

---

① 休谟这里所指的是高乃依的悲剧《波利耶克特》和拉辛的悲剧《阿达利》。下文所说的约阿和约莎贝之间对话场景,见《阿达利》第3幕第5场。——译者注

主教信仰方式的疯狂热情,并作为英雄人物的突出性格。当高傲的约阿发现约莎贝同巴里的祭司马桑交谈时,他怒斥道:"这是怎么回事?大卫的女儿竟然同这个叛徒说话?难道你不怕大地裂口,喷出烈火吞没你们?难道你不怕神圣的墙垣坍塌压死你们?你想干什么?为什么这个上帝的敌人要到这里,用令人憎恶的模样毒化我们呼吸的空气?"这样的情感在巴黎的剧院里博得了热烈的喝彩;但是在伦敦,观众们欢呼的是这样一些场面:阿基里斯骂阿加门农面目如狗,胆小如鹿;或朱庇特恐吓朱诺①说,要是再不闭嘴就得挨一顿揍。

宗教原则一旦成了迷信,硬要干预各种与宗教毫无关系的感情,那它在任何文学作品中就都是一种缺点。在这一点上,我们不能原谅诗人,不能以他的国家里生活习俗处处都充满着宗教仪式和惯例,以至没有什么方面能摆脱这种羁绊来加以辩护。当彼特拉克②把他的情人萝拉比作耶稣基督时总是可笑的;而薄伽丘这位讨人喜欢的放荡作家,当他一本正经地感谢全能的上帝和贵妇们保护自己免于仇敌之害时,也是同样的荒唐可笑。

(杨 适 译)

---

① 朱庇特是罗马神话中最高的神,即希腊神话中的宙斯;朱诺是罗马神话中的天后。——译者注
② 彼特拉克(1304—1374),佛罗伦萨学者;桂冠诗人,人文主义者。——译者注

鉴赏力的细致和情感的细致

有些人的感情很敏锐细腻,他们总是处于某种这类敏感的支配之下,因而非常容易受到生活中种种偶然遭遇的影响,每个成功或顺利的事件都使他兴高采烈;而一旦处于逆境或遭到不幸时就垂头丧气,沉溺于强烈的悲伤之中。给他一些恩惠和提拔,能很容易地得到他的好感与友谊;而稍微伤害了他一点,就会招致他的愤怒和怨恨。得到点尊重和夸奖时,他们会得意忘形;略受轻蔑,他们就受不住。毫无疑问,像这样品性的人,要是同那些沉着冷静的人相比,他们总有更多的得意和快活,自然也有更多的刺骨的忧愁。但是如果权衡一下事情的轻重,我想,如果一个人能完全主宰他自己的气质,就一定宁愿具有沉着冷静的品格。因为命运的好坏,不是我们自己可以随意支配的;而性情过于敏感的人在遇到种种不幸时,忧伤和愤懑之情完全占据了他的心,就会使他失去对生活中普通事情的一切乐趣,失去那些构成我们幸福的主要部分的正当享受。何况在生活中人能得到巨大欢乐的事常常并不比使人感到巨大痛苦的事多,这样,敏感的人能尝到欢乐的机会就一定少于他遭到痛苦折磨的机会。这样的人在生活行为里是很容易不检点、不谨慎的,也就很容易犯错误,这些错误常常是无可挽回的。

在有些人身上,我们可以观察到他们具有鉴赏力方面的敏感精致的品质,这种品质很类似情感上的敏锐精致,它能对各种类型的美和丑产生细致感受,就像后者对顺利和困逆、恩惠与伤害所产生的感受那样。如果你让具有这种能力的人看一首诗或一幅画,那种敏锐精细的感觉力就会把他领进诗与画的全部情景中去,他不仅能对其中的神来之笔尽情入微地品玩,那些粗疏或谬误之处也逃不脱他的感受,他会感到厌恶不快。一次优雅得体的谈话,对他是莫大的享受;而粗鲁无当的交往,他觉得如坐针毡,是活受罪。简单说,鉴赏力的敏锐细致,其效果同情感上的敏锐精致是一样的。它扩展了我们的快乐和悲哀的范围,使我们能感受到别人往往感受不到的痛苦和欢乐。

虽然如此,我相信,所有的人都会赞成我这样一个看法,就是尽管两者相似,我们还是认为鉴赏力方面的敏感是值得我们追求和培养的,而情感上的敏感则是可悲的,只要可能,就应当加以矫正。生活中的好运或倒霉的事,我们自己是很少能做得了主的;但是我们可以很好地支配我们自己所读的书籍,所参与的娱乐活动,所保持的友情关系。哲学家们努力追求的快乐幸福,是完全不依赖于外界的一切事物的。完美无缺的境界是达不到的,不过每个有智慧的人总该把他的幸福立足于他自身;对于全靠其他条件才能获致的幸福,如情感敏锐精细的人所追求的那些东西,他不去追求。如果一个人具有这种能力,他就会由鉴赏的快感获得幸福,并感到这种幸福远胜于那些激起他食欲的东西所能给他的感官快乐;他会从一首诗、一段说理的议论里得到享受,这种享受在他看来也远胜于可能得到的最奢侈豪华的生活享乐。

尽管这两类敏感精细之间原来可能有联系,我还是认为情感上的敏锐精细需要纠正,鉴赏力则需要多加培养,使它提高和更加精炼,才能使我们善于评判人们的性格、天才的著作和高级艺术的杰作。对于那些明显的能打动我们感官的美好东西,我们欣赏能力的程度完全取决于感性气质的敏感程度;但是在涉及学术和艺术时,一种精细的鉴赏能力,在某种程度上就需要强有力的健全理智与之相适应,或者至少可以说,由于精致的鉴赏力非常依赖它,两者是不可分离的。为了正确地评价一部天才的作品,必须考虑到这里的许多见解,比较许多不同的情景,具备有关的人类本性的知识,因此如果一个人不具有最健全的判断力,他就绝不可能对这样的作品作出差强人意的评论。我们认为对文艺作品的欣赏力应当培育,一个新的理由就在于此。我们的评判力必须用这种实际练习来增强。我们应当对生活形成更正确的观念。有许多东西能使别人感到快乐或折磨,对我们来说,就会感到微不足道,不值得我们加以注意;我们就能逐步抛弃那些不适当的感情上的敏感性。

但是,如果认为有训练的文艺鉴赏力消除了热情,使我们对于大多数人热心追求的对象抱冷漠态度,这也许是说过头了。进一步思考一番就会发现,实际上有训练的鉴赏力毋宁说是增进了我们感性能力的一切素质和一切适当的热情,同时使心灵拒绝那些比较粗鄙狂暴的感情。

Ingenuas didicisse fidediter artes,

Emollit mores, nec sinit esse feros。①

关于这一点,我想可以提出两个非常自然的理由。第一,对于改进人们的气质和性情来说,没有什么比学习诗歌、雄辩、音乐或绘画中的美更有益的了。它能给人以某些超群出俗的优雅的感受;它所激起的情感是温和柔美的;它使心灵摆脱各种事务和利益

---

① 见 Ovid, Epistolae et Ponto Ⅱ. 9.48 大意是:心灵的精细,有助于行动不亢不卑。——译者注

的匆忙劳碌；愉悦我们的思考；使我们宁静；产生一种适当的伤感情绪，这种伤感是一切心情中最宜于爱情和友谊的。

第二，鉴赏力的敏锐精致，对于爱情和友谊是很有益的，因为它帮助我们选择少数人作为对象，使我们在同大多数人的交往和谈话中持一种不偏不倚的态度。在世上，鉴别人品的能力十分卓越的人（无论他们的心智多么健全）是难得的，而对人品的种种差异和等级（这是人们挑选爱人或朋友的依据）全然麻木不仁的人也是少有的。一个人只要有适当的心智条件，就足以使人们接纳他。他们向他谈到自己的各种兴趣和种种事情，其坦率程度与他们对另一个人的没有什么区别，于是就发现许多人不过如此而已，没有他，人们也决不会感到空虚或缺了点什么。但法国一位著名的作家[①]有一个比喻对我们是有用的，他说，判断力也可以比做一座钟表，最普通的钟表只能告诉我们钟点，这也就够了，唯有最精致的钟表能报出几分几秒，把时刻的最小差别分辨出来。一个对书本和人间知识有过精细体玩的人，他的亲密同伴必限于经过选择的少数人，他的乐趣便在其中，很少会超出这个范围。由于他的爱好影响限于一个小圈子里，如果他们水平一般，没有什么突出之处，他就会带动他们前进提高。同伴之间的欢乐嬉戏，会增进他们同他之间的友谊使之牢固，于是青年时代的热烈情欲就演变成为一种优雅的感情。

（杨　适　译）

[①] 见 Fontenelle, Pluraité des Mondes, Soir 6. ——译者注

论商业

人类主要可以划分为两类：一类是才智短浅难悟奥妙的庸人，一类是出神入化超乎自然的大智。大智尽管屈指可数，甚为少见，但我认为他们的作用巨大，他们价值连城。至少他们能够对问题提出启迪性的看法或者反面意见。尽管他们自身也许没有能力进行深入研究，但却为后人提供了研究这些问题并获得重大发现的机会，假如后人的思维更周密、方法更精确的话。或者退一万步说，至少他们是妙语惊人、不落窠臼，就算对他们所讲的需大费一番功夫去理解，人们也乐意听一些新鲜的议论。要是有位作者只能提供一些在任何一家咖啡馆里都听得到的陈词滥调，那么这种作者真是毫无可取之处。

才疏学浅的人总是偏好诋毁如大智般有真知灼见的人物，甚至是玄学家和成一家之言的人；他们从来都不会给予不能为其笨大的脑瓜所理解的任何新东西以公正的评价。我认为，一种具有创造性的独见常常提供了一种强有力的证据来推倒谬误；但凡令人信服的推论总是极为自然、毫不矫揉造作的。但是，一个人在考虑怎样处理某个具体问题或者在政治、经济、贸易以及任何重大事情等方面制订计划时，绝对不可能使其依据总是这样完美无缺，也不可能对各种可能的后果进行过于周密的考虑。他不可避免地也会发生令其推理无法成立或出现一种令他始料不及的局势这种事情。然而,只要是对问题加以概括性的推理,那我们就有充足的理由断言,即使该推理是对的,也永远做不到完美无缺;也同样可断言,庸才与天才的分界线主要就是他们研究问题时所依据的原理到底是肤浅的还是深刻的。概括性推理之所以看起来复杂,就是因为其概括性要在纷繁复杂的具体问题中将大多数人公认的普遍情况与其他特殊情况加以区分,或者说,提纲挈领对大多数人来说也绝不是件容易事。他们觉得每一个判断和结论都是特定的。他既不能将自己的视野扩大到那些包罗万象的命题,也无法运用某个原理来纲领性地概括全部知识。他们一看到这种宽广无边的情景就眼花缭乱、不知所措,而从中得出的那些结论就算是解释得再透彻,也好像变得捉摸不透、难以理解。但可以肯定的是,无论普遍性原理看上去是多么错综复杂,只要立论恰当,言之有理,那么在事物发展的总趋势中必定会长盛不衰,但是在个别情况下也有可能不起作用;而对事物发展总趋势的密切关注乃是哲学家的天职。在此不如进一步说这也是政治家的天职,特别是在英国的内政治理上,公众福利——这原本是,或者应该是政治家的宗旨——取决于大量事业的协调配合;而不像外国的政治那样取决于偶然机遇,甚至是极少数人的任性胡来。所以,这就产生了具体思考和概括推理之间的差别,从而使微言大义、精巧发挥变得更适合于概括推理。

在下文探讨商业、货币、利息、贸易平衡等问题之前,我认为先作这段引言是很有必要的;因为很有可能在这些讨论中会出现某种不落俗套的原理,而用这样的原理来讨论如此庸俗的问题,未免有些过于精妙。这些原理,没有谬误,随你摒弃。但是,谁也不应该只是由于这些原理非同一般就对其心怀成见。

一般来说,国家的昌盛、人民的幸福,都与商业有着密切的关系,虽然就某些方面而言,也可认为相互间并无制约和依仗关系。况且,只要私人经商和私有财产得到社会权力机构较大的保障,社会本身就会随着私人商业的繁荣发达而相应地繁荣起来。这条准则一般来说是正确的,但我禁不住想,该准则完全可以容许有例外,可我们却毫无保留地全部接受。商业、财富以及个人的奢侈有时并不能够增强本国的社会实力,而只会削弱本国的军事力量和国际声望,这种情况也能见到。见异思迁、反复无常乃人类本性,因而极易受到各种不同观点、原理和行为准则的影响。对于某种东西,在你接受某种思想方法时可能认为是对的,而在你接受了另一套截然相反的观点时则会认为是错的。

可以把每个国家的大多数人口划分为农民和工匠两大部分。前者耕种土地,后者则把前者提供的原料加工成各种人类生活的必需品和装饰品。人类一旦结束了以渔猎为生的原始生活,就必然马上分化成这两种人,但是种地的人起初要占绝大多数。[①] 随着时间的推移和经验的积累,耕种技术大为改进,土地的收成可以很容易地养活一大批比直接种地的人数多得多的人口,换言之,就是为工匠提供了更多的维持生命的必需品。

如果这些剩余劳动力从事那种称为奢侈艺术的精致手工艺生产,那就为国家增加了生活乐趣,因为他们提供给了许多人享受这种乐趣的机会,否则的话,人们就与这种享乐无缘。然而,难道就

[①] 梅隆先生在他的一篇论商业的论文中声称,即使在当代,如果将法国人口分为二十份,其中十六份为劳动者或农民,工匠只占两份,政法、神职及军人占一份,商人、金融家和中产阶级也占一份。当然这种估算是很不正确的。法国、英国以及大多数欧洲国家,一半的人口住在城市里,而且即使是住农村的人口,也有大部分人是工匠,也许人数超过了农村人口的三分之一。——原注

提供不出使用这些剩余劳动力的其他方案吗？难道国王就不会要求将这些劳动力归他个人，利用他们扩充军队和疆土、增加领地而扬威海外吗？当然，农民和领主的欲求越少，那雇用的手艺人也越少，因而土地的剩余产品可以不用于养活商人和工匠，而用来供养军队——这支军队的人数要比伺候满足个别人的奢侈需求的手艺人多得多。这就出现了一种矛盾，即国家的强大好像与臣民的幸福是相互对立的。如果一个国家的剩余劳动力根本不用来为社会服务，那么这个国家就绝对强大不了。个人的享受和方便，要求利用这些劳动力来为他们自己服务。人总是要通过牺牲他人来满足自己。就像国王的雄心壮志必然要侵害个人的安乐一样，个人的安乐也必定会减弱国王的实力，妨碍其抱负的实施。

上述立论并不只是一种漫无边际的空谈，而是有历史和经验的事实根据的确凿言论。斯巴达共和国的国力之强盛，在当时世界上有同等人口的城邦中，的确是首屈一指；形成这样的一种局面完全是由于商业和安乐的需要。在那时的斯巴达，希洛特人从事农业，而斯巴达人则是士兵或上等人。希洛特人的劳动明显养活不了这么多的斯巴达人，要是这些斯巴达人过着舒适讲究的生活，从事各种贸易和手工业的话。在古罗马也可以看到类似政策。事实上，纵观整个古代史，都看得到那些小城邦国供养着一支庞大的军队，即使是现今人口为其三倍的国家也养不起这么多的人。据估算，现今所有欧洲国家，其军队与居民的人数比例不超过一比一百。但是，根据历史记载，早期仅罗马一城，就在其小块领土上供养着十个军团来对付古拉丁人。整个版图不比英国约克郡大的雅典，却派出了一支大约四万人的大军远征西西里。根据修昔底德卷七的记载，老狄奥尼修斯供养过一支常备军队，共有十万步兵、一万骑兵,另外还有由四百艘战舰组成的一支庞大海军;①但其疆土并未超出锡拉丘兹城——大约是西西里岛的三分之一,以及意大利和伊利尼科姆沿岸的几座海港城镇和要塞。虽然古代的军队打仗时大多靠劫掠作为军队给养来源,但是对方不也一样是劫掠吗?劫掠是一切所能想象得到的征敛手段中最为毁灭性的。古代军队人数之所以比现代多,除了商业与安乐需要之外,不可能有其他任何原因。靠农民的劳动养活的工匠人数不多,因而就能养活更多的军队。李维写道,在他那个时代的罗马,是很难供养得起一支像当初罗马派出去征服高卢人和拉丁人那样庞大的军队的。②在奥古斯都时代,乐师、画师、厨师、演员和裁缝,到处都是,然而,像在凯米利时期那样挺身而出为保卫自由和帝国而战的公民士兵却差不多消失了。假如这两个时期的耕地相等,土地的产品当然可以养活等量的人口,而不管其从事什么职业;但也仅仅能够提供生命之需而已。不但这种情况在奥古斯都时期是这样,且在狄奥尼修时期更是这样。

写到此,人们不禁要问,国君们是否有可能倒回到古代的政策准则上去,从而只考虑其自身利益而根本不顾及臣民们的幸福呢?我的回答是,这几乎是不可能的。因为古代政策过分残暴,不太合乎情理,与事物发展的正常过程相违背。斯巴达实施的法律有多奇特,这个国家创造的奇迹又有多大,这是众所周知的。凡是尊重人性的人都必然对其肃然起敬。这在其他国家和其他时代也是存

---

① 见西西尼的狄欧多卢斯卷七。我认为这种说法多少有些可疑,尽管不能说完全不可相信,主要是因为这样的军队并不是由公民组成,而是由雇佣兵组成的。——原注
② 见李维卷七第二十四节。他说,"现在我们为之操劳的只不过是增加财富和奢侈。"——原注

在的。如果历史的证据不是如此确凿的话,也许人们会认为,这种政权好像纯粹是哲学家们的虚构、心血来潮或想入非非,是永远实现不了的。虽然罗马以及别的共和国都是通过合乎情理的原则来维持的,但是由于一系列特殊情况的协同合作,最终使得这些国家灭亡了。这些情况是,它们都是自由城邦,又是小国,并且那是一个战争不断的时代,它们与所有的邻国都长期交战。热爱自由必定产生共和精神,尤其是在小城邦国。而每当社会几乎长期处在戒备状态,人们时刻准备为保卫国家而奋不顾身时,这种共和精神以及对祖国的热爱必然有增无减。连年的征战使每个公民都轮得到从军征战;而在服役期,基本上要自己养活自己。这种服役确实等于是一种沉重的赋税,但是对迷恋上了打仗的人却感觉不到;这种人打仗不是为了金钱,而是为了荣誉和复仇,他们既不知劳作之辛苦,又不懂人生的乐趣为何。① 不用说,在古城邦共和国里人们的财产是非常均等的,各人的领地都足够用来养活一家人,即使没有贸易与手工业,也同样是繁荣昌盛。

对于推崇战争的自由民而言,虽然他们有时需要贸易和手工业的目的也许仅仅是为了进一步增强社会的实力,但是可以肯定,在人类共同事务的进程中却有种完全相反的趋势。对于人类,国

---

① 古罗马人与其一切邻邦长期处于绵绵战火之中;古拉丁语的 hostis 一词有"外人"和"敌人"的意思。西塞罗对此已有所论及;但他将它说成是前贤的仁厚,为了让措辞尽可能温和些,他们把"敌人"称为 hostis,使其兼有"外人"的含义。(见《域外集》卷二)。其实按当时的风俗习惯,这倒完全有可能是因为那时的人极为凶残,于是将一切"外人"都视为"敌人",因此一概使用 hostis 这一称谓。而且让一个国家友好对待其民族的敌人,或像西塞罗所讲的古罗马人那样对敌人心怀仁慈,这也是和政策或人性的最共同的准则不相符的。况且,我们从波里比乌斯的著作卷三中看到的古罗马人与迦太基签订的最早的条约,证实了古罗马人早期的确搞海盗活动,后来又像萨利和阿尔及林流浪汉那样与大多数民族打了仗;因此"外人"与"敌人"对他们简直是同义词。——原注

王们只能按其现状来接受，而绝不能试图以暴力强迫人们改变自己的思想原则和方式。而想要产生那种伟大的革命以使人类事务的面貌大为改观，则要有一个漫长的历史过程，一个经历了各种变幻多端的历史事件的长期演化过程。如果维持某个社会的那套原则越是不大合乎自然规律，那么立法者想要确立、完善这套原则时所遇到的困难就越大。立法者在这一情势下最稳妥的做法就是顺乎人心，因势利导，提出人们容易接受的所有改革事项。这样，工业、贸易和艺术就会根据事物发展的最符合自然规律的进程来提高国王的权力，促进臣民的幸福；而那种富了国家穷了人民的政策则是暴政。只要稍加思考，这一点是不难理解的，而且也让我们清楚地看到了懒惰和残暴的后果。

在制造业和机械技术不发达的地方，那里的大多数人必须从事农业生产；如果人们的劳动技术和生产劲头提高了，那他们的劳动就一定会大获丰收，其数量将大大超过养活他们自己所需之量。既然他们不能用那些剩余物质兑换那种可供其消遣或满足其虚荣心的商品，他们的干劲就减低，那也就不会有兴趣来提高其劳动技术。懒惰的习性就乘虚而入，蔓延滋长，以至于大部分田地撂荒；而有人耕种的土地的产量也由于农民不愿尽其心力而达不到应有的水平。如果一旦因社会急需而使大量人力从事社会工作，那农民的劳动就无法提供剩余产品来养活这批人。农民的劳动技能和干劲也不是立刻就能提高的，而撂荒的土地要好几年后才有收成，这时军队只能要么匆忙去进行暴力征服，要么因给养不足而解散，两者必择其一。所以，不能指望这样的民族会有正规的进攻或者防卫，他们的士兵也像其农民和工匠那样愚昧、低能。

世界上的每件东西都要靠劳动来购买，而劳动的动机则是人们的欲望。一个国家工业产品丰富、机械技术发达，那么不仅农民,甚至连土地所有者也都将农业当作一门科学来研究,从而认真敬业,干劲冲天。他们的劳动所生产的剩余物品也没有浪费掉,而是用于交换人们为了享受舒适生活而盼望得到的那些商品了。因此,土地除了满足耕种者自己的需要外,还提供了大量维持生命的必需品。在太平盛世,这种剩余产品用来养活制造商品和繁荣文化的人。但是社会也极易将工业部门的许多人转入到军队中,并用农民的剩余产品来供养他们。据我所知,所有文明社会的政府的情况就是这样的。当国王征召一支军队时,接下来的该是什么呢?那就是征税。这种赋税迫使全体国民减少维持最低生活的必需品。而那些生产这类商品的从业人员要么去当兵,要么来务农,从而迫使某些农民转而经商。总之,唯有制造部门存备了大量产品,社会可以占有这种产品而又至于剥夺了任何个人的生活必需品时,制造业才能够增强国力。所以,一个国家用于超出维持起码生活的产品越多就越强盛,因为从事这种劳动的人可以很容易转向社会劳务。一个没有制造业的国家,虽然劳动力的数量可能相等,但是产品数量却不相等,并且品种也不一样。这个国家的全部劳动都用在维持起码的生活上,不能够有任何减少。

因此,就贸易和制造业来说,国王的伟大和国家的幸福在很大程度上是一致的。强迫农民苦干以使生产出来的东西多于维持农民本人及其家人的需要,这是一种残暴的方法,而且大多是无效的。如果将制造品和商品提供给农民,那么他就会自觉去这样干。这样你就会发现,要征收农民部分剩余产品是不难办到的。由于养成了勤劳的习惯,农民就会认为,这种做法与强迫他增加无偿劳动相比还不算是太难以忍受。对于其他社会成员来说,情况也是如此。各种劳动(产品)的储备越充足,可从中提取的数量就越大,且又不致引起明显的变化。

社会的粮食、布匹和武器装备在任何情况下都必须做到真正的富足和廪实。贸易与工业真正成了劳动的库存，在国泰民安的年代，这种库存的目的是满足个人的安逸舒适；一旦国家出现紧急情况，也可以部分地转化为社会的应急物品。如果我们能把一座城市转化为一座坚固的军营，在每个人的身上培养一种真正的战斗精神，一种为国分忧的献身精神，使得人人都为了国家而奋勇争先，那么这种热情就像古代表现出来的那样足以充分激发艰苦奋斗的精神，使社会能够存续下去。这时候最好如在军营中那样废除所有烦琐，铲除奢侈，制止浪费，提倡节约，使粮库充盈，即使军队增添人员也能维持较长时间而不用担心短缺。但是考虑到这些原则太过大公无私，极难得到人们的拥护，因此必须通过别的爱好来影响人们，用幸福来自勤劳、劳动就是享受的精神来激励他们。在这种情况下，军队里配备了额外的随军人员，粮食的耗费相应地有所增加，总体协调仍然得到保持。由于较好地顾及了人心的自然爱好，因此社会甚至于个人都认为，遵从这些准则是有好处的。

　　运用同样的推理方法，我们就会清楚地看到对外贸易的好处：既使臣民富裕又使国家强盛。对外贸易可以增加国家的产品储备，国王可以从中将他认为必需的部分用于社会劳务。通过进口，对外贸易能为制造新产品提供原料；通过出口则可将本国积余的某些商品换回自己需要的产品。总之，一个进行大量进出口的国家与满足于商品的自给自足的另一国家相比，其工业必定更发达，在衣食住行等生活各方面都更讲究。所以，这样的国家既富裕又强大。就个人而言，这些商品满足了他的各种欲望和爱好；就整个社会而言，也获取了好处，更多的劳动（产品）通过这种方法得以贮存起来以应各种急需。也就是说，大批的劳动力被维持下来，随时可以转向社会劳务；而其生活必需品甚至基本的日用品又不被剥夺。

考阅史籍就会发现，大多数国家的对外贸易总是为国内制造业的大步改进指引方向和提供机会，并且带来极为奢侈的享受。人们对于柜窗中的舶来品有一种耳目一新的新鲜感，因而乐意使用它们；这种浓厚的兴趣总是超过了对本国商品进行改进的兴趣，从而使本国的商品发展缓慢，即使新颖有特色，也不会引人注目。将那种在本国售价低、难卖出的余货倾销到土壤或气候不适于生产该商品的外国，也是获利极高的生意。人们从而认识到了享受的快乐和经商的好处。一旦人们领悟到了随机应变和惨淡经营的诀窍，就会坚持进一步改进对外贸易和国内贸易的每个部门。和外国人做生意所带来的主要好处也许就是：它使游手好闲的人奋发图强，也为这个国家里的花花公子们展现了追求奢侈的新天地；这种奢华的生活他们过去做梦都想不到，因而在他们的心中激起了一种追求其先辈们未曾享受过的更加美妙的生活方式的欲望。与此同时，少数掌握了搞外贸的诀窍的商人发了大财；他们的财富已经比得上古代的贵族，使得其他冒险家们妒羡，因此也来和他们竞争。如此一来，各个行业纷纷仿效，你追我赶；因而国内的制造业赶超国外的，提高产品质量，力图使所有国产商品达到尽可能完美的水平。他们手里的钢铁经过能工巧匠的精心制作，变得像印度的黄金和红宝石那样值钱。

一旦社会形成了这种局面，那么，一个民族即使丧失了大部分海外贸易，也仍然是一个实力雄厚的强国。如果外国人不高兴接受我们的某种商品，那我们就必须停止生产；这批劳动力将转向其他行业，尽力改进本国需要的别的商品。必须一直保证工匠们有加工的原料，以便让国内的有钱人都可充分享用理想的国货——数量丰富且品质优良，但这种情况却绝对不会存在。你看，在一般人的心目中，中国是世界上最富有的帝国之一，但其商业却很少跨出本国的疆土。

我希望别人不会认为这是大为离题的废话，如果我在这里说，就像机械技术越多越好那样，负责生产这些机器的人也是越多越好。公民之间的贫富差距过大，会使国力遭到削弱。如果可能的话，每个人都应当能享受自己的劳动成果，即占有充分的生活必需品和基本的生活日用品。没有谁会不相信正是这种平等很是适合于人类的天性，它增添了穷人的幸福，对富人的幸福却毫无损害；它还使人们愿意积极交纳任何额外的税赋，从而使国力增强。而如果财富集中在少数人的手中，那么这些人得缴纳大量税款以供社会使用；但是当财富分散在大多数人手中时，税赋就不会对个人的生活方式产生太大的差别。

而且，如果财富为少数人独占，那么他们必然掌握着全部权利，就会想方设法把负担转到穷人身上，不断压迫穷人，从而迫使他们最后失去辛勤劳动的热情。

上述情形尽管还不会载入史册，但正是今日英国大大优越于别国的地方。虽然英国人也感到对外贸易有不利的一面——农产品昂贵，这部分是因为英国工匠富有和货币充足而引起的。但是，既然对外贸易并不是专注于实利，那么农产品价格涉及到几百万人的生计，自然不该斤斤计较，和农民争利。只要老百姓对本国自由政府的治理极为拥戴，那就足够了。老百姓的贫困是君王专制的必然（如果不是绝对真实的话）恶果。然而，如果反过来说，老百姓的富裕是自由的绝对必然的结果，我怀疑这种说法也不一定就真实吧。要得到这种结果，除了自由之外，还得有特殊转折的出现和某种思潮的兴起。培根勋爵在论述几次英法战争中英国所得到的好处时说，主要是老百姓的生活有了较多的舒适和富足，而当时两国政府的境况却是分不出个上下。如果农民和工匠习惯了低工资劳动,习惯了只得到自己劳动成果的一小部分,那么,即使是在自由政府的治理下,他们也很难改善自己的境遇,或者联合起来为提高自己的工资待遇而斗争。然而,如果是在专制制度下,即使他们习惯了一种较富足的生活方式,有钱人也可以巧取豪夺,将全部赋税转到他们的身上。

  在法国、意大利和西班牙,从某种意义上说,老百姓的贫困是由于物产丰富、气候宜人引起的;这种说法似乎有些奇异,实际上这种怪论自有它的道理,并不是无稽之谈。在欧洲大陆的偏南部地区,土地肥沃,因此农耕并非一种费力的技艺;一个农民只需两匹劣马,一季的收成就能交清地主那相当高昂的地租。农民要掌握的耕种技术只是:地力一旦枯竭,就让土地休闲一年;凭借于光热和气温,就足以使耕地的肥力得到恢复和积存。因此这种贫困农民对自己的劳动要求并不高,只求有起码的温饱。他们既无牲畜农具,又无财产——那是非分之想;同时,他们永远依赖着地主的施舍,而地主既不给租约,也从不担心这种低劣的耕种方法会毁坏田地。在英国,土地是富饶的,只不过粗糙点,耕种必须花较高的代价;而且如果管理不善,使用一种要过好几年才能充分发挥效用的方法,那就会歉收。所以,英国的农民必须有相当的农具和时间较长的租约,这样才会有相应的收益。香巴尼和勃艮地的葡萄园经常让地主获得每亩高于五英镑的收入,而提供这种收入的是由几乎吃了上顿没下顿的农民,这些农民除了有自己的双手和花二十先令就买得到的小农具以外,他们没有任何牲畜和农具。这些国家的农民的处境一般也还勉强过得去。在所有务农的人当中,畜牧业者最为悠闲,其原因也是如此。人们的收益必须与其付出的代价以及风险相称。当大量像佃农和自耕农这样的人处在赤贫的境况时,则不管这个国家是君主制还是共和制,所有其他人也肯定要分担他们的贫困。

我们也可以对整个人类的历史提出相似的看法。为什么居住在热带地区的人一直技术落后、无所教化、不修内政、军队涣散,而少数地处温带的国家却一直没有这些弊端呢？形成这一现象的原因之一可能是:热带地区长年为夏,衣服和住房对当地居民来说不是非常必需,因而部分地失去这种需要；但这种需要却正是激起一切勤劳和发明创造的巨大动力。需求增进人的才智。不用说,任何国家的人们享有的这种物品或财产越少,人与人之间造成纷争的可能性就越小,从而组建治安或正规的政权来保卫他们不受外敌侵犯和内部损害的必要性也就越小。

(刘根华　璐　甫　译)

论货币

严格说来，货币并不是商业上的一个问题，而仅仅是人们约定用来便于商品交换的一种工具。它不是贸易机器上的齿轮，而是一种润滑油，它使齿轮的转动更加平滑自如。如果仅仅从一个国家的自身去考察，那么货币量的多少是无关紧要的。因为商品的价格总是和货币数量成比例，所以哈里七世时期的一克朗的作用与今天的一英镑相等。只有社会才可从货币量的增加中得到好处，只不过那也是在和外国打仗或交涉的时候。正是由于这一原因，一切富裕的贸易国，从迦太基到英国和荷兰，都是使用从较穷的邻国招募过来的雇佣军。如果使用自己的国民，他们就觉得对积聚更多的钱财不利，因为付给服役人员的工资必须按社会的富裕程度成比例地提高。维持一支两万人的英国军队的所需费用足够用于维持一支人数为其两倍的法国军队。在最近的一次战争中，英国海军的耗费相当于古罗马帝制时期用来征服世界的全部军团的开支。①

---

① 古罗马步兵的一名列兵的薪水是每天一个提奈里斯，大约与现在的十八便士相等。古罗马皇帝通常雇佣二十五个军团，假设一军团为五千人，那么总共是十二万五千人（见塔西佗《编年史》卷四）。虽然各个军团也有勤杂人员，但其名额和薪水都是不固定的。只按各个军团的正式编制来计算，士兵的工资（转下页）

只要能吃苦耐劳，在所有场合，不论在国内还是在国外，也不论是为公还是为私，人口众多都是极为有用的。而货币多了，其用途却极有限，甚至有时会引起一个国家在外贸方面的损失。

在人类事务中，似乎有一种奇妙的机缘凑巧可以抑制贸易和财富的增长，阻止某一民族独占贸易和财富。这一点起初可能是由于害怕历史悠久的老牌商号的优势。如果一个国家对另一个国家占据了贸易上的优势，那么由于前者在经营和技术上的优越条件及其商人存货足、有实力，可以薄利多销，后者就再难夺回它已经失去的地位。但是在没有大商业且金属货币不多的各国，其劳动力价格低廉，从而在某种程度上使那些依仗优势的做法得到抵偿。制造商们不断转移，屡屡离开那些已经富起来的国家和省份；哪里有廉价食品和劳动力，他们就奔往哪里，直到让这些地方也富起来；因而出于相同理由，他们又开始了新的转移。我们普遍可以注意到，货币一旦多了，物价就涨，这是一种挥之不去的紧跟着老牌商行的不利因素；而较为贫穷的国家却能在所有的国外市场上以低于较为富裕国家物品的价格来售出，从而限制了老牌商行在各国的活动范围。

这种情况使我对银行及纸币的信用表示怀疑，尽管大家都认为这有利于每一个国家。食品和劳动力的价格必须随着贸易与货

（接上页）不会超过一百六十万镑。然而英国议会核准给海军的拨款通常是二百五十万镑，因而我们支付的军官工资及杂项开支要比古罗马多九十万镑。似乎古罗马军队中的军官人数比英国现有军队中的要少，但英国雇用的几个瑞士军团不包括在内。古罗马的军官工资极低，比如百人队队长的工资只是普通士兵的两倍。由于士兵们要用自己的工资购买衣服、武器、帐篷和行李（见塔西佗《编年史》卷五），必定大为减少军队的其他开支项，因而这个战功显赫的政府才能花少量的资金轻而易举地主宰世界。按照上述计算得出这一结论是必然的。至于货币，在征服埃及后，罗马就很充足，其数量几乎可与当今最富有的欧洲国家相比。——原注

币的增多而提升，尽管这有诸多不便，但却是避免不了的，而其结果则是社会的繁荣——这是人人都向往的目标。作为补偿，我们得到了两个好处：一是拥有这些贵金属；二是使国家在对外战争和交涉中的实力得到增强。但是没有理由用假币来加大这种不便，因为在支付结算中外商不愿接受，而且在任何一次国内的大动乱中，它都将变得一文不值。的确也有不少大富豪手中钱币很多，但却宁肯信用可靠的纸币，因为它运输方便，保存也较安全。如果不建立国家银行，私人银行家就会大搞活动，就像从前伦敦的金匠那样，或者像现在的都柏林的银行家那样。我们因此可以认为，应让国有公司享受到这种纸币的好处；这样反而要好一些，因为它在每个富裕的国家里总占有一定的地位。但是，如果人为地去尽力扩大这种信用，恐怕绝不会对任何贸易国有利，反而会让这些国家遭受损失；因为超过与劳动和商品的正常比例来增加货币量，只能使商人和制造商要出更高的价格去购买这些东西。由此可见，我们得承认，唯有银行突破目前盛行的惯例，把收进来的钱都锁起来，①永远不将金库回收的那部分投入商业中，以避免增加流通中的货币，——唯有这样的银行才最有好处。国家银行运用该手段就能大量中断私人银行家和货币经纪人的买卖，但这样国家就必须支付工资给这个银行的经理和出纳等人员，因为这个银行依据上述假设是不会从其利润中获得利润的；国家从廉价劳动力和取消纸币信用中所得到的好处就足以补偿这些工资。不用说，国家握有如此多的货币，在紧急情况下就可以随时动用，这是一种极大的便利；而被动用的部分则可以在国家恢复平安后慢慢归还。

下面还要进一步探讨纸币信用问题。在此我要提出两点意见

---

① 阿姆斯特丹的银行就是这样。——原注

并进行说明,来作为这篇货币论的结语。说不定这些看法和我国的一些冒险政治家的想法碰巧是一样的呢。

有位叫作阿那查西斯的塞西亚人,在本国从没见过钱币,他曾经敏锐地观察到,除了在计算方面有帮助之外,金银似乎对希腊人根本没用处。很显然,货币只不过是代表劳动和商品的一种象征以及评估劳动和商品的一种方法。如果我仅从一个国家的角度来看,那么用于计算或代表商品的钱币无论多少都不会产生什么好的或坏的影响,这就像某个商人不用数码少的阿拉伯记数法而用数码多的罗马计数法记账,却并不改变其钱款一样。较大量的货币就像罗马数码那样反而不便当,不管是保存还是搬运都更加麻烦。这一说法虽然合情合理,但有一点却是肯定的,那就是自从美洲发现了金银矿以来,不仅矿主,而且连欧洲各国的生产劲头都普遍高涨;除了其他原因之外,把这种干劲的形成归于金银的增加并不过分。所以我们看到,在货币的输入量激增的各个国家,一切都大为改观。各个行业都干劲十足,商人则更是雄心勃勃,制造商也更加精益求精,甚至农民扶犁也手脚灵便多了。如果我们仅仅考虑货币大量增加对一国自身所产生的影响,即商品的价格提升,从而每个人购买每样东西都要付更多的金币或银币,那就很难说明问题。至于外贸方面,货币多了似乎对它也不利,也即货币多了会引起各种劳动产品的价格上涨。

为了说明这种现象,我们就必须考虑:尽管商品价格的高涨是金银增加的必然结果,但是这种高涨并不是紧随着这种增加而产生,而是需要一段时间,直到货币在全国流通并使所有人都感觉到了其影响时才产生。刚开始看不出有什么变化,逐步地开始是一种商品,接着是另一种商品,物价就逐渐上涨,一直到全部商品与国内新的货币量形成合适的比例为止。我认为,只有在人们得到货币和物价上涨之间的空当或中间状态,金银的不断增加才对提高生产劲头有利。任何数额的金银流入一个国家,并非一开始就分散到许多人的手中,而只是被锁在了少数人的保险箱里,这些人马上设法利用这些金银牟利。这里涉及到一系列的制造商和商人。假设他们把货物运到加的斯后换回了一批金银,这样他们就必须雇佣更多的工人,这些工人从来不敢奢想较高的工资,所以碰上这样愿出好价钱的雇主就自然乐意效劳。假如工人稀缺,制造商则愿出更高的工资;但起初是要求工人增加工作量,而工人们只要能够吃好喝足以补偿其额外劳作,对这种要求也就乐意接受。工人们拿着钱去市场,发现市场上的各种东西还是原先的价格,所以就买回来更多更好的东西用来供养家人。农民和菜农看到自己的东西都卖完了,就高兴今后多生产些,同时还能从商人那里多买些好布,因为布价也是老样子。这种大获好处的甜头自然激发他们的积极性。追寻货币在全体国民中的流通过程是很容易的。我们将看到,货币在提高劳动价值之前必定先激发大家的劳动积极性。

经常从事货币交易的法国国王就能作为例证之一来说明钱币可以增加到一定额度而不会产生上述的后一种影响。在当时的法国经常是这样,这种钱币数额的增加并不引起物价的相应提升,至少在一段时间之内不会。路易十四在位的最后一年,钱币量增加了七分之三,而物价只上涨七分之一。目前法国粮谷的价格与1683年相同,但是1683年的白银价为三十利弗,而现在却已上升到五十利弗。① 至于前段时期可能流入法国的大量黄金和白银

---

① 这些事实引自著名的梅隆·杜·托佗的《政治管窥》一书。不过我必须承认,他在别的地方提供的事实通常很可疑,使他在这一问题上的权威性有所降低;然而,认为法国的钱币增加起初并未引起物价的相应上涨的一般观察(转下页)

的情形就更不用说了。

从上述整个论证中我们可以得出结论：货币数量的多少，对一个国家的福祉是无关紧要的。行政当局的上策是尽可能保持这股增长的势头，只要当局采取这种措施就可以调动国内的生产积极性，增加产品储备；而这种储备则是所有实力与财富的根本。货币量在减少的国家的确比当时货币不多但在增加的国家要弱。这一点不难表明，只要我们承认这种货币量的变化，无论是减少还是增加都并不立刻就会出现商品价格的相应变化。在情势转变到一个新阶段之前总会存在间歇，在此期间，金银减少会挫伤积极性，同理，金银增加则会提高积极性。工人被制造商和商人雇用的情况有所不同，但他在市场上购买每件东西的价钱却并不因此而发生变化。农民可能卖不掉他的粮谷和牲口，但地租还是照样交给地主。因此，不难预见，贫穷、乞讨和懒惰必定紧随而来。

我要对货币问题提出的第二点意见，或许可用下列方式来讲述：欧洲有一些国家和不少的省份（它们曾经都经历过相同的情况）货币奇缺，因而地主从佃户那里根本就得不到货币地租，而只能收受实物，这些实物不是自己消费就是销往别的地方。在这些国家，国王只能通过同样的方式征收少量的赋税，甚至是无税可收；由于国王的税利极其微薄，因此国家的军队人数也是很少的，

（接上页）肯定是对的。顺便提一下，这好像是说明钱币的种类为什么会逐步而普遍地增加所能提供的最佳理由之一，但在托佗和巴黎·特·佛奈论述该问题的一切著作中，始终完全忽略了它。比如说，如果将所有钱币都回炉重造，并假定从每一先令中去掉价值一便士的银子，新先令大概也可与旧先令一样买到同样多的物品，因而各种东西的价格无形中就降低了，对外贸易活跃了，国内的生产积极性也会由于英镑和先令的大量流通而受到激发和提高。为了实现这一设想，最好让新先令等于二十四点五便士；而为了保存假象，则最好保持原值。由于我们的先令和六便士银币不断受磨损，我国的银币再造已开始成为必要；但我们是否有必要仿效威廉国王时代的先例使坏币恢复原有成色，则很值得怀疑。——原注

明显不可能像那些金银满库的国家那样维持一支海陆军队。今天德国的军队和三百年前相比，①存在一种比例失调，这种失调与其在生产热情、人口及制造业方面的比例失调比起来确实很严重。帝国时代的奥地利，一般来说是个人口密集、农业发达、幅员辽阔的国家，但在和欧洲的力量对比中没有与其相称的分量；而这就像大众所公认的那样是因为缺少货币而引起的。那么，所有的这些事实又如何才能够与那条推理原则，即金银的多少根本是无关紧要的相符合呢？根据这一原则，不管在哪里，只要君主拥有众多的臣民，他就是强大有力的；而臣民只要拥有大量商品，就是幸福富足的；这些都和贵金属的多少无关。这些贵金属在很大程度上是容许多次分配的。如果钱币少到有完全消失的危险，人们就常常在金银里掺杂贱金属，就像现在有些欧洲国家那样，通过这种办法来铸造更方便实用的硬币。这种硬币同样可以用来交换，而不管其面值和成色是怎么样的。

我对这些困惑的答复是：这里所谓的货币缺乏的影响，实际上是源于人们的风俗习惯；我们是将附带的结果误认为原因了（这种事很常见）。矛盾是很突出的，但是要想找出那些能够把推理和经验协调起来的原则却是需要进行一番思索与考究的。

所有东西的价格取决于商品和货币之间的比例，任何一方的重大变化都可产生相同的结果——价格的波动。这似乎是不言而喻的原理。商品增多，价格就低；货币增多，商品就涨价。反过来，商品减少或货币减少也都具有相反的倾向。

同样明显的是，与其说价格是由国内的商品和货币的绝对数

---

① 意大利人给马克西米利安国王起了个外号，叫作 Pocci-Danari。这位国王因缺钱而从未办成过一件大事。——译者注

决定的,倒不如说它是由进入或可能进入市场的商品的绝对数决定的。如果把钱币锁进保险箱,对价格来说它就像是消灭了;如果商品堆在仓库里,结果也会一样。在这种情况下,货币和商品永远不相遇,因而也就互不影响。在任何时候,如果我们要推测粮食价格,那对农民留的种子和供其本人及家人食用的部分就绝不能估算进去;只有剩余部分才可对照所需情况来决定其价值。

我们为了应用这些原理就必须承认,任何一个国家在其原始蒙昧时期,当人们只想到本能的需要而并未意识到国家社会的需要时,他们满足于自己田地的产品或满足于他们能亲手制作的那些粗糙但已有进步的工具,根本就无须交换,至少是不需要货币——因为根据论证,货币是一种交换的通用手段。农民用自养羊身上的羊毛,在自己家里纺线,请附近的工匠加工后就能供其服饰之需,那位工匠则得到了谷物或羊毛作为报酬。人们雇用木工、铁匠、瓦工和裁缝等也是付给类似物品作为报酬;住在附近的地主本人也满足于收受农民种的东西作为地租,其中大部分供其一家人消费,过乡村式东道主的生活;余额部分也许到附近市镇出售换成货币,以换取少量物品,供其享有。

在人们开始对这些享受日益讲究,而不再总是自给自足或满足于邻居间的互兑互换以后,更多的交换和各种商业就相应产生了,从而就有更多的货币加入这种交换。买卖人不肯只用粮食支付,因为除了吃饭以外,他们还有其他需要。况且,农民经常到其他地区去买自己需要的东西,也不能总是带上自己的产品去和满足其需要的商人作交易。住在城市或国外的地主,也因金银运输方便而要求农民用金银交租。各个行业都出现了一批大企业家、大制造商和大商人,对他们来说,只有使用钱币做生意才最便利。在这种情势下,货币就为满足需要而更多地进入契约领域,用途比以前更加广泛。

其结果必然是,如果该国的货币没有增多,那么在和平昌盛时期的各种物品一定要比愚蛮时代便宜得多,因为就是流通中的货币与市场上的商品之间的比例决定着物价的高低。用于自己消费的物品,或者供邻居间相互交换的物品,绝不会进入市场;这些物品不会对货币流通的流通量有任何影响。从这点来说,这些物品几乎等于零。所以,货物的这种用途降低了商品总量的比例,从而使价格上扬。但当货币进入契约和买卖,并处处成为交换的手段之后,虽然国内的现金数量没变,但却承担了更重的任务;那时的所有商品都进入市场,流通领域扩大了。这种情形就和要将这笔现金在一个较大的国家里分配一样降低了货币的比例,从而必然使所有物品都变得便宜些,价格也就慢慢下降。

根据对整个欧洲的最精确的计算——这种计算也将面值和单位方面的变化考虑在内,——可以看到:自西印度群岛被发现以来,欧洲所有物品的价格只上涨了两倍,最多是三倍。但是又有谁肯断定,今天欧洲的钱币量和十五世纪或更早相比不会超过三倍呢?西班牙人和葡萄牙人通过开矿,英国人、法国人和荷兰人通过对非洲的贸易以及侵占西印度群岛,他们每年运回欧洲的硬币大约有六百万枚,其中运往东印度的不超过三分之一。只按这个数目,十年之后就有可能使欧洲自古至今的钱币库存量翻一番。还找不出令人满意的理由来说明,为什么除了那些因风俗习惯的改变而流行的物品以外,所有物品的价格并未上涨到异常昂贵的地步。另外,在人们脱离了古代简陋的生活习惯之后,由于手工业和其他工业的发展,不但商品的生产量增加了,而且流入市场的同类商品也多了起来。虽然这种商品的增量和货币的增量一直不相等,但极为可观,从而使硬币和商品之间的比例维持在接近于古代的水平。

在人们简朴和讲究的生活方式中,究竟哪一种对社会各阶层或整个社会最有利?如果有人提出这种问题,我会毫不犹豫地主张后者,至少从政治的角度来说是这样的;而且还要随带把它作为一种激励工商业的理由。

当人们以简朴的古代方式生活时,全凭自给自足或邻里间互相交换,国王也就无法从大部分臣民身上征收到货币税赋;如果要向他们征税,他就只能收受实物,因为他们手中只有多余的实物;这种方式所带来的不便利性是非常明显的,在此不再赘述。国王想要积存货币就必须完全依赖各个封地城市,因为货币只在那些地方流通。在这种情况下的社会贫困,除了税收的明显减少之外,还有别的原因,即国王收入的货币不但数量较少,而且也不像安居乐业、贸易发达时那样值钱。假如金银量相同,而各种物品都贵,那是因为进入市场的商品较少,货币总量的比例大于待售的商品量,从而决定了所有物品的价格。

在此我们能了解到下列看法的错误所在:任何国家,尽管土地肥沃,人口稠密,文明开化,只要钱币缺乏,国力就积弱不盛。这种观点常常可以在历史学家的著作中见到,甚至在闲谈中也时有耳闻。实际上,缺乏钱币本身绝不会对国家造成什么损害,因为任何社会的真正力量只在于人和物;反而是简朴的生活方式才给社会造成损害,因为把金银封存在少数人手中妨碍了金银的普遍扩散和流通。相反,勤劳和追求享受却使金银扩散到全国各个角落,使它渗透到每一项交易和合约中去,而不管其数额是多么地少。打个比方说,就是要把它消化后吸收到每一条血管中去,让每一个人手中都有一点金银。当所有物品的价格都因此而下降时,国王就获取了双重好处:他可以向全国各地征税以得到钱币,同时他收到的钱币又可以在各种购买和支付中发挥更大的作用。

我们按照物价的对比可以推测,中国现在拥有的钱币并不比三百年前的欧洲多;但是,如果我可以按照这个帝国所维持的军政机构来判断的话,那么它拥有的实力却又是那么的巨大。波里比乌斯告诉我们,在他那个时代,意大利的粮食非常便宜,在有的地方的客栈里吃顿饭的定价是每人一个赛米斯,差不多只相当于四分之一便士,而当时的罗马帝国已经征服了整个已知世界。就在那个时期之前大约一百年时,那位迦太基的使节用一种嘲笑的口气说,没有哪个民族比罗马人更喜好交往,尽管如此,但他们一行作为外国大臣所受到的所有款待,在每次宴席上总是看到老一套的饭菜。贵金属的绝对数量确实是个无关紧要的问题,重要的只是以下两种情况,即金属的逐渐增多及其在全国各地的彻底扩散和流通。本文已经对这两种情况的影响作过说明。

当然,我们还会看到一种与上面提及过的说法相似的谬见,它把一种相伴而生的结果当作原因并把后果归咎于货币的增多,而这种后果其实是人们风俗习惯的改变造成的。这个问题是另一篇论文要讨论的。

(刘根华　璐　甫　译)

论利息

大家知道,低利息是说明一个国家繁荣状况的最可信赖的标志,这看法完全正确;然而,我认为个中原因却和一般人所理解的不一样。低利息一般是因为货币量的增多。但是无论货币如何增加,除了使劳动力(产品)的价格提升外绝不会产生其他影响。出售同量的商品所得到的银币量要比金币多,因为银币的价值比金币低。但是支付银币借贷的利息是否就因此而低一些呢?在巴塔维亚和牙买加,利率是十分之一,在葡萄牙则是六分之一,尽管这些地方正如我们可以根据物价了解到的那样金银富足,其数量超过了伦敦和阿姆斯特丹。

如果英国的黄金全部立即消失并用二十一先令来取代每个畿尼,那么货币是否会更多呢?或者是利息就要低一些呢?肯定不会,只不过是用白银代替黄金。如果黄金与白银一样普通,而白银又与铜一样普通,那么货币是否就要多一些,或者利息就会低一些呢?答案肯定还是上面那个。只不过是我们的先令成了黄色的,半便士成了白色,畿尼则不再使用罢了。如果我们不把这种金属货币在颜色上的改变视为什么重大影响的话,那么就看不出有任何其他不同的地方,而且也不会在商业、制造业、航海业或利息方面带来变化。

可以明显地在贵金属的数量多少上看到的这些较大变化都应视为次要的。如果金银增加十四或十五倍也没有任何影响,那么增加两或三倍也就无所谓了。因为不管怎样增加也只是使劳动和商品的价格上涨,除此之外没有别的影响,更何况这样的变化也不过是一种名称上的改变而已。在这些变化过程中,金银的增加尽管会产生某种影响,但是在价格通过这种新的增加而相应地固定下来之后,这种影响也就根本不算什么影响了。

结果总是与原因保持一致的。自西印度群岛发现以来,价格就上涨了近三倍,而金银的增加就更多,但是利息的下降仍然没超过原来的一半。因此,利率并不是由贵金属数量的多少来决定的。

货币的价值主要是约定俗成的。因而就一个国家自己来说,其货币量的多少是无关紧要的;一旦货币量固定下来,即使是数量极为巨大,结果也仅仅是让每个人在购买日常生活所需的衣服、家具或其他用品时支付更多的闪光的金银币而已。假设有人因盖房子借钱,就必须多借一点,因为石料、木材、铅皮、玻璃等以及木瓦工的劳动,都要用更多的金银币来代表。既然这些金属货币基本上是当作代表物,那么就不管其形状、数量、重量和颜色怎么样,都不会改变货币的真实价值或者利息。在任何情况下,相同利息都保持着与本金相应的比例。如果你以百分之五的利息借给我那些劳动和商品,你就会收回相应的劳动和商品,而不管是用金币还是银币来代表,也不管是用磅还是盎司来计算。因此,想要从一个国家的金银量的多少中找到利息升降的原因实在是白费力气。

高利息有三方面的原因:一、借贷需求大;二、满足这种需求的财富少;三、经商的利润高。这三方面正好充分证明了工商业不够发达,而非缺少金银。反过来说,低利息就是由于三个相反的因素:一、借贷需求小;二、满足这种需求的财富多;三、经商的利润低。这几个方面的紧密相关,也是由于工商业的发展而不是因金银量的增加而造成的。我们将从借贷需求大小的因果关系出发尽力证明这些论点。

一旦某个民族脱离了原始状态,其人口的增长超过原有数量,就必定接着出现财产不均衡的现象:有的人拥有大片土地,有的人拥有的土地则少得可怜,还有的人甚至没有土地。占有的土地多而自己又种不了的人就雇用没地的人种,约定只收取出产的一部分,于是就立即有了土地收益。那时还没有任何确定的、就算是最简单的管理方式,如果有了某种管理方式,事情就不会如此来处理了。这些土地的所有者脾性不同,有的喜欢把自己土地上的产品储存起来以便今后使用,有的却要把可以用好几年的东西一下子全用掉。由于有了稳定的收入可以花费,过上了一种悠哉游哉的生活,因此人们在无事可做的空闲之余就非常需要精神上的寄托,因而即使是最低级的消遣也成了大多数土地主追求的目标;而这些土地主中挥霍浪费的人总比吝啬的守财奴要多得多。所以,在只有土地收益且又不会节俭的情况下,借钱的人必然多了,利息也就有相应的变化。这种变化并不是由货币量决定,而是由当时流行的生活习俗决定的。借贷需求的高低也是由此决定。如果货币多到连鸡蛋也卖六便士一个,而社会上只有乡绅地主和农民,那么求贷者肯定很多,利息也随着上升,地租也会比原来要多交;因为地主仍然是优哉游哉,样样东西涨价,所收地租转眼间就花光了,这样也会产生借贷的需要。

我们提出来加以研究的第二个方面,即满足这种需求的财富的多少,其情形也是如此。这种结果也是由人们的生活习惯和方式,而不是金银的数量来决定的。任何一个国家想要保持较多的放贷者,只有大量的金银是不够的,或者说不是必要条件。唯有让财产或国内金银(数量不论)的支配权集中在某些人的手中,从而形成相当大的数额,或者构成一个强大的金融圈,这才是绝对的必要条件。这样就出现了一批放贷者,从而使利率降低。但我敢断定,这并不是由钱币的数量而是由某种风俗习惯来决定的;这种风俗习惯使钱币积聚成一笔一笔分散的金额或者相当可观的大宗钱财。

假设因奇迹而使每个英国人一夜间都在口袋里有五个英镑,这就会比全国现有的货币不止翻一番;但是绝对不会在第二天或过几天之后放贷者就多了,或者利息就会变动。又假设这个国家只有地主和农民两种人,那么货币量不管有多大也绝不会积聚成大笔的款项,只是使每样东西都涨价而已。挥霍成性的地主一拿到钱就马上花掉,而赤贫的农民除了要求维持最起码的温饱之外别无他求,他们既没有这样的财产,也不会有这种非分之想。借贷者还是和原先那样多于放贷者,利息因此就不会下降。上述情况还取决于另一原理,而且必须在勤俭成风、技术与贸易有所发展的条件下才会出现。

对人类生活有用的所有东西都是出自土地,但是在这些看起来有用的必要环境中,简直就产不出任何东西。因此,除了农民和地主之外,还得有另一种人,这种人从农民那里买来原料,经过加工后制成各种成品,只留下一部分供家庭之用。在人类社会初期,工匠与农民之间以及这一部分工匠与另一部分工匠之间的这种协作是通过他们本身直接实现的;由于他们是乡邻,因此就很容易了解相互间的需要,就能互帮互助、互相调剂。但随着人们劳动干劲的增长,人们的视野也大为开阔,即跟边远地区也能像近邻那样相互协作;这种调剂交流可以无限扩大,日益频繁;因而商人——一种最有用的人便相应地产生了。他们穿行在各国各地,在那些完全互不相识,互不了解彼此间的需求的人们之间充当经纪人。比如说,在某个城市有五十名生产丝绸麻布的工人,还有一千名消费者,这两种人相互都有需求,但就是没机会相遇,直到有人开了一间店铺,这样工人和所有的顾客就常去光顾了。又如甲地牧草丰足,当地居民在干酪、黄油和牲口方面均有剩余,就是感到面包和谷物不足;然而在附近的乙地,那里的面包和谷物堆积如山,当地人根本就用不完。有个人了解到这一情况,就在甲乙两地之间贩卖谷物和牲口,从而满足了双方的需要,就此来说,他做了一件造福大众的好事。随着人口的增多和勤劳精神的发扬光大,人们之间交往的困难也就增加了,经纪或交易的事务变得更加复杂,分工越来越细,涉及面更广,从而形成了一种日益纷繁多彩的局面。在所有这些交易事物中,会有相当一部分商品和劳动产品(农产品)归商人所有,这是他们应得的报酬,是必要而且合理的。对于这部分商品,他们有时贮存实物,但更多的是换成货币——通用的商品代表物。如果一个国家的金银和勤劳都有所增加,那就要求这种金银的增加能代表商品和劳动产品(农产品)的增加。如果只有勤劳精神的增长,物价必然下降,只需少量货币就足以充当代表物。

  人类永远满足不了的欲望或需求应首推才智的充分发挥,这种欲望似乎是人类大部分爱好和追求的基础。让一个人不顾事业,整天游手好闲,但他从这种悠闲中感受到极为沉重的精神压力,因此就寻求刺激,沉迷于享乐,而根本不去考虑这种纵情挥霍必定会产生使他家业破败的后果。如果让一个人以一种较为无害的方式来发挥自己的才干,那他就会得到满足,也不再有那种不断贪图享乐的欲望。如果一个人所从事的工作能够赚钱,尤其是在那种劳而有所获的情况下,由于不断地得到利益,他心中就慢慢热心于这个事业,而将自己财产的日益增多看作是人生最大的乐趣。

这就是为什么与土地所有者相比,商业反而倡导人们节俭的生活,商人中的守财奴反而大大超过了挥霍者。

商业能促使人们勤劳并把这种精神带给每个社会成员,自行流传开去,从而使每个人都不成为无用之物。商业能促使节俭,使大家潜心发挥自己的特长以谋求利益;这种技艺很快就能让人有所寄托,从而转变了奢侈享乐的癖好。所有勤劳的行业都使人节俭,同时也使爱财之心胜过贪乐之念,这一点是普遍的真理。在开业的律师和医生当中,大多数人都是量入而出并留有余地;入不敷出或挣多少花多少的人毕竟是少数。尽管如此,律师和医生不进行任何生产活动,而且他们的财富是靠为别人服务得来的;所以,他们自己的财富增加了多少,某些同胞的财富就一定减少了多少。相反,商人促使勤劳,他们起着渠道的作用,把这种精神输送到全国各地;同时由于节俭,他们得到的殷实可以支配这种勤劳,并且积聚了以劳动和商品形式出现的大量财富。这主要是靠商人的作用才生产出这些农产品和商品。所以,除了商业以外,再无其他行业能增加货币所有者;或者换句话说,商业能够促进勤劳,并且通过提倡节俭而使社会上的某些成员也能有力地支配这种勤劳。如果一个国家没有商业,就必定基本上只有地主和农民这两种人;地主的挥霍浪费形成了一种持久的借贷需求,而农民是没有钱来满足这种需求的。钱散落到许多人的手中,不是奢侈乱花,就是用来购买维持最低生活的必需品,永远也积聚不成大量的库存或现金来用于放贷生息。只有商业才能够把钱币聚集成大笔的资金;而要产生这种效果就必须依靠它所提倡的勤劳和节俭,至于货币在国内的流通量则与此无关。

所以,商业的增长引起放贷人数的增加,从而使利率降低。现在我们必须进一步考察,商业的这种发展到底在多大程度上减少其利润，从而出现利息下跌的第三方面的情形。

对这个问题，下述说法也许是恰当的：低利息与商业中的低利润是相互促进的两件事，两者都出于商业的扩展，商业的扩展产生富商，从而增加了货币所有者。商人有了大笔的资本，无论这些资本是由少量的钱币还是大量的钱币为代表，都必然会经常出现这种情况：当他们厌倦经商，或者其后代不喜欢或没能力经商时，很大一部分资本就自然要寻求一种常年可靠的收入。供应多了，价格就降低并使放债人接受低利息。这种考虑迫使许多人宁肯将其资本留在商业中满足于低利润，而不愿将货币按更低的利息贷出去。另一方面，当商业大幅度扩展并运用大量资本的时候，必然产生商人之间的竞争。这样的竞争使商业利润减少，同时也使商业自身规模得到扩大。商业中的利润减少使得商人宁肯在脱离商业并开始过清闲日子时接受低利息。因此，研究低利息和低利润这两种情况到底谁为因、谁为果是徒劳的。两者都产生于大为扩展了的商业并且相互促进。在能得到高利息的地方，没有人会满足于低利润；而在能得到高利润的地方，也没人会满足于低利息。由于大为扩展了的商业产生了大量的资本，因此它既降低利息又降低利润；每当它降低利息的时候，总会相应地降低利润以促进它；反之亦然。我可以补充一点，由于低利润使商品便宜，从而鼓励消费并促进工业的发展；就像商业和工业的增长造成利润减少，利润的减少反过来又促进了商业的进一步增长。所以说，如果我们从这种因果关系的整体来考察，那么利息就真正能反映国家状况，低利息率几乎就是人民富裕的真理性标志。低利息证明了工业的发展，简直就如一场示威活动迅速传遍了全国。有时候一场突临的商业上的大失败引起货物的大抛售也会产生同样的结果，这也并不是没有可能；但此时一定伴有穷人失业、民不聊生的严重现象，并且又具短期性，所以不可以将这两种情况相提并论，混为一谈。

由于使利息下跌的那种工业一般会带来大量的金银，因此就有人断定说利息低的原因是货币多。持这种观点的人似乎相随而来的把结果当成了原因。有了品种繁多、品质精良的工业品，再加上胸怀大志、善于经营的商人，即使是在天涯海角，也会将货币吸纳到国内来。同样，随着生活日用品的增多和工业的发展，大量的财富聚积在不是地主的人的手中，从而降低了利息。货币多和利息低，这两种结果自然都是工商业的产物，但它们却相互完全独立。假设某个国家迁入太平洋中，不与任何国家贸易且不懂得航海；又假设这个国家一直拥有定量的钱币库存，但人口和工业却不断增长；那么这个国家的所有商品价格必然下降，因为确定其价格的是货币和各种商品之间的比例。仍然依据上述假设，生活日用品日益增多，但流通中的货币却不变，所以这个国家中少量的货币就能让人成为富翁；当然这是在安居乐业而非愚昧懒惰的时代。不论建房子、嫁女儿、购地产、开工厂，还是养家糊口、添置家具，都仅需少量货币即可。上面都是借钱的用途，所以一个国家货币量的多少对利息不产生影响。然而，由于人们付息借贷的实际上就是劳动和商品，因此劳动和商品的储备量必定对利息产生重大影响。如果商业扩展到了全世界，那么工业最发达的国家就总是金银堆积如山，所以利息低和货币多实际上是时时形影相随的。尽管如此，了解这两种现象各自形成的原理并区分出原因和结果却是至关重要的。而且，虽然这种推测有些稀奇，但在处理社会问题时却难免会经常派上用场，或至少得承认除了通过实践来改进对这些问题的推理方法外再无其他方法可用。这种推理方法在研究别的各种问题时最为重要，但却常常是通过最灵活最概括的方式进行的。

对于利息低的原因问题上的这种看法之所以流行,似乎还有另一个理由,即有某些国家的实例。在通过征服他国的手段突然劫掠到钱币或金银之后,这批钱一旦扩散并慢慢渗透到各个角落,那么不仅在这些国家内而且还在其周边国家里,利息都会下降。例如,根据威加的记载,西班牙在发现西印度群岛之后,国内的利息几乎马上下降了一半,此后欧洲各国的利息也相应下跌。另据狄奥尼修卷二所载,罗马在征服埃及后的利息从百分之六降为百分之四。

面对这样的史实,在征服国及其邻邦,利息下降的原因似乎不同;但对于这两个国家的实例,却不能将该结果当然地只归于金银的增加。在征服国内,当然可以设想这批新得到的货币会落入少数人的手中并积聚成大笔的现金;为谋求有保障的收入,要么买地,要么放债,很快就接着产生和工商业大发展时期相同的结果:放贷者的增加超过了借贷者从而使利息下降;如果那些拥有大笔现金的人在国内找不到工业或商业机会,除了放债生息外再也找不到其他途径来使用这笔钱的话,那么利息就下降得更加快了。然而,在这种新增的大量金银被吸收流入全国之后,地主与暴发户照样无所事事,大肆挥霍;地主逐渐债台高筑,暴发户则坐吃山空;这样,过不了多久情形就又回到原状;所有的货币可能还在国内,并且通过物价的上涨让人感觉到它的存在,只不过不再积聚成大笔金额或库存;借贷者和放贷者之间的比例失调还和原先一样,结果引起利息的回升。

所以我们看到,早在提比留时代①,利息又上升为百分之六,

---

① Tiberius,古罗马皇帝,在位于公元14—37年。——译者注

尽管并未发生什么将这个帝国的钱币耗尽的事件。在图拉真时代①，意大利抵押贷款的利息为百分之六（见《普林尼书信集》卷七第十八函）；俾斯尼亚普通抵押贷款的利息是百分之十二（同上书卷十第六十二函）。如果说西班牙的利息没有回升到原先的高度，这只能归于使利息下降的原因仍在继续，即不断地在西印度群岛大发横财，不时地运回西班牙，从而满足了借贷者的需求。由于这一外来的偶然原因，西班牙与该情形相反，工商业极不发达的国家，放贷的货币更多，也即积聚成大笔金额的货币更多。

至于此后英法及其他没有金银矿的欧洲国家相继发生的利息下降，则是平稳的；单从其本身来考察，它并非来自货币的增加，而是来自工业的发展；在增加货币还没造成劳动和粮食的价格上升的间歇期，这种工业发展却是货币增加的正常结果。我们现在再回到前面的假设，如果英国的工业由于别的各种原因而大为发展（这种发展是极有可能的，尽管货币的库存量保持不变），那么上文提及的所有后果不一定也全都同样产生吧？在那种情况下，我们将会看到，国内的人口数、商品量、工业、手工业和商业一切照旧，因而商人及其存货量也不变；这只会对车夫、搬运工和皮匠等产生影响，且影响并非十分重大。因此，非常明显，尽管奢侈品、制造物、技艺等像现在这样兴盛，勤劳俭朴之风盛行，一定仍然是保持低利息；因为就这些情况决定着的商业利润和每个国家借贷者与放贷者之间的比例来说，低利息是所有这些情况的必然结果。

（刘根华　璐　甫　译）

---

① Trajan，古罗马皇帝，在位于公元98—117年。——译者注

论贸易平衡

在那些不懂商业性质的国家里,一种很常见的做法就是禁止商品出口并将其认为宝贵和有用的东西保存在国内。这些国家并不认为这种禁运会适得其反;也没有想到,任何一种商品出口越多,国内就生产得越多,而且本国也最先获利受惠。

博学的人无所不知。古代雅典法把出口任何物品,即使是微不足道的小东西都认定有罪。比如阿提喀盛产一种水果,雅典人认为它味道鲜美,一定合外国人口味,但不得外运。当时这种极其荒唐的禁运竟然会如此盛行,难怪雅典人从此就把告密者叫作Sycophants,这是由两个希腊词合成的一个新词,这两个词的意思分别是鸡毛蒜皮和发现者(见普鲁塔克《异闻录》)。在英国议会的许多古旧法律里也能找出各种证据来说明当时的英国,尤其是在爱德华三世统治时期,对商业的性质也同样是理解不了的。迄今为止,法国几乎始终禁止谷物的出口,这么做据说是为了备荒;但事实已表明,这并没有起到任何作用,在这个拥有广阔肥沃土地的国家,照样是饥荒频发,遍地饿殍。

对于货币,许多国家也同样流行着一种恐惧;对于这些人,要从道理和经验两个方面来说服,这类禁运只能起到这样的作用,即激发禁运物品的交易,从而形成更大的出口。

有人也许会说，这种错误是非常明显的；但即使是对商业十分了解的国家也仍然流行着一种贸易平衡的强烈戒备，担心自己的金银全部外流。我认为，在任何情况下，这种担心完全是毫无根据的杞人忧天。担心钱币会离开一个有劳动力有工业的国家，就像担心所有的江河泉水会流干一样。只要我们小心爱护劳动力和工业，就永远不会担心失去钱币。

不难发现，我们对所有有关贸易平衡的估算都是以极不确切的事实和假设为基础的；不论是海关账本还是汇率都不能视为论证的充分依据；除非我们对各国情况进行了全面考虑，同时还有所了解免税金的比例；但这肯定是办不到的。所有对这一问题进行探讨的人都是通过事实和估算，并列举出所有运往国外的商品来证明自己的理论——无论什么理论都是如此。

吉先生的文章曾在英国引起过巨大反响，这些文章通过详细列举明确宣布，贸易逆差数额巨大，五六年之后英国人手中将一先令也没有。然而幸运的是，转眼已过去二十年了，而且期间还连年派兵海外；但就像大家所公认的那样，英国人手中的钱币却比以前任何时期都要多。

对于这一方面，斯威夫特博士的文章是最令人发笑的了。这是位思维敏捷的作者，善于洞悉他人文章中的荒谬之处。他在《爱尔兰现状扫描》中写道，以前这个国家的全部现金只有五十万镑，爱尔兰人要从中提取整整一百万镑给英格兰，而且他们几乎没有其他任何来源给以补偿。除了付现金进口法国葡萄酒之外，简直就没有其他的对外贸易。这应该说是一种很不利的局面，其结果则是：三年后爱尔兰的现金已经从五十万镑减少为不足两万镑。我猜想，到了三十年后的今天绝对是等于零了。但是我无法理解，令这位博士如此愤怒的、关于爱尔兰财富发展的这种高见又如何能够经久不衰,而且还能够得到发展呢?

总之,对贸易逆差的这种担心具有这么一种性质:只要某个人在公事上心情不好或情绪低落,它就会在心中涌现出来;同时,由于开不出一张足以抵消进口的全部出口商品的详细清单来驳斥这种担心,本文只提出一个一般性的论点,说明只要我们保持自己的劳动力和工业,就不可能发生这种事情;也许这样做是比较合适的。

假设英国全部货币的五分之四在一夜之间消失了,就货币量而言,就像回到了哈里王朝和爱德华王朝时期一样,那么又会有什么样的结果呢?所有劳动和商品的价格不一定不会相应地下降吧?各种商品的价格也不一定不会像那两个王朝时期一样低吧?那时候还有哪个国家能和我们争夺国外市场,或者胆敢以同样的价格(这个价格能给我们提供足够的利润)来从事海上运输和销售工业品呢?在这种情况下,肯定也用不了多长时间就能补偿我们已失去的那些货币量并赶上所有邻国的水平吧?我们一旦实现了这些目标,就立即会失去廉价劳动和商品的有利条件,我们的富有阻止了货币的进一步流入。

再假设:英国的全部货币一夜间增加四倍,难道没有相反的结果接着发生吗?难道我们的所有劳动和商品不会太贵而让任何一个邻国都买不起吗?另一方面,难道其他国家的商品相比之下就不会变得非常便宜,以至于我们无论制定什么样的法律都阻挡不了这些商品的走私入境,从而使我们的货币外流,直到我们的货币量下降到与其他国家一样,并使那种曾让我们受到损失的巨大财富优势完全丧失为止——难道肯定不会这样吗?

问题现在很清楚,如果意外地发生了这些过于不均衡的现象,那么纠正这些现象的因素必然会按事物的正常趋势来防止它的发生,必然会在所有邻国使货币与每个国家的技艺及工业基本最终相称。江河之水无论流向哪里,都总是保持相同的水平。如果去问博物学家这是什么原因,他们就会告诉你,如果水位在任何一处升高,升高处的引力就会失去平衡,那就必须降低,直到获得平衡为止。同理,纠正已发生的不均衡现象的因素也一定是不通过暴力与外部作用来防止其发生。①

能否设想,用大帆船从西印度群岛运回西班牙的全部货币可以通过某种法律,甚至利用一切工业技术而全都保存在西班牙本国?或西班牙人可按照比利牛斯山脉南面的价格的十分之一到法国销售其所有商品,既不用到远处去找出路,又不会使其巨额财富外流呢?现在,所有与西班牙和葡萄牙做生意的国家都大为获利,除了只要积聚的货币超过其应有水平就不可能不流通这一原因之外,究竟还有没有其他什么原因呢?这些国家的君王已表示,他们不想把金银都留在自己的身边,只求保持适量可用的水平。

然而,就像无论有多少的水,只要不与其周围的分子交往就能高出周围分子的水平一样,货币只要通过任何物质或有形的障碍(只靠法律是没用的)来切断交往,就可能出现货币的极不平衡。例如,由于中国在远方,再加上我国东印度公司的垄断,就产生了交往上的障碍,从而使欧洲的金银尤其是银子的储存量大大超过了中国。然而,尽管有这种巨大的障碍,上面提及的那些因素的作用仍然是很明显的。在手工业品和工业品方面,欧洲的技巧和设计一般来说要比中国高明,但是迄今为止,我们在这一方面的贸易

---

① 对于每个和英国做生意的国家来说还有一个因素,尽管作用有限,但却能控制贸易逆差。当我们进口的货物超过出口时,这种交易就对我们不利,就变成鼓励出口的新动力而使其与应支付的货币运输和保管费用相当,因为交易总不可能不略高于成本。——原注

总是不能不遭受巨大损失。如果没有我们从美洲取得的源源不断的补给,那么欧洲的货币量就会迅速下降,而中国的货币量却会上升,直到两地的储存量基本上均衡为止。任何有理智的人都不会怀疑,如果勤劳的中国人像波兰或北非伊斯兰各国那样和我们是近邻,那就会把我们货币的超额部分全部吸收过去,而且也会吸取一大部分西印度群岛的财宝。为了说明这种作用的必然性,我不必求助于物质的诱惑力,只要列举出人们的兴趣爱好所产生的那种精神上的吸引力就足以说明问题;而且这种吸引力既强烈又明确。

保持货币分布均匀,也即货币不能超出与各省的劳动和商品的比例而任意增减,这正是由于这一原理的作用才得以如此;要不然每个国家的各个省份之间又怎么能保持货币的平衡呢?难道人们根据漫长的历史经验还明白不了这个问题吗?也就是说,当一个忧郁的约克郡人对以税赋、交给悠闲的地主的地租以及购买商品等渠道流入伦敦的金额进行估算和夸大,发现比较之下这些与他作对的东西如此低劣时,他就肯定是深感失望吗?如果英国继续处在七国时代,那么每个国家的立法机构肯定会始终为货币的外流而发愁;而且由于这七国互为邻邦、互相敌视的程度看来十分激烈,它们就会因猜忌和过分的戒心而对各种商业加重税赋。既然国家的统一清除了苏格兰和英格兰之间的障碍,那么两者中到底谁能在这种自由商业中从对方那里得到好处呢?或者说,如果苏格兰的财富增加了,是否就有据可说这种增加绝不是因为苏格兰的技艺和工业的发展呢?这正是英格兰在统一前普遍存在的担忧,就像杜·波瓦神父在《被误解的英国利益》中所说的那样,贸易一旦开放,苏格兰很快就会吸空英格兰的宝库。在苏格兰却有一种相反的担忧。对于这两种顾虑,时间的证明是多么公正、不差丝毫啊!

　　发生在一小部分人类中的事情必然也会在大部分人类中出现。罗马帝国的各省之间及其与意大利之间必定是由于不受立法机构的制约而保持了这种平衡的;大不列颠各郡或者每个郡的各教区的情况也大致相同。现在,去欧洲旅游的人都会从商品价格上看到,尽管国王们和各国政府的防备很荒唐,但货币仍然近乎均衡,国与国之间在这方面的差别和国内各省之间的差别相比并不太大。人口自然而然地向各首府、港口以及通航河流口岸集中。在那些地方,我们会看到人口密集、工业广布、商品丰富,因而货币也就多了起来。尽管这样,货币量的差别仍然和工业与商品量的差别保持一定的比例,从而维持了均衡。①

　　我们英国对法国所怀有的戒备和敌意是极深的。应当承认,英国的这种心态至少是有充分理由的。只要我们总是被指控为进行侵略的话,这种敌意就会给通商带来数不清的阻挠和刁难。然而,这样交往到底对我们有什么好处?我们失去了可以销售我们的毛织品的整个法国市场,而转到西班牙和葡萄牙去买酒——这是一种用高价进口劣质饮料的交易。也有不少英国人认为,如果法国酒在英国倾销从而挤垮所有淡啤和国产酒,那么英国就绝对会破产。然而,如果我们抛弃所有偏见,就不难证明凡事有弊就有利。为了提供酒类给英国,法国每增加一亩葡萄园,他们就必然要

---

①　必须予以说明,这里所谓的货币均衡分布,指的是一些国家里货币同商品、劳动、工业和技能之间所保持的相应的均衡。另外,我要强调指出:当有些比较各毗邻国家有利因素以两倍、三倍、四倍增长时,货币亦必然会两倍、三倍、四倍地增长。而妨碍按这种比例增长的唯一可能性,在于商品从甲地运往乙地的运输费用,这种费用有时是不相等的。正因为如此,德比郡的谷物、牲畜、干酪、黄油不能赚取伦敦的货币,而伦敦的工业品也不能赚取德比郡的货币。当然,这种妨碍,实际反映了两地之间的交通还处于阻塞或不发达状态,货物运费极为昂贵。——原注

从英国取走一英亩的小麦或大麦来维持自己的生活；这样我们就显然占了主动，可以得到质量较好的商品。

法国国王颁发过不少谕令禁止增加葡萄种植面积，并勒令将所有新种植的葡萄拔掉，这说明法国人充分认识到粮食的价值比所有别的作物要高。

梅雷歇尔·伏本经常抱怨说，对从朗格多克、吉安纳以及其他南方各省输入布列塔尼及诺曼底的酒类征税真是荒谬，这种抱怨当然很有些道理。他坚信，虽然贸易如他所提倡的那样开放，布列塔尼和诺曼底各省还是不能保持其贸易平衡。很显然，再增加一些对英国的联合海运也不会产生什么影响；如果有，那也肯定对两国的货物产生同样的影响。

实际上是有两种权宜之计可以使任何国家的货币脱离其自然均衡状态而或增或减，然而对这两种措施细加考究，则正好突显出我们的一般理论而增加令人信服的证据。

除了在我国盛行的那些银行、基金和有价证券（纸币）组织机构（制度）以外，我真不知道还有什么其他办法能让货币减少到它的均衡线以下。这些机构发行钱币的纸质等价物来代替金银在全国流通，因而相应地提高了劳动和商品的价格；如此一来，要么挤掉了大部分金属货币，要么防止了钱币的进一步增加。我们的这种论证对于这一点是再明显不过的了。我们设想，任何个人如果增加其货币储量一倍的话，他就会富裕得多；所以，接着而来的有利结果就是各人手中的货币都同样有所增加；我们暂且不谈这会引起所有商品的相应涨价，从而使大家的实际境况最后又回到了原来的样子。只有在我们与外国人进行政府间谈判和交易时，较多的货币储备才是一种有利条件；我们的纸币在这种场合毫无价值，因此，我们仅凭这种储备而无须任何优势，就可以感受到货币充足的全部效力和作用。①

假设国内有一千二百万镑的纸币在流通（因为我们不必设想我们庞大的现金全部采用这种方式），再假设国内的硬通货是一千八百万镑，这样就可以估计国内的基金储备为三千万镑。我想，如果纸币能持续有效，只要我们不因这种纸币的新发明而阻碍金银进口的话，那么它必定有金银可供兑换。这批金银是怎么得来的呢？答案是，从世界各国。请问为什么会这样？因为，如果你抽掉这一千二百万镑，那么国内的货币与邻国相比，就低于其均衡线；那我们就必须马上从所有邻国吸收货币，直到货币量充足为止；换言之，就是直到不能保持得再多为止。根据我国的现行政治，我们是在小心谨慎地用银行汇票和五颜六色的纸币这种商品来供养国家和人民，就好像害怕贵金属是不堪重负的累赘一样。

法国储有大量的金条和银锭无疑是为了维持纸币信用的需要。法国人不开设银行，原因是商人的期票并不像在我国那样可以流通；高利贷或者放贷生息在公开场合是不允许的；因此有不少人在自己的保险柜里存着大量现款，各家都大量使用金银餐具，教堂更是全都使用金银器具。正因为这样，法国的粮食和劳动的价格比那些金银储量不到法国一半的国家要低。就贸易以及国家如发生紧急情况来说，这种状况当然是有益的。

几年以前曾经在热那亚盛行用中国瓷器来代替金银餐具，这风气至今还在英国和荷兰流行。然而，上议院预见到它的后果，就下令禁止这种易碎器具的使用超出某种范围，但不限制银质餐具。

---

① 在《论货币》中已谈到，在货币增加与物价上涨的间歇期，增加货币可以刺激工业；有价证券（纸币）也同样能产生这种有利影响。然而，急于求成滥发纸币却是危险的，有信用失败而失去一切的风险。这种情况在发生社会大动荡时是很常见的。——原注

我认为,人们在以后的穷困之时就会发现这一法令的好处。从这一角度来看,我们对金银餐具征税也许难免有些失策。

在使用纸币之前,我们各殖民地有充足的金银供于流通。自从使用纸币以后,金银币就被取而代之了。在这些殖民地现拥有唯一有商业价值的东西是工业品和商品,人们向往硬币,难道它就不会随着纸币的废除而再度流通吗?

当年莱克尔加斯①想在斯巴达取缔金银而没想到纸币,真是遗憾!纸币要比用作货币的铁块更适合于实现他的意图,而且还能更有效地阻止与外国人的所有贸易活动,因为纸币本身真正具有的内在价值很小。

然而必须承认,由于贸易和货币方面的各种具体问题都是极其复杂的,因此也存在某些情况使这一论题得以成立,以至于纸币和银行看起来是利大于弊。不让硬币和金银在国内流通肯定是对的,一切目光短浅的人当然会反对这种做法;但金银和硬币并不怎么重要,重要的是不准从工业和信贷的发展中获取补偿,也不准其过度发展而失去平衡,这样就能通过正确使用纸币来推动它们的发展。众所周知,有时候如果期票能够贴现,那对商人是非常有利的。私营的银行可利用它们收存的存款作担保开出这种期票,英格兰银行同样根据它拥有的特许权发行钞票作为支付物。爱丁堡银行多年以前就已实现过这种发明。这种发明一直是商业上使用的一项极其巧妙灵活的创见,因此苏格兰也一贯认为它大有好处。这样就被称作银行信贷,它的性质是,假设某人到银行担保开户一千英镑的往来账,他有权随意提取这笔钱或其中的任何部分;当他使用这笔钱时只付普通的利息;他可以随意偿还任何一笔小数目,

---

① Lycurgus,公元前9世纪斯巴达政治家,为斯巴达立法者。——译者注

比如二十英镑,那么从偿还之日起就免除这部分贷款的利息。这种发明产生的好处是多方面的。既然一个人的担保开户往来可接近其全部财产,那他的银行期票就等于现金;因此,在一定程度上商人就可以将房产家具、仓库里的货物、在国外的欠款以及海上的船舶都变成现金,有时还可以将它们作为支付物,似乎这些东西就是这个国家流通的现金似的。如果一个人从私人那儿借一千英镑(除了应急一般是不会发生的),那么无论他是否使用,他都必须付利息。至于银行信贷,则只有他动用时才要付利息,这就和他以极低的利息借钱一样有好处。商人也同样从这一发明中得了极大的便利,用来维护相互间的信用,并且也是避免破产的相当有力的保障。如果一个人自己的银行信贷用完了,可以去向没有用完的亲友求援;钱借到之后,可以在他方便的时候偿还。

当几年前这一实践首先在爱丁堡出现之后,有几家格拉斯哥商行又将它向前推进了一步。他们组织几家银行发行了十先令的小额钞票,用来支付各种货物、制造品以及工匠的劳动,这些纸币随着这些公司的信誉的确立而在全国流通,用作支付货币。用这个办法,五千英镑的本金就能起到六七千英镑的作用,从而使商人能够扩大经营,薄利多销。但是不论这种发明还有什么其他好处,都必须承认,这种发明虽有风险但为信贷提供了极大便利的同时,也挤掉了贵金属。在这一点上,苏格兰的过去和现在的对比是最清楚的一种例证。当统一后钱币回炉重新铸造时,人们发现苏格兰有大约一百万枚硬币。虽然财富、商业和各种制造业有了巨大发展,但人们仍然认为,如果没有英格兰的掠夺,现在流通的硬币肯定不到当时的三分之一。

但是,既然我们发行纸币的设想几乎只是权宜之计,目的是将货币量压缩到均衡线以下,那么我认为,那种把大量现金聚积到某个社会金库锁起来不允许流通的做法是一种非常有害的权宜之计,这会使货币量聚积到高出均衡线以上,我们必须竭力反对这种毁灭性的做法。通过这种手段,不和周围环境往来的流动资金可以聚积到任意高度。要证明这一点,我们只需回到第一个假设上来,即把我们现金的一半或任一部分消灭掉,那时我们就会发现,这种做法的直接后果就是立即从所有邻国吸收与之相当的现金。这种聚积现金的做法必定不会受到任何制约。如果像日内瓦这样一个小城市长期实行这种政策,就有可能把全欧洲货币的十分之九吸引到那里去。好像在人类的天性中的确有一种不可战胜的本能阻碍着这种财富的巨额聚积。一个财宝无数的弱国很快就会成为比较贫穷却较为强大的邻国的掠夺目标。大的国家会把自己的财富消耗在凶险而又不得人心的图谋上,而且很有可能因此而毁灭所有更有价值的东西——工业、道德甚至于本国的人口。在此情形下,流动资金聚积到极限程度以至于将装钱的容器都胀坏了,因而这些钱就与周围环境混合起来并迅速下降到应有的均衡线上。

我们对这个原理几乎不了解,以至于尽管所有的历史学家在描述一个最近的史实时是如此的一致,即哈里七世聚积的财富高达二百七十万英镑;但我们仍然否认他们互相一致的证据,而宁肯承认一个极不可信的事实,这是深植于我们身上的偏见在起作用。这笔现金实际上很可能相当于英国全部货币的四分之三。然而,对于一个狡诈贪婪、爱财如命、专制独裁的国王二十年中聚积了这么一大笔财产,又有什么难以想象的呢?它也不可能让人们明显地觉察到流通中货币的减少,或者让人们受到某种损失。这是因为所有商品价格的下降立即会得到补偿,而且还为英国在和邻国进行贸易时提供有利条件。

历史上的雅典城邦共和国大家是熟悉的。雅典及其各盟国与希腊中部及伯罗奔尼撒之间进行了一场长达五十年之久的战争,期间聚积了一笔不少于哈里七世的巨额财产。所有希腊历史学家(修昔底德卷二和狄·西卡拉卷十二)和演说家(埃斯基奈斯和德谟斯梯尼书信)都说,雅典人在这场莽撞的冒险行动中,在城堡里搜刮了一万以上的塔兰特,这笔钱后来随着雅典的覆灭而消失了。如果当时让这笔钱周转流动,与周围的流动资金有来往,那么又会是什么样的结果呢?是否仍然留在雅典呢?不会。因为根据德谟斯梯尼和波里比乌斯提到的令人难忘的统计数字,我们发现大约五十年后的整个雅典城邦,包括土地、房产、货物、奴隶和货币在内,全部价值不到六千塔兰特。

在那年头,雅典人侵掠城池,搜刮了一大笔钱财保存在国库里,那是多么地飞扬跋扈、不可一世啊!因为雅典市民手握大权,只须投票表决就能分到钱财,使每个人的财产陡增两倍!我们必须看到,按古代作者的记载,雅典的人口和财产在伯罗奔尼撒战争开始时并不比战争开始前的马其顿多。

在菲利普和柏修斯时代,希腊的货币略多于英国哈里七世时的货币,但这两个希腊君王在三十年间(见李维卷四十五第四十节)从小马其顿王国搜刮到的财物超过了那个英国君王。包勒斯·伊米留斯带回罗马的钱大约为一百七十万英镑(见凡列乌斯·柏特尔库罗斯卷一第九节)。而据普林尼说,则是二百四十万英镑。这只不过是马其顿金银财宝的一部分,其余的因柏修斯的抵抗和逃跑而流失了(见李维卷四十五第四十节)。

我们根据斯坦尼恩的记载可以了解到,在伯尔尼州放贷的钱多达三十万英镑,相当于瑞士国库的六倍;而当时聚积起来的现金则有一百八十万英镑,至少相当于那个小国自然流通的货币的四倍。照常理,在这样一个土地贫瘠、情况不佳的小国,货币自然奇缺;然而,凡是到沃克斯或者该州任何地方去旅行的人都没见到想象中的货币奇缺的现象。相反,在法国和德国本土却很少见到有这样的内陆省份,那里的居民现在也是这么富裕;但伯尔尼州从1714年,即斯坦尼恩对瑞士作了很有见地的描述以来,它的金银财富已经大大增加了。①

阿庇安②在《引言》中将托勒迈伊的宝藏描述得奇妙无比,简直令人难以置信;之所以不可信,是因为这位历史家说到亚历山大大帝的继位者也都推崇节俭;而如果他们多数人的财富也是如此这般的话,那就更不可信了。如果这不是身边王贵的想入非非,就一定是按照原先讲过的理论对这些埃及君主们的节俭核查过。他提到的数目是七十四万塔兰特,根据亚布斯诺特博士的计算,合计为一亿九千一百一十六万六千六百六十六英镑十三先令四便士。但阿庇安声称,他的材料全都引自历史档案,而且他本人又是亚历山大里亚人。

我们根据这些原理就能明白,为什么所有的欧洲国家都像英国那样在贸易上设置种种的障碍和关税,那是出于积存货币的那种无限的欲望;因为货币一流通,就绝不能按其均衡线去大量积存货币了;或者由于一种担忧,害怕失去自己的货币,其实它绝不会比均衡线低。如果有什么东西会分散我们的财富,那将是一种人为的大失误。这种违背自然常理所引起的普遍恶果,使得邻国之间丧失了自由往来和交换的便利,是有违于造物主的本意。起初

---

① 斯坦尼恩谈到的贫困只是在那些多山的州里可以见到,那种地方没有可用来换回货币的物品。但是就算那里的居民,其贫困程度也只与相邻的萨尔茨堡人或萨瓦人差不多。——原注

② Appian,古罗马历史学家,活跃于公元2世纪下半叶。——译者注

造物主赋予各民族以不同的土地、气候和才干,就是为了人们的这种交往。

我们现行政治废除了金属货币,它的唯一选择是使用纸币,这样就摒弃了人们去积存货币,在纸币使用上也采纳了各种各样的发明设计。但货币不流通最终只会阻碍工业的发展,使我们自己和邻邦都丧失技艺和自然方面的利益。

然而,除了上面所提到的那些出于戒心的做法之外,我们不能把对外国商品征收的各种关税一概视为偏见或无用之举。比如说,对德国亚麻织品征收关税就能鼓励本国的制造商并使从业人员和工业成倍地增长;对白兰地征收关税就能使朗姆酒的销路增加,对我国的南部殖民地也是一种支持。由于征收关税必须要有政府的支持,因此可以这么认为,较为方便的是将关税加在外国商品上,因为在港口码头上是很容易拦截外国商品进行强制征税的。然而,我们应当时时牢记斯威夫特的警言:海关上的算术,二加二不等于四,而往往等于一。假如酒类的进口税降低三分之二,政府的收入肯定要比现在更多,而我国人民也就能普遍喝上较为有益健康的好酒,对我们总是担心的贸易平衡问题也就不会有什么偏见了;因而超出本国农业能力生产淡啤也就不值得惊奇了,而只要让少数人去经营即可;酒类与谷物的运输也就不是一个十分次要的问题了。

你会说,有些国家以前繁荣昌盛,如今却衰败下去,不是常有这样的例子吗?这些国家原先有大量货币,而现在不是都流失了吗?我的回答是,如果这些国家失去贸易、工业和人民,就别想保住其金银,因为这些贵金属总是要与前面这些有利条件保持一定的比例。里斯本和阿姆斯特丹从威尼亚和热那亚手中夺取了东印度贸易之后也就得到了这种贸易所产生的利润和货币。只要政治中心有变化，只要在远方还供养着开销很大的军队，只要巨额资金还掌握在外国人那里，这些因素自然会造成硬币的减少。我们注意到这些都是巧取豪夺的粗暴方式，强行运走了硬币一般来说最终会接着发生人口和工业的转移。但是，就算这些情况丝毫未变，货币却不会继续外流，它总会通过各种方式回流。我们对此现象不怎么理解，但又不可怀疑。自从革命以来的这三年的时间里，又有多少国家在佛兰德耗尽了财富啊！那笔钱说不定会超过全部欧洲财富的一半。现在这笔钱又到哪里去了呢？是否还在那些范围狭小的奥地利省份呢？肯定不会，因为大部分钱又回到其先前所在的那几个国家了，又追随原先产生它的那种技艺和工业去了。一千多年来，一直有一种公开和明显的趋势，使欧洲的货币流入罗马，但这些钱又通过许多隐秘的渠道从罗马流走。因为缺少工商业，罗马教皇的领地现在已经成了全意大利最贫穷的地方了。

总之，一国政府有充分理由爱护其人民和保护其工业，那样它就不必为货币而担惊受怕；人类事物的发展过程已作出了可靠的证明。换句话说，如果一个政府真要关心后者，那它只需爱护前者就够了。

(刘根华　璐　甫　译)

论贸易的猜忌

广泛流行于商业国家间的相互猜忌的心理,只要清除掉其中的一种没有根据的猜忌,就能准确看出另外的猜忌也是毫无根据的。商业上有发展的那些国家之间最常见的现象就是:对于别国的进步感到疑惧,将所有的贸易国都视为自己的对手,总以为其他国家的繁荣必定会使本国受到损失。和这种充满敌意的狭隘观点相反,我敢断定,任何一个国家的商业发展及财富的增长一般来说不仅对所有邻国的商业的发展与财富的增长没有损害,反而还会有所帮助;况且,如果所有邻国都处在愚昧、慵懒和原始状态,那么一个国家的工商业也就不会有什么发展的势头了。

他国的繁荣昌盛显然不可能对某国的工业造成损害,而对于任何向外发展的国家来说,商业无疑是最重要的部门。就此而论,我们心存猜忌的各种理由就都不复存在。我还想进一步说明,只要能保持国家之间的公开交往,各国自己的工业就一定可以从他国的进步中获得发展。请对英国今天的情况与两百年前的英国比较一下即可明白。英国的农业和制造业的技术在两百年前极为粗糙和落后,从那时起我们所作的每一项改进都是模仿外国的结果;我们至今还应该对于外国在发展工艺技巧方面的早期成就感到庆幸。由于我们的制造业虽然处在领先地位,但我们仍然在各种技艺上每时每刻都在采纳邻国的发明和改进,因此这种对我们有利的交流现在仍然受到鼓励。刚开始是商品从国外输入,当我们想到这将使我们的货币外流时,我们就很不满意;后来慢慢地技艺本身也输入进来,这明显对我们有利,但我们还是不满意,因为我们的邻国可能还有其他技艺、工业和发明。竟不知道如果没有当初它们的传入,我们可能至今还是原始状态;它们如果不持续不停地传播,技艺肯定被埋没了,也就不存在那种大大促进其自身进步的仿效和创新了。

国内工业的发展为对外贸易的发展打下了基础。当国内市场上堆满了精美的商品时,总会有一部分商品能出口盈利;但如果我们的邻国既没工业又无农业,那就接受不了这些商品,因为它们没有什么东西可用来进行交换。国与国之间的关系也和人与人之间的关系一样,如果所有的国人都懒惰成性,那么任何个人也就不可能是勤劳的。无论我从事的是什么样的职业,某一些社会成员的财富可以有助于增加我的财富;他们使用我生产的东西,而以他们生产的东西和我作交换。

任何国家都不用担心其邻国的一切技艺和工业会改进得如此精湛以至于无求于别国了。自然赋予不同的国家以不同的能力、气候和土壤,从而为各国的交流和贸易提供了牢固的基础,而只要各国人民始终保持勤劳和文明的话。而且,一个国家的技术越发展,它对勤劳的邻国的需求就越大。人们在变得富裕和练达之后,总是期望得到所有尽善尽美的商品;由于有大量商品可用来交换,他们就大量进口外国商品。虽然这样刺激了出口国家的工业,但是进口国自身的工业也因商品贸易而获得发展。

如果一个国家有某种主要商品,如英国的毛织品,那情况又怎么样呢?难道邻国的毛织品和我们争夺市场不会让我们遭受损失吗？我的回答是，既然一种商品被称作某国的主要产品，那么该国在这种商品的生产上一定具有某种特别优越的条件；如果这个国家尽管有了这些有利条件却在该商品的制造上仍然是失败的，那么只能怪自己的懒惰或经营不善，而不能归咎于邻国的工业。同时必须承认，各种商品的消费量也会由于邻国工业的发展而增加；虽然市场上有外国工业品在竞争，但还是不会改变这种产品的需求。如果需求减少，那这是否就应认为是十分致命的后果呢？只要工业的基础还在，从一个部门转向另一个部门是毫无困难的，比如说毛织品制造商就可以生产亚麻、丝绸、铁等有市场的商品。我们不必担心工业的资源会耗尽，也不用担忧我们的制造业的工人因与邻国工人仍处在同等水平而会失业。各国你追我赶的竞争反而会使各自的工业发展壮大；一国的工业领域生产的种类广泛，要比只是品种单一的生产更为适宜，局势稳定，对商业的各个具体部门也较为有利，使其减少常见的商业的动荡。

只有一个商业国家对邻国的进步及工业担心害怕，这就是荷兰。因为该国既无多少土地，也无大量的国产商品，它的繁荣全靠为其他国家当经纪人、代理商及其运输业。荷兰人的担忧是有道理的，其他国家一旦明白过来就追求自己的利益，就会收回代理商手中的贸易业务而由自己来经营，这样的话，荷兰就会失去原来的作为中间人的利益。虽然这是一种可怕的后果，但要在很长时间之后才会出现这种情形；凭其技艺和工业即使不可长期避免，也能暂时求安，使这种情形不会在几代人的时间内发生。存货充足，联系广泛，这种巨大优势是很难马上就失去的。同时，由于所有的贸易都因邻国工业的发展而兴盛发达，即使像上述那些商业基础不稳固的国家，也可在初期从邻国的繁荣中大获其利。在政治上，即使荷兰人抵押其全部的收益也不能像以前那样声势浩瀚；但是荷兰在商业上的地位无疑还与上个世纪中期的情况一样,是公认的欧洲列强之一。

如果我们狭隘有害的政策竟然取得成功,那么我们就肯定要将所有邻国倒推到现今摩洛哥及北非各国的那种懒惰和蒙昧状态。那时候又将会是什么样的结果呢?那些国家就既不能提供商品给我国,也不能接受我国的商品,我国自己的商业就会由于没有竞争、示范和指导而萎缩衰败;不久以后,我们自己也会落到当初由我们所造成的邻国那般地步。所以,我坦然承认,不但作为人类的一员,我要为德国、西班牙、意大利甚至法国的商业兴旺而祈祷;而且作为一个英国公民,我也要为他们祈祷。至少我深信,如果英国和所有这些国家的国王和大臣们采用这种目光远大的仁慈观点和睦相处,那么英国和所有这些国家就会更加繁荣昌盛。

(刘根华　璐　甫　译)

论赋税

在一些论述者当中流行着这样一条准则,即每增加一种捐税,国民的承担能力就会多一份提高。人民的吃苦耐劳的精神,会随着社会负担的每次增加而相应地增长。这条准则经常容易被人肆意滥用;因为这个准则的真实性不能简单地完全否定,所以也就更具危险性;然而,我们必须承认,如果将其局限于一定范围之内,那么不管从道理上还是从经验上,都有些依据。

如果对老百姓的消费品征税,那其必然后果就这么两条:不是穷人勒紧腰带,就是给穷人增加工资,以使税务负担全都转到富豪头上。然而,紧接赋税而来的常常还有第三种后果,即穷人提高生产积极性完成更多的工作,以便保持原来的生活水准而别无他求。如果赋税适度,负担均衡,也不影响生活必需,那么必然出现上述后果。可以肯定的是,这种困难常常可以刺激人们的生产干劲,从而使他们比那些具有极有利条件的人更富裕更勤劳。可以看到类似的实例:大部分商业国并不总是拥有辽阔的肥沃土地,相反,它们一直是在各种不利的自然条件下惨淡经营;推罗、雅典、迦太基、罗德斯、热那亚、威尼斯、荷兰等都是这方面的有力实证。在人类全部历史进程中,地广物丰的国家拥有大量贸易的实例只有三个,它们是尼日兰、英国和法国。尼日兰和英国好像一直致力于发挥自己的海上优势,认为只有经常出入外国港口才可得到本国的自然条件出产不了的物品。法国的贸易则发展很晚,看来像是一个机智而又有事业心的民族;它注意到了航海与商业发达的邻国发了财,经过思考和观察才下决心仿效的。

西塞罗(在《雅典书信集》卷九第十一节中)提及的当时商业最发达的地方有亚历山大里亚、科尔乔、推罗、西顿、安德罗斯、塞浦路斯、潘菲利亚、利西亚、罗德斯、奇奥斯、比扎帖姆、莱斯波斯、士麦拿、米莱特姆以及库斯。这都是些小岛或小地方,只有亚历山大里亚是个例外;这个城市之所以贸易发达,完全是因为它的地理位置适中。

既然贫瘠的土地或不利的自然条件可以被认为有利于提高劳动积极性,那么人为的负担为什么就起不了同样的作用呢?我们可以看到,威廉·谭普尔爵士[①]把荷兰人的勤劳完全归因于他们的不利自然条件的逼迫;为了阐述这一论点,他将荷兰的情况与爱尔兰进行了鲜明的对比。他写道,"爱尔兰由于地广人稀,所有生活必需品都很便宜,一个勤劳的人只需干两天,赚的钱就足以维持一个星期的生活。我认为这种得天独厚的有利条件正是爱尔兰人懒惰的明显的根源。要知道好逸恶劳是人的本性,如果游手好闲也能过日子,人们是决不肯卖力吃苦的;然而,如果人们一旦为生活所迫而养成了勤劳的习惯,勤劳也就成了一种对人们健康有益的生活乐趣,从而一刻也离不了劳作了。让人们从好逸恶劳转变为好劳恶逸也许并不更加难些。"尔后,为了进一步论证自己的观点,作者列举了上述那些古今商业十分发达的地区,正如所公认的那样,那都是些区区小国,因而促使人们必须勤劳。

---

① 《尼日兰见闻录》第六章。——译者注

税赋加在消费品尤其是奢侈品上最合适，因为这种税最不容易被人们觉察到。从某种意义上来说，人们交这种税是自愿的，因为一个人在使用加税的商品时可量力而为，税就这样不知不觉地一点点被交纳了。如果征税得当，自然可以让人克制物欲而推崇节俭，而且消费者根本觉察不到混在商品自然价格中的捐税；唯一的弊端是税收过高。

财产税的征收并不高，但另有别的弊端。多数国家不得不求助于征收财产税来弥补税收的不足。

税赋如果成了横征暴敛是最为有害的。这种情况一旦出现就必定成为对劳动积极性的惩罚；而且因无法避免的征收不均，而比真正的税收负担更加令人难以忍受。如果这种现象出现在任何文明国家，那真是大大出乎意料。

一般来说，人头税是一种横征暴敛，即使不苛刻，也总被认为是危险的；因为国王很容易一点点不断地增加人头税来满足他的需求，最终就会使这种税完全变成一种负担不起的压榨。另一方面，征收商品税本身有限度，国王很快就会发现多征这种税并不能增加其收入；所以，一个国家的老百姓不至于被这种税搞得倾家荡产。

历史学家告诉我们，罗马帝国灭亡的一个主要原因是君士坦丁在财政上进行的改革，即用普遍的人头税来几乎全部取代原先构成帝国收入的各种杂税、关税和货物税。各省的人民受尽了收税人的压榨，情愿受到野蛮民族武装征服的庇护。他们认为，野蛮民族索取得较少，虽然是异族统治，但与罗马人过于苛刻的暴政相比仍然要好。

某些政论作者对一种观点大为鼓吹：既然无论各种税收如何巧立名目都最终要落在农产品上，那么最好取消消费品的各种税赋，转而直接对农产品征税。当然，我们不能否认各种税赋最终要落到农产品头上这个事实。假如对一位工匠消费的商品征税，那么他显然有两种方式交纳，一是节衣缩食；二是增加劳动。这两种增收节支的办法和提高工匠工资的办法比起来，是比较可行、十分自然的。我们看到在粮食歉收的荒年，纺织工匠不是多干活少花钱，就是节约与勤劳同行并进，这样的话，他就能度过这一年。如果真正为了给他提供保护的政府而要他承受同样的劳苦，那也完全是应该的。他用什么办法才能提高其劳动的价格呢？由于做布匹出口生意的商人受到国外市场上布匹价格的限制而不可能提高布匹的价格，因此雇用他的制造商是不会也不可能额外地多给他钱的。当然，人人都想把税赋负担转到他人身上，但由于人人都有这种想法而相互提防，也就无法设想有哪一群人可以在这场竞争中完全取胜。既然这样，那么地主就为什么该成为这全部竞争的牺牲品，而不能像其他人那样有效地进行自卫呢？我对此实在是怎么也想不通解不明。对于地主，如果能够的话，商人们倒确实很想捕而食之；不过即使不征税，商人们的这种心态也是一直存在的；而地主也可以同样的方式来抵御商人们转嫁负担，最终使商人们和他共同承担这种赋税。如果工匠不能通过更勤劳节俭以及提高劳动价格的方法来交纳消费税，那么这些税实际上应该说是很重的，而且是很不合理的。

  在结束本专题时，我要提出以下看法：至于赋税，有一种一再出现于各种政治制度中的实例，即事物发展的结果和人们最初的预料是完全相反的。土耳其政府有一条公认的根本原则，即国王陛下虽然是每个人生命财产的绝对主宰，但却无权征收新的税赋；如果哪位土耳其国王想要这么做，那他要么被迫收回成命，要么他一意孤行，但那样的话就会发生致命的后果。你会认为这种成见或根深蒂固的观念应该是世界上防止压迫的最强大的屏障了吧,然而,事实上其结果却刚好相反。皇上由于没有在增加自己收入方面作出规定,就必然容许所有的官宦大臣欺压百姓,然后他又在这些官员身上榨取贡赋。相反,如果土耳其皇帝能够像我们欧洲的君主们那样颁布新增的赋税,那么他的利益现在就会和人民的利益连在一起,这样他就会一眼看穿这种横征暴敛的恶劣后果了。他也会发现,实行普遍征税的办法收上来的一个英镑要比不公平地胡摊乱派搞来的一个先令危害要小。

(刘根华　璐　甫　译)

论社会信用

　　和平时期存积粮食，聚积财富，以供征战防御的需要，取缔苛捐杂税，更不发社会动荡时期国难之财，看来这种事先作好准备的做法早已有了。除在《论贸易的猜忌》一文中所提及的雅典人、托勒密迈伊以及亚历山大的其他继承者们所积聚的巨额钱财外，根据柏拉图（《阿克拜第篇》）的记述可得知，节俭的拉斯台蒙尼人也积聚了大量的财富；亚利安和普鲁塔克①都没注意到亚历山大在占领索萨和伊克巴塔那时期所劫掠到的大量财物，其中有一部分是从居鲁士时期遗传下来的。我如果没有记错的话，圣经中也谈到过海席基阿和犹太君主们的财宝，就像世俗的历史谈论马其顿的国王菲利普和潘修斯一样。古代高卢人的城邦也都储存了大量钱财（见《斯特拉波》卷四）。凯撒在每次国内战乱中所捞取的财富是众所周知的，后来，我们也看到一些较英明的皇帝，如奥古斯都、提比略、韦伯香、塞维鲁等，总是目光深远，防患于未然，储备了大量帑币以应国家之急需。

　　与之相反，我们现在一般流行的做法是把社会收入抵押出去，

----

①　见普鲁塔克的《亚历山大传》。按他的估计，这些财宝相当于八万塔仑特，约为一百五十万英镑。——原注

相信后人会替前人清偿债务；因为眼前明摆着精明的朋友及前辈的先例，因此也就仿效前人，想着把还债的希望寄托在下一代身上；而这下一代人出于无奈，最后也只好把希望寄托在下下一代身上。但是，我们不必声嘶力竭地反对一种无可争辩地成了毁灭性的做法；很明显，对于这个问题，古代的准则比现代要高明得多；即使现在的准则是受限于某种合乎情理的范围内，而且在任何情况下总是伴有勒紧腰带的现象，这种和平年代的节俭是为了清偿在一场耗资巨大的战争中欠下的债务。为什么在社会和个人之间的情况会有如此大的差别以至于我们要对这两者分别确立不同的行为准则呢？如果社会的财富较多，那么它的必要支出也相应较大；如果社会的财源更加丰富，那么支出没有限制；由于一种社会结构应该有较长期的打算，所以社会就应采用广泛、持久而且高尚的准则，并且这种准则必须适用于这种社会存在的全部期间。虽然碰运气和随机应变通常是人类事务中很难完全避免的必要手段，但是，谁如果有意识地要弄这样的小聪明，那么大祸一旦降临，就不必怨天尤人而只能怪自己愚蠢了。

　　如果说一个国家倚仗富足，不是贸然挑衅，就是穷兵黩武，如此滥用国库钱财是很危险的；那么，任意抵押国家财富的做法就必然更加会导致贫穷落后，从而到了向外国俯首称臣的地步。

　　根据当今政策，战争会产生破坏：人员损失，税赋增加，商业衰败，钱币减少，以及来自海陆上的劫掠。根据古代的准则，战争所产生的破坏就是打开国库，因为这样既可弄到极其大量的金银来作为鼓舞士气的临时手段，又可适当弥补一下必然造成的战争创伤。

　　一个大臣最感兴趣的就是，采用什么样的办法才既能使自己在任期间声名赫赫，又不过分加重百姓的税赋负担，也不会招致朝野的抨击。因此,肆意欠债几乎是每个政府的当然措施。如果让一个政治家有权以这种方式,凭倚着后代而大肆举债,那么这种不明智的做法就好像是允许一个败家子在伦敦每家银行钱庄开户往来一样。

一方面,不受制于需要政府抵押权是自行有利的;另一方面,任何一国即使不受外敌的胁迫,也总未能采取一种比较明智的措施促进商业来使财富增加,而是无休止地筹款、借债和征税。于是,我们又该怎样来评价这种新的矛盾现象呢？如果我们没看到这种荒谬的准则为大臣们和我们当中的一部分人所推崇,这种高见就可以被认为仅仅是尽展其才,对愚蠢和狂热以及对布西里和尼禄大唱赞歌的口才表演了。

让我们从内政、对工商外贸的影响以及对战争与交涉的影响等方面来考察政府借债的各种后果。

在我国,公债券已经变成一种货币,像金银一样按牌价当作现金流通了。任何有利可图的事情一出现,不管费用有多高,总是有人乐意接受。一个商人只要拥有大量的公债券就能放开手脚大胆做生意,因为他拥有可以应对任何突临的急需的资金。没有一个商人认为有必要保存大量现金。银行股票或印度债券,尤其是后者,都起着相同的作用,因为商人可以在顷刻之间就卖掉它们或抵押给银行家;同时,这种证券又没有闲着,即使待在商人的柜子里,它也会带给他固定的收入。总之,我们的公债养育了商人,它是掌握在商人手中的一种特殊货币,可以不断增值,使商人在商业利润之外得到稳定的收益。这就必然使他们在做生意时可以采用薄利方法。这种方法使商品价格低廉,消费增长,激起老百姓的劳动热情,有利于工业和技艺在全社会传播。

在英国以及所有既有商业又有公债的国家,我们可以看到还有这样一些人,他们一半是商人,一半是公债券持有人。由于商业并不是他们主要的或全部的生活来源,其存款收入才是他们及其家庭的稳定的生活来源,因此也可以认为他们是乐意做薄利生意的。如果不存款,大商人除了买田置地就没有别的办法可以使自己的一部分利润得到实现或者有所保障。但是,田产与存款相比较有许多不利之处。经营田产要求给予更多的关心和监督,从而会分散商人的时间和精力,使其不能一心考虑那些吸引人的生意或处理交易上的非常情况;将田产变为现款也不是那么容易;而且田产一方面提供了天然的娱乐,另一方面又产生统领一方的尊严,使人迷醉于此,于是原来的市民就会很快变成乡绅。不难想象,只要有社会债务,拥有证券和收入的人,大多仍然继续经商。应该承认,降低利润、促进流通和刺激工业是对商业有利的。

然而,与这两种有利情况相反的是,我们的社会债务还存在很多也许无关紧要的不利方面,如果权衡一下整个国内经济,我们就会发现社会债务所造成的利弊得失是无法作比较的。

1. 国债当然会对首都的人口、财富产生重大影响,因为支付利息必须从各省抽调大量的钱,另外,或许还由于上文提到的贸易之利,首都商人的好处要比国内其他地方的商人大。问题是,从我国国情看,把如此多的特权授予伦敦一个地方——伦敦已经非常庞大,可能还要继续发展——对社会到底有没有好处?不少人非常担忧这种后果。而我则禁不住认为,就整个身子来说,头肯定是太大了,但由于脑袋一般都十分适中,因此它的庞大所产生的不便并不比一个较大国家的较小的首都所产生的不便更大。巴黎和朗格多两地的各种粮食的差价比伦敦和约克郡之间的差价要大。实际上,一个无比庞大的伦敦在一个不许权力分散的政府管辖下会使人们结成派系以谋取私利并互相排挤,甚至有可能聚众闹事,引起社会动荡。但是国债本身会倾向于为纠正这种恶行提供一种办法。只要社会骚乱一出现苗头,甚至有一触即发的危险,就必定引起所有公债券持有者的警觉。他们最爱护自己的财产,不论政府受到雅各宾式的暴力的威胁还是民主狂热的冲击,他们都心急火燎地支持政府。

2. 作为有价证券的公债具有和那种货币相伴而生的所有弊端。它们使金银从国家的绝大多数商业活动中消失,减少了金银的普遍流通,从而使粮食和劳动的价格不得不上涨。

3. 由于外国人握有我国大部分公债券,在一定程度上他们使这个国家成了他们的附庸,因此总有一天会使我国的人口外流、工业转移。

4. 用来支付公债利息而征收的税赋,不是提高劳动的价格,就是压低较贫穷的人们的劳动价格。

5. 由于大部分公债券总是掌握在以放贷为生的赋闲人的手中,所以我们的公债可能大大鼓励了无所事事的寄生生活。

如果从整体而不是从小的局部的情况来衡量,那么我们的公债对商业和工业会产生某种损害;但是,这种损害与作为政治机构的国家的损害比起来却是微不足道的。一个国家必须在国际社会中自立,在战争和谈判的问题上必定要和其他国家打各种交道。国家遭受的损害是一种百分百的灾难,是任何有利情况都弥补不了的,因而是一种达到极点的无穷殃祸。

我们确实一直听到这种论点:国家绝不会由于欠了债而削弱,因为这种债大多是向本国人民借的,人们是拆东墙补西墙。这就像一个人把钱从右手放到左手一样,境况不变,既不会增富,也不会变穷。如果我们不根据原则去对这种漏洞百出的论调和似是而非的比喻加以考究的话,那也就不必深究而由它去吧。请问:要过分加重一国百姓的税赋,即使国王屈尊与老百姓们同住,就是否一定能办得到呢?提这个问题似乎有些过分,因为在每个社会,勤劳和悠闲的人员之间有一定的比例,这是必然现象。但如果把我们现行的赋税全部抵押出去,难道肯定不会创设新的捐税了吗?难道就不会落到国衰民穷的地步吗?

每个国家总有某些征集钱财的比较简单的方法,既符合人们的生活习惯,又适合他们所使用的商品。在英国,对啤酒征收货币税为国库提供了大量的收益,因为酿造啤酒的生产过程既烦人,又隐瞒不了,而且这种东西也不是绝对的生活必需品;如果生活的必需品涨价,那就会对穷人的生活造成很大的影响。如果把这种税全部抵押出去而开设另一种新的税,那哪有什么困难呢!哪会对穷人产生丝毫损害而穷人又哪有什么苦恼呢!

征消费品税要比征财产税既公平又简便。如果消费税能够尽征不漏,如果我们必须采取最激烈的手段来征收,那么对国家又哪会造成什么损失呢!

假定所有的地主都只是政府的小头目,如果业主放手不管而使这些小头目高枕无忧,无所忧虑,难道就可以让他们实施其当头目的全部压迫手段吗?

很难断定说,不应该规定国债的限度;也不敢说,如果把英镑收十二或十五先令的土地税连同所有现行关税及货物税一起抵押出去,国家也不会遭到削弱。既然如此,那么这就不单纯是一个将财产从左手交到右手的问题了。五百年之后,不必依赖这些革命对社会大众施加影响,那些现在坐马车的人的后代恐怕就要和那些现在赶马车的人的后代对调位置了。

假设社会大众一旦觉醒而认清了这种正在以惊人的速度接近

的形势；假设土地被征收每镑十八或十九先令的赋税（因为绝不可能将所有二十先令全都榨去）；假设所有的货物税和关税都提高到全体国民所能负担得起的最高限度，而又不至于完全毁灭其工商业；又假设将那些财源全都抵押出去，而我们的智囊们不管怎么想也想不出来什么新花样的捐税可当作新的借贷的抵押品；让我们来对这种局面的后果作一番考察。尽管由于政治认识上的不完整和人类智力的有限性，我们很难对任何未经试验的措施可能产生的后果进行预言，但是崩溃的种子已经大量播下去了，这一点即使是最粗心的观察者也不会看不到。

在这种反常的社会状态下，只有公债券的持有者才拥有着超出他们这一行业的直接效果之上的一切收益；他不仅控制了关税和货物税的全部收益，而且几乎收取了全部地租和房租。这种人和这个国家不发生任何联系，他们可以选择地球上的任何地方定居，享受其收益，在首都或大城市里优哉游哉，过着奢华安乐的生活而又无所事事，没有任何雄心壮志，也没有精神生活上的乐趣，虚度终生。至于出身高贵和名门望族什么的，全都不在话下，公债券可以立即过户转让，情况极不稳定，父传子继但很少超过三代。如果公债券长期保持在某个家族手中，也不等于持有者对这些公债券拥有世袭的权利或荣誉，正因为这样，那些受造物主的恩赐在国内形成独立辖区的达官贵人一批批地销声匿迹了；每个掌权的人只有得到国王的谕封才能够构筑其显赫地位。由于选举已完全受到行贿和腐败的支配，在国王和老百姓之间周旋的中层政权就不复存在，残酷无情的暴政必定占据有利地位；又无任何办法可以禁绝对暴政的反抗，这样要防止反叛或镇压暴动，唯一出路就只有招募雇佣军。土地所有者要想反对上述局面根本就是无能为力的，因为一方面他们的贫困被人藐视，而另一方面他们的行为又遭人痛恨。

尽管立法机关作出决议,决不征收不利于工商业发展的捐税,但是那些沉醉在奢侈糜烂生活中的人绝不可能保持清醒头脑而又不产生误解,他们对解决各种十分紧迫的困难根本就漠然不动。商业上的起伏不定要求不断改变税赋的性质,这就使立法机关时刻都面临着这么一种危险,即在有意无意中出差错。不论是税收失当还是别的偶发事故产生的对贸易的任何重大打击,都会使整个政府体制陷入一片混乱。

那么,政府怎么样才能做到,既支持了它的对外战争和冒险事业,又维护了自己及其同盟者的利益,同时还能保障贸易继续繁荣呢?我并不是在问,政府是如何发挥诸如最近几次战争中所保持的那样巨大的实力的,在那几次战争中,我们不仅大大超出了自己的物力,而且也大大超出了各大帝国的物力。这种失去节制的过分做法真是荒唐,难怪人们抱怨说,我们当前所面临的所有危险的根源即在于此。然而,既然我们就算把一切储备都抵押出去,也必须让商业发达让国家富裕,这种财富必须通过相应的实力来捍卫,那么政府又是从哪里弄来收入去支撑这一切呢?显然是来自对年金收入连续征收所得税,或者换言之,在各种紧要关头将年金收入的一部分再作抵押,然后用它来应保卫国家之需。但是这种政策体系很容易带来各种困难,无论我们让国王成为极权主宰还是使其受国会制约,年金的领受者必须自己承担本金波动的风险。

如果国王实行专制独裁(在这种情况下是不难想到的),他就会对年金领受者随意增加各式捐税,这就等于把钱币都收归到国王个人手中,结果使这种财产很快丧失其全部信誉,每个人的全部收入全都依靠国王的恩赐,这是任何一位东方的国王都没能做到的一种极端的专制暴政。相反,如果征收任何捐税都要得到年金领受者的同意,那就永远也说服不了他们拿出足够的钱来,哪怕是用来维持政府;因为那样做的话就很明显会减少他们的收入。这种税不像以货物税或关税名义出现那样有所掩盖,而社会其他阶层的人已经被认为最大限度地纳过税,决不愿意和他们共同分担。在有些共和国也有值百抽一,有时是值五十抽一,来作为支持政府的捐税的实例,但这种做法总归是权力机构的非常之举,决不可成为国防战备的基础。我们时时看到,如果一个政府把自己的各种收入全都抵押出去,那它必定会落到毫无生气、软弱无能的地步。

以上就是对这种情势从情理上所能预见的弊端,而英国现在正在朝此发展的明显趋向。另外还有无数预见不到的弊病必然会形成一种反常的现象,即政府除了掌握大臣及其谋士们绞尽脑汁想出来的各种关税和货物之外,还变成了主要的或者唯一的大地主。

我必须承认,经过长时期的影响、变化,社会各界人士不知为什么对政府公债都怀有一种奇怪的应付态度,这就与神学界对宗教教义的强烈不满的情形很是相似。还须承认,即使是最乐观的人也不敢企望本届或者任何未来的政府将会廉洁奉公,执法如山,偿还公债搞得很有声势;或者国际形势会无限期地让他们稳稳当当地致力于完成这项任务。那么,我们的情况又会是什么样子呢?如果我们是虔诚的基督徒,相信一切都是命中注定了的话,那我认为这样的问题反而离奇古怪甚至是引人深思的了,而且从中产生出某种令人感想颇多的答案来也并非完全不可能。在这里,事情的结果很少取决于偶然发生的战争、谈判、阴谋和内讧,好像有种事物发展的正常趋势可以支配我们的推理。当我们起初事先宣称根据人们以及大臣们的需要而开始这种抵押时,总是十分谨慎,要求适可而止;因此,既然他们现在终于惬意地达到了目的,那就可以毫不费劲地猜出其后果。实际上这是二者必择其一:不是国家毁灭社会信用,就是社会信用毁灭国家;根据其他一些国家以及本国迄今为止所采取的做法,是不可能两者并存的。

三十多年以前,有一位杰出的公民赫岑逊先生确实提出过一种支付我国债务的设想,当时一些通情达理的人曾经对此大为赞赏,只不过从来没有可能加以实施。赫岑逊声称,认为国家欠这笔债的想法是荒谬的,因为这笔债实际上是人人都有相应的一份,个人交纳的税款和这些数额巨大的捐税相比,仅仅是支付利息中相应的一份而已。他说,那么将债务在我们之间分摊,让我们大家根据各自的财产情况捐献一笔钱,这样的话就可以清偿我们的公债券并赎回国家的抵押品,此后再也无须费劲,难道不是更好吗?他好像根本就没有考虑到劳苦大众通过一年的消费也交纳了相当一部分捐税,但要他们立即预付上述款项的相应部分却是办不到的;再加上商业方面的货币和证券财产极容易隐藏,最后全部负担实际上全落到土地房屋这种显眼的有形财产头上了,这是绝对难以忍受的一种不平等和压迫。尽管这一设想不可能实现,但是国家一旦债台高筑而穷于应付,某些敢想敢干的谋士们提出各种奇思妙想来解决债务问题并不是完全不可能。社会信用到了那时就将脆弱得像一张薄纸,轻轻一捅就会破碎,这种情形就像法国摄政时期的局势一样;接着社会信用就这样断送在庸医手里。

更为可能的是,国家对人民丧失信用的必然结果将是战争、动荡、天灾、人祸,甚至是战败和被征服。我必须承认,当我看到国王们以及国家之间为债务基金和国家抵押问题闹翻甚而大打出手时，总禁不住联想到在瓷器店里举行棍棒对打比赛的场面。如果国王们连于君于国都十分有用的生命财产都毫不珍惜的话，又如何能指望他们愿意节约那种对他们自己和国家都有害的财产呢？总有一天（而且这一天肯定会到来）人们会不愿捐助，为紧急需要提供新的基金，那将筹措不到预定的金额。假设在那时，要么国家的现金已经耗尽，要么迄今为止我们一直充满着的信心开始低沉、丧失。再假设，就在此时国家又面临着入侵的威胁，国内潜伏着或者是发生了叛乱；而由于军饷粮食均不足且器械失修，即使是一个连的军队也装备不了，甚至连国外津贴也无力预付。在这种危如累卵的紧要关头，国王或大臣该怎么办呢？私有权是不可让与的，这对于个人都是这样，对社会就更不用说了。如果我们的大臣手中掌握着安邦定国的妙计而不献用，那他们就是百分之百的蠢货。到那时，已经发行和抵押出去的公债会带来数额巨大的收入，足够用于应付保卫国家安全的需要。这笔钱可能存放在国库里准备支付季度利息。然而，国家需要在召唤，自己的担忧在催促，理智在规劝，同情心更是在大声呼唤：马上决定把这笔钱挪用一下，以解眼下燃眉之急吧！这可是极为神圣的万不得已的行为啊！也许可以马上归还。然而，经过这一打击，那本已摇摇欲坠的整个组织机构就彻底垮了，这一垮就断送了成千上万人的生计。我认为这种情况可以称之为社会信用的自然毁灭；因为社会信用发展到这个样子，就像肉体走向死亡一样是一种自然法则。

大多数人的天性是任凭摆布和甘受愚弄，所以，虽然会发生如英国无偿破产那样的冲击，对社会信用产生强烈震撼，但用不了多长时间社会信用就会重新树起，又像过去那样兴盛了。目前在位的法国国王在上次战争期间借过一笔钱，其利息比他祖父付过的还要低,如果按英法两国的正常利率加以比较,就和英国议会借款的利息一样低。一般人们总是相信亲眼见到的东西,而对于看得见却摸不着的东西,无论说得如何地确凿也总是不大相信;虽然如此,那看起来庄严、赌咒发誓的承诺,再加上眼前利益的引诱,对他们仍然具有不可抗拒的强大影响力。有史以来,人类落入同样圈套受骗上当已有很长时间了;这老一套的骗术耍起来没完没了,但人们却执迷不悟,仍旧上当。鼓吹爱国,笼络人心,一贯为犯上篡权者竭力提供方便;阿谀奉承,总是内隐着不守信义的坏心眼;常备着军队也只是为了给独裁政府撑腰;赞美上帝,不外乎是让教士们坐收世俗之利;——凡此等等,不胜枚举。害怕社会信用受到破坏后就从此不再振兴而祸患不绝,这实在是杞人忧天。实际上,所有深谋远虑的人,在我们一旦对旧债一笔勾销之后,反而比现在更愿意借钱给国家;就像对一个有钱的无赖一样,你即使逼不了他还钱,也宁愿他仍是你的债务人而不愿他真正破产。因为只要债务不是过于沉重,这无赖为了继续做生意也许会觉得还清债务对他有利;但你对他又无能为力,无可奈何。塔西佗在《历史》第二卷里所阐述的那种见解确实永远是经典之论,完全适用于本文所谈的情况。但当时的百姓受益颇多,即糊涂人换来了大量金钱,但明智的人却认为一切有损于国家的所得都是空的。国家欠了债,谁也无法强迫它偿还;债权人所能控制它的唯一有利的办法就是设法维护其信用;但这种有利极容易由于债务过重以及出现一种反常的、甚至连这种信用本身也无力挽回的困境而被毁坏掉;更不用说,紧急状态常常促使一些国家不得不采取各种措施;而严格地说,这种措施对这些国家本身是不利的。

  上面讨论的这两种情况是灾难性的,但还不算是什么"大灾大难",只不过是通过几千人的牺牲来确保亿万人的安全。但是我排除不了这么一种危险,即,反过来,牺牲亿万人来换取那几千人的一时之安。① 我国的人民政府也许会认为,让一位大臣轻率地采取无偿破产之类的举动就是一种难以设想的冒险做法。上院的议员都是地主,下院的议员基本上也是地主,因此可以说这些人都没有大量的公债券;然而,或许是因为下院的议员们和地主们的联系太密切,所以人们认为,他们始终坚持的是社会承诺,而不是谨慎、策略、甚至正义,严格说来就是不从实际需要出发。但我们的外敌都是很精明很狡猾的,他们可能也会发现我国的安全处在绝望之中,因而,这种明眼人一看即知的危险不到十万火急、不可避免的时候是不可能被指明出来的。对于欧洲的均势,我们的祖父辈、父辈直到我们这一代,一直认为太不令人满意,如果我们不对此关心和帮助就维持不住。但是,由于厌倦了战争,同时也受到债权的束缚,到了我们的下一代也许会作壁上观,看着邻国被压迫、被征服,直到最后他们自己也和他们的债务人一起任凭征服者的摆布。将这种情况称为我们社会信用的暴毙也许是非常合适的。

　　似乎这些情况的出现不会离当今世界太远;而且就在其生长过程中,它还未露面,人类的理智就能一眼看穿。虽然古人主张,要想拥有先见之明的天赋,有必要具备某种敬神的狂热;但是我们

---

①　我听说估计过公债的债权人数,包括国外的,总计大约只有一万七千人。这些人依靠其收入真像是成了有身份有地位的头面人物,一旦国家破产,其身价瞬间就一落千丈而沦为苦难的贫民。乡绅贵族的好面子讲排场向来是最根深蒂固的,如果真的到了这种窘困的绝境,就会觉得这种论点是很不公平的。如果不是我们社会的恒久性大大超出了所有合乎情理的预料从而证明了我们上代人的预言是没有事实根据的话,你就会倾向于认为该情况的发生间隔很近,如五十年一次。当法国星相家们年年预测亨利四世的死期时,亨利说:"总有一天会让这些家伙估准的。"所以对具体日期我们应慎重,不能随意确定,最好还是满足于指出一般情况。——原注

现在却可以绝无差错地反驳说：想要拥有这么一些先见之明，只需保持清醒的头脑而不受到盛行的狂热和幻想的影响，这就足够了，无须别的条件。

（刘根华　璐　甫　译）

沉思和献身哲学的人

据某些哲学家看来,令人惊异的事情是,虽然全人类都具有同样的本性,并被赋予了同样的才能,但是他们的追求和爱好,竟有天壤之别;而且,人们竟然还拼命谴责他人所天真地追求的东西。据另一些哲学家看来,更令人惊异的事情是,同一个人在不同的时间竟然判若两人;在拥有了财产之后,竟会以轻蔑的态度抛弃以前所立的一切誓约的夙愿。我认为,在人类的行为中,这种冷热无常和摇摆不定似乎是完全不可避免的;即使是一个本应沉思上帝和上帝作品的理性灵魂,当他沉迷在肉体快乐或俗人热衷的卑贱消遣中时,也不可能享有安宁或满足。上帝是极乐和天福的无边大海,人类的心灵是涓涓小溪,它们最初由大海所生,经历了曲曲折折的漫游,仍企图复归大海的怀抱,并把自己融化在至善的无限之中。当这种自然的进程被罪恶或愚行所阻止时,它们就变得狂暴而激怒;终于增涨为滚滚洪流,把恐怖蔓延开来,使邻近的原野遭到无情的劫掠。

每一个人都以华丽的言词和激昂的腔调吹嘘他自己所追求的东西,并请求轻信的人们效仿他的一套生活方式,这是枉费心机。他的内心与外表并不一致,因为即使在获得最大的成功时,他也能敏锐地感觉到,那一切的快乐由于脱离真正的对象,而含有不能令人满意的性质。我细查那享乐前的骄奢淫逸之徒；我估量着他的情欲的强烈，以及他的对象的价值；我发现，他的一切幸福仅仅出自思想的骚动，这种骚动使他飘飘然，并改变了他负罪和痛苦的看法。之后，我端详了他一会儿；现在他已经享受过了他曾轻率地追求的快乐，负罪和痛苦的感觉带着加倍的苦恼重又回到他的身上：恐惧和悔恨折磨着他的心灵；憎恶和厌腻压抑着他的肉体。

但是，在我们对人类行为苛刻的责难面前，一个更为尊严的、至少是更为崇高的人物，大胆地站了出来；而且，以哲学家和道德人士的资格，表示甘受最严峻的考验。他以虽然隐瞒着但仍明显的急躁态度，非要使我们对他称颂赞美不可；由于我们在对他的德行爆发出赞美之前犹豫了片刻，他似乎被触怒了。看到他这样急躁，我更加犹豫了；我开始检查他那表面德行的动机。不料，看哪！在我能够进行这种探究之前，他却从我眼前突然避开了，而去向漫不经心的一大群听众发表演说，梦想以自己动人的主张去欺骗他们。

哦，哲学家！你的聪明是徒劳的，你的德行是无用的。你追求人们无知的喝彩，而不是你自己良心上可靠的见解，或是更为可靠的上帝的认可，他那洞察万物的目光，可以穿透整个宇宙。你其实只有自诩正直的虚伪的意识，却自称为一个公民、一个国民、一个朋友。你忘记了你那高高在上的主宰，你真正的父亲，你最大的恩人。哪里有对于至善的崇敬，哪里的万物才能达于健全、荣贵！你的创造者使你从无中诞生，把你安置在与你的同类们的所有这些关系之中，并且要求你对每一种关系尽其职责，不允许你在他面前玩忽职守，通过最牢固的纽带使你系身于他这最完美的存在——对于这样的创造者，你的感激又何在呢？

相反，你自己把自己作为偶像，你向你假想中的至善顶礼膜拜;甚而至于,即使觉察到自己真正的不完善,你也只是企图诓世欺人,并企图通过多拉几个无知的赞赏者,使你的空想得到满足。这样,由于妄想成为宇宙中的佼佼者,你竟想去做最邪恶、卑鄙的事情。

仔细想一想人类所支配的一切工作,人类具有如此精密分辨力的智能所做出的一切创造,你将发现,最完美的作品还是要出自最完美的思想。当我们对一尊健美雕像匀称感人的神采或一座宏伟大厦稳静优雅的对称美大加赞赏时,我们所称颂的仅仅是它的精神。雕塑家,建筑师,同他们的作品一样是看得见的,他们能够从一大堆不成形的材料中,提取出如此高妙的表现方式和比例,他们的技艺和设计所表现出来的美,足以使我们沉思。当你要求我们在你的行为举止中,仔细考虑感情的和谐、情趣的崇高,以及所有那些最值得我们注意的精神的魅力时,对于这种思想和智力的较高的美,你自己也是承认的。然而,为什么你又突然止步不前了呢?你没有进一步看到任何更为有价值的东西吗?你已经对于美与秩序做出热烈的称道了,你怎么还不知道上哪儿去寻找最完善的美与最理想的秩序呢?比较一下技艺的工作与自然的工作吧,前者仅仅是后者的摹写。较为逼真的技艺更接近自然,它所受到的评价也就更高。但是,即使在技艺同自然极为接近的情况下,两者还是相去甚远,我们可以看到,它们之间仍有一个多么巨大的间隔。技艺摹写的仅仅是自然的外表,脱离开实质和更为美妙的源泉和根本;因为自然大大超出了她的模仿力,也大大超出了她的理解力。技艺摹写的仅仅是自然在瞬间的产品,至于要达到造物主高明的工作赋予自然原型的那种惊人的壮观宏伟,技艺是望尘莫及的。我们怎能如此蒙昧,以至于在宇宙精巧、瑰玮的设计中,竟没有发现那隐含在其中的智慧和构思?我们怎能如此愚蠢,以至于在冥想着明智的上帝那无限的慈善与贤明时,竟感觉不到崇拜和敬慕的激情中那种最热烈的狂喜?

确实,最完美的幸福,必出自对最完美的对象的沉思。哪里有可以同宇宙之类相比的美啊?哪里有可以同上帝的仁慈公正之德相比的德行啊?假如说有什么事物会削弱这种沉思的意向,那必然要么是由于我们才疏学浅,这使我们看不到美和完善的最根本要素;要么是由于我们缺乏生活,这使我们没有充分的时间去领教那些要素。然而,假如我们使分配给我们的才能运用得当,那么这些才能将在另一种生活状态中得到发挥,从而使我们成为我们伟大创造主的更相称的崇拜者。而那永远不能最终完成的工作,将会成为永恒的事业,这就是我们的安慰。

(杨 适 译)

论艺术和科学的兴起与进步

在我们对人事的探究上,没有什么比确切分清哪些是由于偶然机遇,哪些是由于因果关系更需要精细研究的了;也没有什么别的问题,比它更容易使研究者被自己错误的穿凿附会弄得晕头转向,上当受骗。如果说任何事件是由机遇而发生的,那就不必再去研究它了;这样,研究者就同其他人一样停留在无知之中。如果假定事件是由某些确实可靠的原因引起的,他就会发挥才能来寻求这些原因;而如果他又能在这个研究中有足够的精细,他就有机会大大扩充他的著作,显示他渊博的知识,因为他看到了一般民众和无知的人不曾看到的东西。

在区分机遇和因果的问题上,往往要看具体的研究者思考的是什么样的具体事情,以及他们对这些事情的明察能力如何而定。不过,要是我能提出某个一般的规则,那对我们作出这种区别还是有帮助的。我想这条规则可以表述如下:那些靠少数人的事情,在很大程度上是凭机遇的,或者说,它的起因是神秘的和难以探明的;而那些在大量人群中发生的事件,则常常能够找到确定的、可以理解的原因来加以说明。

这条规则可以用两个很自然的道理来说明。第一点,如果假定一颗骰子有个特点,总爱倾向于显出某一边,那么不管这种习性是多么小，只掷几下也许并没有显出这一边来，可是扔的次数要是很多时，平均起来这一边出现的机会就一定相对要多些。同样，如果某些原因能产生一种特殊的爱好或激情，那么在一定的时代和一定的民族中，虽然一些人可能并不受它的感染，有他们自己的特殊感情；但是多数人确实会被共同的爱好抓住，他们的一切行为会受到这种社会风气的支配。

第二点，那些适于在多数人身上起作用的原因或原则，总是些具有比较根深蒂固的性质的东西，它不大会顺从偶然事件，也不大会受一时的念头或个人幻想的影响，同只适于在少数人身上起作用的原因不同。后者通常是些非常精致和微妙的东西，只要某一具体的个人在健康、教育或运气方面发生很小的偶然变化，常常就足以使它改变或阻碍它们发挥作用；所以不可能把它们当作什么普遍适用的经验和原理。它们的一时影响，决不能使我们确信到另一时期还能起作用，尽管在这两种场合下一般条件完全相同。

用这条规则来衡量，一个国家内部的逐步变革必定更适于作为一个可以用理性和观察来加以研究的对象；相比之下研究外部的干预或激烈的革命就要困难得多，因为它常常是由某些个人引起的，而且有许多任性、愚蠢或反复无常的行为在起作用，不容易用一般的情感和利益来说明。在英国，王权削弱和平民兴起，发生在允许财产进行转让的各种法规提出和执行，贸易与工业增长之后，这些都比较容易用一般原则来加以说明；但是，像查理·昆特[①]死后西

[①] 查理·昆特（1500—1558），西班牙国王，称查理一世，在位时间为1516—1556年。1519年当选为神圣罗马帝国皇帝，又称查理五世。他从母系继承了西班牙及其领地那不勒斯王国、西西里、撒丁尼亚和美洲殖民地，从父系继承了奥地利、尼德兰等，并在战争中打败法国，夺取了米兰等地，又侵入美洲、北非，使西班牙成为地跨三洲的殖民大帝国。——译者注

班牙衰落和法兰西君主国兴起这类事情就不同，如果亨利四世①、黎希留枢机主教②和路易十四③是西班牙人，而腓力二世、三世、四世和查理二世④是法国人，那这两个国家的历史就会完全颠倒过来。

基于同样道理，说明某一国家商业贸易的兴起和进步，比说明它在学术方面的进步要容易得多；一个国家专心致志鼓励贸易的发展，要比它培养学术更有保证得到成功。贪婪、发财的欲望是一种普遍的情欲，它在一切时间，一切地方，一切人身上都起作用；但是好奇、求知欲，只有很有限的影响，它需要青春年少的精力和闲暇、教育、天赋、榜样等等条件，才能对人起支配作用。在有买书人的地方，你决不会找不到卖书的人；可是有读者的地方，可能常常没有作者。在荷兰，众多人口的需要和自由，使商业得到发展；但是学术上的研究运用，几乎还没有使他们产生出任何杰出的作家。

因此我们可以得出结论说，没有什么别的主题比研究艺术史和科学史更需要小心谨慎的了，我们应当避免讲些根本就不存在的原因，或者把纯属偶然的东西说成是稳固可靠的普遍原则。在

---

① 亨利四世，1589—1610年在位的法国波旁王朝国王。他实行宗教宽容政策，结束了长达30年的内战，恢复经济，奖励工商业，使王权得到加强。他死后路易十三继位。——译者注

② 黎希留，曾任首相，他严惩叛乱贵族，巩固了王权，促进了法国工商业发展，对外扩大了法国的势力。——译者注

③ 路易十四，1643—1715年在位，大力加强王权，厉行中央集权，加强国家机器，推行重商主义政策，促进海外贸易，发展资本主义经济，扩大殖民侵略，使法国在欧洲称霸一时。——译者注

④ 腓力二世以下是继查理·昆特以后的几代西班牙国王。腓力二世狂妄专暴，用宗教裁判所压制反对者，没收富裕工商业家的财产，对外不断进行战争，兼并葡萄牙，在1588年远征英国时几乎全军覆没，从此西班牙海上霸权衰落，落到英国之手。他死后，西班牙日益衰落，到17世纪西班牙在欧洲已经不占主要地位了。——译者注

任何国家中从事科学事业的人总是很少数的；他们的志趣、愿望的作用是有限的；他们的鉴赏能力和判断能力是精细的、容易改变的；他们作用的运用发挥常常受最微小的偶然事件干扰。所以机遇或秘密的难以探明的原因，对于一切精致艺术的兴起和进步必有重大的影响。

  不过也有一个理由，使我认为不能把这个问题全部归结为机遇。虽然从事科学事业以其惊人成就赢得后世赞叹的人，在所有时代和所有国家里总是很少，但他们总不是孤立的现象；如果产生他们的那个民族在此之前不具备同样的精神和才能，并使它在人民中得到传播渗透，那么要从这民族最初的幼稚状态中产生、形成和培养出那些杰出作家的鉴赏力、判断力，就是一件绝不可能的事。要是群众都趣味索然，而能从他们之中产生出出类拔萃的优美精神，那是不可思议的。奥维德①说："上帝就在我们之中，呼吸到神圣的灵感，我们才生气勃勃。"②一切时代的诗人都提倡这种灵感说。不过无论如何，这里并没有任何超自然的东西。点燃诗人灵感的火焰不是从天上降下来的，它只是在大地上奔腾的东西，从一个人胸中传到另一人，当它遇到最有素养的材料和最幸运的安排时，就燃烧得最旺盛明亮。因此，关于艺术和科学的兴起、进步的问题，并非全是少数人的鉴赏力、天才和特殊精神的问题，也是一个涉及整个民族的问题。在某种程度上，我们可以把后者看作是一般的原因和原则。我承认，一个人要是研究某个特定的诗人——以荷马为例——为什么会存在于如此这般的一个地方，存在于如此这般的一个时间，那他就是轻率冒失地陷入了怪想，除了

---

① 奥维德(前43—前18)，古罗马诗人。——译者注
② 见 Ovid, Fasti V.15 - 6。——译者注

这类繁多而虚假的精细奥妙问题而外,他就不能研究别的重要问题。也许他会自夸他说明了费边和西庇阿这些将军为什么在那个时代生活在罗马,为什么费边出生早于西庇阿。要解释这样的偶然事件,只能说出贺拉斯所说的那种理由:

Scit genius, natale comes, quitemperat astrum.

Naturae Deus humanae, mortalis in unum——Quodque caput, vulta mutabilis, albus et ater.①

但是我还是认为,对于某一个国家为什么在某个特定时期会比它的邻邦要更加文明、更加讲求学术,在许多情况下是可以找到好的说明理由的。这至少是一个非常有意义的主题。如果我们在还没有弄清是否能说出一番道理来证明这一点,是否能把它归结到一般原则之前,就完全放弃对它的研究,那是很可惜的。

对于这个问题,我的第一点来自观察的看法是:在任何民族中,如果这个民族从来不曾享受过一种自由政治的恩惠,它就不可能产生艺术和科学。

在世界史的最初年代,人们还是野蛮无知的,为了在彼此的暴力争斗和不义中求得安全,当时除了选择某些人(人数或多或少)来作统治者外还找不到别的办法;人们对他们寄予盲目的信任,还没有法律或政治制度提供保证来防止这些统治者的暴力和不义行为。如果政权集中在一个人手中,如果人口由于征服或自然繁殖增长到很大数目,君主就会看到单靠他个人管辖所有的地方,处理所有的政务,那是办不到的;必须委派他的全权代表去当他的下属行政长官,在他们各自管辖的地区维护和平和秩序。在经验和教

---

① 见 Horace, Epistles Ⅱ.2.187.大意是:多样的东西才能合成世界,有此有彼,有黑有白。——译者注

育还没能使人们的理智判断能力得到相当程度的改善时,君王本人不受任何约束,也从没想到要去约束他的大臣,只管把他们安排到各处,置于各部分人民之上,委以生杀予夺的全权。所有的一般法律,在运用到具体场合时是相当麻烦的,需要有洞察力和丰富的经验;具备了这两方面的能力才能认识到照法律办事其实比任性地使用统治权力所带来的麻烦还要少些,也才能认识到一般法律整个说来带来的麻烦和不便是最少的。国家内部法律的制定和运用,有经常的试验和勤勉的观察也就够了;而人们要想得到一些别的进步,尤其是高级的诗和雄辩艺术上的进步,还需要有敏捷的天才和想象力的作用;所以在法律的改进达到相当水准之前,那些高级艺术的进步是很不容易得到的。所以不能认为一个不受约束又没受教育的野蛮君主,会成为一位立法者;也不能设想他会约束各行省的蛮横官吏和各村镇里的土霸王。我们知道,已故的沙皇虽然有高贵的禀赋才能,十分喜爱和赞美欧洲的艺术,还是公然崇尚土耳其的政治统治方式,喜欢作些概括的决定,有如野蛮的君主政权那样,下判断做决定根本不管什么方法、形式或法律的制约。他没有觉察到这样一种做法,同他致力于改善人民的其他一切作为是多么矛盾。任性的权力,在一切情况下都是某种压迫和败坏;要是收缩到一个很小的范围,就全然是毁灭性的不可忍受的;要是具有这种权力的人知道他当权的日子不长和不确定时,情况就 更加糟糕。塔西佗①说:"Habetsubjectos tanquam sucs; viles ut alienos",意思就是说,他以全权统治臣民,好像他们是自己的所有物;同时又完全无视他们、虐待他们,好像他们是属于别人的。一个民族处于这种方式统治之下,不过是些奴隶,这里所用的"奴

---

① 塔西佗(约 55—约 120),古罗马历史学家。——译者注

隶"一词完全符合该词的本义；要说他们能够具有追求精致趣味和科学理性的抱负，那是不可能的。他们没有那么多勇气享受生活所需要的丰富多彩或安全。

所以，要期待艺术和科学能首先从君主政权下产生，等于期待一个不可思议的矛盾。因为在这些精致东西产生以前，君主是无知和没受过教育的，他的知识不足以使他理解需要用一般法律来平衡他的统治，他所做的只是委派他下属的全权行政官吏。这种野蛮政治贬抑人民，永远阻碍着一切进步。假如科学为世人所知以前，有一位君主已经聪明智慧到能成为一个立法者，他懂得靠法律而不是靠那些官僚的随心所欲来治理人民，那么这个政治或许可能成为艺术和科学的摇篮。但是这个假定看来几乎没有任何根据或合理性。

在一个共和国的幼年时期，由于法律很少，也会像一个野蛮君主国那样，委派一些权力无限的人来治理和作出决定。但是除了人民经常的选择能在很大程度上限制政府的权力而外，约束官员以保持自由的必要性，随着时间的推移一定会逐渐显示出来，从而必然会产生出一般的法律和章程制度来。有一个时期，罗马执政官决定一切问题，不受任何确定的法规制约，后来人们不愿再忍受这种桎梏，就创立了十人团①，由它颁布十二铜表法。这部法典尽管在分量上比不上一部由议会制定的英国法规，但在这个赫赫有名的共和国里，若干世纪都靠这部几乎是唯一的成文法来解决财产和刑罚问题的。这些法律和一个自由政府的形式，足以保证公民们的生命和财产安全，撤换有权力的人，防止任何人以暴力或专

---

① 十人团，在古罗马指由十人组成的政府委员会，如法规起草十人团，身份审查十人团等。——译者注

制对待他的同胞。在这种情况下,学术能够抬起头来得到繁荣;但这一切绝不可能在压迫和奴役里存在,有如在野蛮的君主统治下永远不会有这种结果那样,因为那里唯有人民受长官权力的管束,而长官们却不受任何法律或规章的管束。这种性质的无限专制,只要它存在一天,就要竭力阻止一切进步,不许人民获得知识,因为人们有了知识就能争取一种较好的政治和一种比较温和适当的政权。

这就是自由国家的好处。尽管一个共和国也可能是野蛮的,可是由于一种绝对无误的作用,它必然会产生法律,即使人类在其他学术方面还没来得及取得可观的进步。从法律产生安全,从安全产生对知识的渴求,从这种渴求产生知识。这个进步过程的往后几步也许带有较多的偶然性,但第一步是完全必然的,因为一个共和国要是没有法律就决不能持续存在;相反,在一个君主制国家里,这种政治的形式本身就使法律的产生成为不必要的。君主政体,如果是绝对的,本身就包含着对法律的某些厌恶。只有那些有大智慧的和善于思考的君主也许能把两方面加以调解结合。可是这样有智慧的君主,要是没有人类理性的较大发展和改进,是决不能指望他的出现的;而这些进步又需要有求知欲、安全和法律。因此,艺术和科学的最初发展,决不能指望会发生在专制政治之下。

虽然我把缺少法律,给予一切大小官吏以生杀予夺的全权当作主要的原因,但除此之外,在专制政权下还有些其他因素阻碍着精致艺术的兴起。雄辩在民众政治下产生的确是比较自然的。在完成一切事业上,彼此仿效和竞争必定能唤起更加生气勃勃和主动活跃的精神,使人们的天赋和才能得到比较充分发展的天地和宏大的目标。所有这些因素,只有自由的政治才能提供,所以它是艺术和科学唯一适宜的摇篮。

我对本文主题要谈的第二点来自观察的看法是：对于文化与学术的兴起，最有益的条件莫过于存在着一些彼此为邻的、由贸易和政治往来联系在一起的独立国家。这些邻近国家之间自然产生的相互仿效和竞争，是促进文化学术进步的一个显著动力。不过我要着重强调一个限制性的条件，那就是，它们的领土大小要能使竞争双方都能保持各自的力量和权威。

一国政府管辖辽阔的领土，只要有一个人权力过大，马上就会变成绝对的；小国则自然地趋于共和制度。一个大的政府总是容易一步步变为专制的，因为它的每个暴力行为最初形成了一部分专制因素，随着这类行为的增多，不知不觉就会越走越远，也不会激起强烈的骚动反抗。此外，一个大的政府，虽然整个说来不能令人满意，但可以靠一些小手段来保持人民对它的顺从；因为分而治之的结果，会使每个局部对别的地方发生的情况一无所知，不敢首先起来骚动和起义。不必说，在这种国家里存在着对王公贵族们极端盲目的尊敬，因为人们很难见到君王，对他不熟悉，不知道他的弱点，自然会产生这种迷信。大国还能提供巨大的财力物力来支持帝王摆出庄严壮观的体面排场，使普通百姓看了目瞪口呆，这也很自然地有助于奴役他们。

在一个小国里，任何压迫行为马上就会被全体人民知道，对这种行为的牢骚不满很容易传布开来，愤怒情绪也容易升级；因为在这样的小国里，人民并不认为他们同掌权者之间的距离非常大。孔代亲王说，"没有一个人在他的书童眼睛里是个英雄"。确实，对于任何终有一死的血肉之躯来说，仰慕和熟悉总是难以并存；即使是亚历山大大帝也要睡觉、恋爱，这使他明白自己并不是一个神。不过我认为，那些每天陪伴他的人由于看到他有数不清的弱点，也更容易对他的人性或仁爱方面看到不少令人信服的证据。

小国林立对学术有利,因为它制止了权威和权力的进一步发展。声望对于掌权者来说时常是一种巨大的诱惑力,同样也能毁灭思想的自由和人们的检验能力。但是如果一些彼此为邻的国家在技艺和贸易上交往很多,它们的相互妒忌并不影响它们泰然自若地接受彼此的法律,还能促使它们留意别国的种种趣味和学术道理,并以极大的关注和精确性来检验彼此在每一种技艺、学术方面的成就。流俗意见的互相感染,不容易从一个地方广泛传播到另一些地方。在这个那个国家中,它很容易碰到阻碍,流行的偏见不会在各个国家里同时并发。唯有合乎自然和理性的东西,或者至少是强有力地模仿自然和理性的东西,才能通过一切障碍为自己开辟道路,把最堪匹敌的国家联合起来从事一种值得给予高度评价和赞美的事业。

　　古希腊是一大串小的主权城邦国家,城邦很快就变成共和国;由于相互邻近,又有相同的语言和利益作纽带把它们联合起来,它们在贸易和学术上就产生了最密切的交往。这里还有良好的风土气候,土地不算贫瘠,还有一种最和谐悦耳容易理解的语言,这个民族具有的各种条件看来都有利于艺术和科学的兴起。在各个城邦里产生了一些艺术家和哲学家,他们不愿屈从于邻国的那些偏好;彼此的讨论和争辩使人们才智得到磨砺而敏锐起来;在判断者面前存在种种质难,每个人都向别人的选择提出挑战;科学不受官方限制而低头,就能茁壮生长,发展到至今仍是我们赞赏对象的可观地步。后来,罗马基督教或天主教教会散布到整个文明世界,长期垄断着全部学术,实际上成为一个教会统治的巨大国家,并且统一于一个首脑之下,于是各种学派就消失了,唯有逍遥学派的哲学①允

---

① 逍遥学派即亚里士多德学派。——译者注

许在各个学院里传授,完全剥夺了其他一切学术的存在。不过人类终于还是挣脱了这种枷锁,事情有了转机。今天的情势又回过头来接近于往昔了,现在的欧洲仿佛是古希腊的一个摹本,只不过以前希腊的典型是小规模的,现在规模大了。我们在若干事例上已经看到了这种情势的益处。是什么力量阻挡了笛卡尔哲学的发展? 我们知道法兰西民族曾经表现出对它的强烈兴趣,一直持续到上个世纪末,但是来自另一些欧洲国家的反对使它受到阻遏,那里的人们很快发现了这个哲学的缺点和不足。对牛顿学说最严格反复彻底的审查,并非来自他的本国人,而是来自外国人;如果牛顿学说能战胜如今来自欧洲所有国家的反对意见和对立观点,就可能把凯旋式的胜利永远传下去。英国人对于他们活动的舞台上出现的淫荡丑闻变得很敏感,是因为他们有法国人的端庄正派作为榜样。法国人确信他们剧院里由于上演的爱情戏和风流故事过多,变得有些软绵绵、女人气,就开始求助于一些邻国的更富于男子汉气概的艺术趣味。

在中国,似乎有不少可观的文化礼仪和学术成就,在许多世纪漫长的历史发展过程中,我们本应期待它们能成熟到比它们已经达到的要更完美和完备的地步。但是中国是一个幅员广大的帝国,使用同一种语言,用同一种法律治理,用同一种方式交流感情。任何导师,像孔夫子那样的先生,他们的威望和教诲很容易从这个帝国的某一角落传播到全国各地。没有人敢于抵制流行看法的洪流,后辈也没有足够的勇气敢对祖宗制定、世代相传、大家公认的成规提出异议。这似乎是一个非常自然的理由,能说明为什么在这个巨大帝国里科学的进步如此缓慢[①]。

[①] 如果有人问,我们怎么能把上述幸福和富裕的原则同中国人的优良文化协调起来呢? 中国人一直由君主统治着,几乎从来没有形成一种自由政府(转下页)

在地球上的四大洲里，欧洲是被海洋、河流和山脉隔裂最甚的地区，而在欧洲各国，希腊又是隔裂最甚的一个地方。这些地域很自然地被分割成一些不同的国家或政权，因此科学从希腊发源，而欧洲迄今为止一直是科学的故乡。

有时候我爱这样想，在学术中断的那些时期，要是并没有毁掉古代的书籍文献和历史记载，那么由于统治权力的中断，废除了压制人类理性的专制势力，那这种学术的中断对艺术和科学毋宁是更有益的。就这一方面来说，政治权力的变动和社会的变动具有同样的影响。想想古代各个派别的哲学家对他们老师的那种盲目崇拜顺从的样子，你就会确信这样奴性十足的哲学即使经历许多世纪也不可能有多少进步。甚至在奥古斯都时代兴起的折中主义哲学派别，尽管他们专心致志从各个不同方面自由选择他们喜欢的东西作为自己哲学的成分，但就其主要之点来看，还是同其他派别一样，是一种奴性的、缺少独立性的哲学家；他们不是在自然中寻求真理，而是在某些学派中寻求；他们以为真理必定能从某些派别的哲学里找到，虽然它并不全在某一派而是分散在许多流派之中。对复活以往学术来说，斯多噶派、伊壁鸠鲁派、柏拉图派和毕达戈拉派已经无法重新获得人们的信任和权威了；鉴于这些派别

（接上页）的观念。我想可以这样来答复：虽然中国政府是纯粹君主制的，但确切地说，它不是绝对专制的。这是由于中国有如下的特点：除了鞑靼人之外它没有什么邻国；对鞑靼人，中国由于建造了著名的万里长城，还由于人口极多，在某种程度上还是有安全保证的，至少看上去有安全感。因此，中国人总是非常忽视军事训练，他们的常备军不过是些最差的国民军，无力镇压广大乡村中人数极其众多的农民起义。因此，我们可以正确地认为，人民手中总是握有武装，它是一种足以限制君权的力量，能迫使君主命令他的官吏们或各级统治者必须按照一般法律准则行事，防止起义的发生。我们从历史知道，在这种政府治理之下，起义是多么频繁和危险。如果这种纯粹的君主政权能抵御外敌并能保持王权和国家的稳定，以及民众集会的平和与自由，那么它也许就是一个最好的政府了。——原注

的失败和衰落，要使人们保持对某种学说的盲目尊敬和顺从，一些新的派别就产生出来，企图得到一种凌驾于他们之上的优越地位。

关于艺术与科学的兴起和进步这个主题，我要讲的第三点来自观察的看法是：虽然培育这些高贵树木唯一适宜的苗圃是自由的国家制度，可是它们也可以移植到其他政治制度的国家里去；共和国对于科学的成长是最有益的，而一个文明的君主国对于文雅艺术的成长是最有益的。

要在一个大国家或社会里，靠一般的法律来保持社会的均衡，不论它实行的是君主制还是共和制，都是一件困难的十分巨大的工作；不管某个人天资多么聪颖，也不能单靠理性和思维的力量做到这一点。这项工作必须结合许多人的判断；他们的努力必须由经验来指导；要使这项工作臻于完备还必须有时间；在最初的尝试和试验中，他们不可避免会犯许多错误，而纠正这些错误必须习惯于种种不便。因此，这项工作是为了保证自己的财产安全，才需要依赖他们的统治权力。天高皇帝远，他们同君主之间没有什么个人之间的戒备提防和利益冲突，以致几乎没有感觉到对他的依赖。这样就产生了一种政府，对于这种政府，如果我们给它戴一顶政治大帽子，也可以把它叫作专制；但是如果恰当和谨慎些，就该承认它能在相当程度上保证人民的安全，能实现政治社会所要求的大多数目的。

但是，尽管在文明的君主国或在一个共和国里，人民都享有他们的财产安全，然而在这两种政治制度下，那些掌握最高权力的人手中都有许多大名大利的东西可以处置，它能激起人们的野心和贪欲。唯一的差别就在于：在共和国里，想往上爬的人必须眼睛向下才能得到人民的选票；而在君主国里，他们的注意力必须朝上，用讨好奉承来求得恩惠和大人物的宠爱。在前一条道路上想得到成功,一个人就必须靠自己的勤勉、能力和知识,使自己成为有用之材;在后一条道路上想得到荣华富贵,他就必须凭自己的机敏、谦顺和礼仪,使自己成为讨人喜欢的人。在共和国里,最能得到成功的是强有力的天才;在君主国里则是有优雅趣味的人。所以造成的结果是,前者比较自然地培育了科学,而后者比较自然地培育了文雅的艺术。

不必说,由于君主国的稳定首先要依仗对僧侣和贵族迷信般的尊敬,因而它通常都要扼杀理性的自由,推崇宗教和政治,以及形而上学和道德。所有这些也形成一大套学问。数学和自然哲学,是自由理性中唯一能允许保存下来的东西,却一点也得不到重视。

在交往谈话的艺术上,最叫人喜欢的莫过于相互致敬或恭谨有礼了,它使我们在对方面前抛开自己的意向爱好,克制和隐藏人心中非常自然的那种自以为是和傲慢。一个脾气好的人,如果受到良好教育,他会对所有人讲礼貌,用不着事先盘算一番,也不是为了什么好处。但为了使这种有价值的品质成为人们普遍具有的东西,似乎有必要用某些普遍的动机来辅助自然的素质。如果权力是从人民而来上升为巨大力量的,有如在一切共和国里的情形那样,那种谦恭优雅的礼仪就不会受到特别的重视;因为整个国家的人民由于上述原因在权力上近于平等,每个成员都在很大程度上彼此独立,人民由于有权参与政治而获益,由于地位优越而伟大。但是在一个文明的君主国里,从国王直到农夫之间有一连串的依赖关系,它虽然不足以使财产关系成为不确定的,也不足以使人民意气消沉,但是它还是足以在每个人身上产生一种取悦于比他地位高的人的倾向,并使他去仿效最善于讨有地位有教养的人喜欢的那种人的榜样。因此,谦恭有礼的态度在君主国里和宫廷里产生是最自然不过的事；只要它繁盛起来，就不会忽视或轻视任何一种文学艺术。

欧洲各共和国现在被人指摘缺少礼仪风度。"一个瑞士人的礼仪到荷兰就开化了"（卢梭语），这是法国人的一个质朴说法。英国人在某种程度上也遭到同样的非议，尽管他们有学术和天才。如果说威尼斯人是这条法则的一个例外，那也许是由于他们同其他意大利人的交往所致；大多数意大利城市国家的政府都宁愿它们的臣民有一种奴性，而不愿他们在待人接物态度上有足够的开化。

对于古代共和国在这方面的文雅程度要下一个判断是很困难的，不过我猜测他们的交谈艺术并没有他们在写作和组织方面的艺术那么完善。古代演说家在许多场合讲刻薄的脏话很刺人耳目，使人难以置信。在那些时代的作家中，浮夸也常常受不到任何攻击①，放荡不羁、毫无节制成为他们的共同风度。"不管什么色鬼、老饕、赌棍都把他们的世袭家产挥霍于游乐、饮筵或寻花问柳之中"，萨鲁斯特在他的历史著作的一个最正经讲道德的地方写道②。"因为在海伦时代之前，一个小姑娘就是引起战争的最可怕的原因"，这是贺拉斯③在追溯善恶道德起源时的说法④。奥维德和卢克莱修⑤的

---

① 这里不需要引证西塞罗或普林尼，提到他们已经过多了。但是人们不免有点惊讶的是，阿里安这位很庄重得体的作家会突然打断自己讲话的线索，告诉读者说，他由于雄辩成为希腊人里面最杰出的人，就像亚历山大由于会打仗成了这样的人一样。（见 Anabasis I.12.5）
② Sallust, The War with Catiline ⅩⅣ.2.——译者注
③ 贺拉斯（公元前 65—前 8），古罗马诗人。——译者注
④ Horace, Satires Ⅰ.3.——译者注
⑤ 卢克莱修（约公元前 98—前 55），古罗马诗人，哲学家。这位诗人（见《物性论》四卷 117 行）向人推荐一种极为露骨的矫正性爱的方法，任何人都不会想到这么优美的哲学诗篇里会有这样的描写。斯威夫特博士等似乎就有这样的看法。优雅的卡图卢斯和斐德鲁斯也受到同样的指责。——译者注

放荡风度犹如罗彻斯特伯爵①,虽然前者是很好的上等人和优雅的作家,而后者是因为生活在宫廷里受到腐化,似乎丧失了一切羞耻和庄重。尤维纳利斯②以极大的热情谆谆教导人们要谦虚谨慎,可是如果我们看看他的言词那样轻率,那他自己就提供了一个很坏的榜样。

我也敢于断言,在古人那里,还没有像我们在交往中不得不向人表示或假装表示出来的那么多文雅教养,也没有那么多礼数周到的尊敬问候之类的东西。西塞罗确实是他那个时代一位最好的文质彬彬的人物;尽管如此,我必须承认,在他把自己引入作为一名对话者的那些对话体著作里,他描写自己朋友阿提库斯的那副可怜相,使我常常大为吃惊。这位既有学问又有美德的罗马人,虽然只是一位以个人名义从事活动的人物,他的庄严体面并不亚于罗马任何人,可是这里所描写的形象比起我们现代对话中斐拉雷特的朋友还要可怜可笑:他是演说家的一个卑躬屈膝的吹捧者,不时地向演说家致赞美之辞,接受他的教诲,像一个学派中人对他导师那样称颂备至③。甚至加图在对话《斐尼布斯》中也有某种不讲礼貌的态度。

我们知道古人一场有详尽细节的真实对话,那是波利比奥斯记述下来的④。当多才多艺的马其顿王腓力同最讲礼仪的提图

---

① 罗彻斯特伯爵(1647—1680),英国宫廷才子,诗人。他是复辟时期宫廷中最放荡的人,写有一些著名情诗和讽刺诗。——译者注
② 尤维纳利斯(约60—约140),罗马最有影响的一位讽刺诗人。——译者注
③ 阿提库斯(公元前109—前32),罗马骑士,与西塞罗过从甚密。休谟这里所指的西塞罗描写,见他的 Tusculan Disputations V.4.12: "A: 在我看来,美德似乎不足以使我们过一种幸福的生活。M: 但是,我包你相信我的朋友布鲁图斯认为美德足以使我们过幸福生活,如果你允许的话,我要说他的判断远胜于你。"——译者注
④ 波利比奥斯(约公元前200—前120),希腊人,古代最伟大的历史学家之一,以40卷巨著《通史》闻名于世。这里记述的故事见 Polyius ⅩⅧ.7.——译者注

斯·弗拉米尼努斯①会晤时,普卢塔克②说,来自几乎所有希腊城市的使者都陪伴着他。埃托利亚的使者非常唐突地对国王说,他的讲话像一个蠢材,一个疯子($\lambda\eta\rho\epsilon\tau\upsilon$);这位陛下答道:"这是很明显的,连瞎子都看得出来。"这就是对胡说八道的卓越讽刺。虽然如此,所有这些并没有越出通常范围,会谈也没受干扰,而弗拉米尼努斯也由于这些幽默的插曲感到很开心。到会谈快结束时,腓力请求留点时间同他的朋友商量商量,因为他们没有出席;这时这位罗马将军,如历史学家所说,因为也想显示一下自己的机智,就对他说,"为什么他没有让朋友们同他在一起呢?或许是因为他已经把他们全都杀掉了";这就是当场实际发生的情形。这一粗野的无端攻击并没有受到历史学家的谴责,因为它并没有惹腓力生气,不过是勾起他冷笑了一下,或如我们通常所谓启齿一笑而已;也没有妨碍他第二天继续进行会谈。普卢塔克在谈到弗拉米尼努斯的谐谑妙语时,也提到过这个故事③。

沃尔西大主教④在为自己有名的傲慢用语作辩解时说,"Ego et rex meus(我和我的国王)"这个表述方式是符合拉丁用语习惯的,一个罗马人总是把自己放在他的说话对象或要说到的人前面的。然而这似乎正是一个例证,说明罗马人缺乏礼貌。古人把这一点定为规矩,就是在言谈中必须把最受尊敬的人放在前面;这条规矩被强调到这种程度,以致我们看到当罗马人和埃托利亚人庆

---

① 提图斯·弗拉米尼努斯(约公元前227—前174),罗马将军,政治家。——译者注
② 普卢塔克(约46—120或127),罗马帝国时期的希腊传记作家,柏拉图派哲学家。——译者注
③ 见 Plutarch, Titus Flamininus ⅩⅦ.2.——译者注
④ 沃尔西(约1475—1530),英格兰枢机主教,政治家。——译者注

祝他们联军战胜马其顿的胜利,由于嫉妒不和彼此发生一场争吵时,才出现一位诗人先说埃托利亚人功绩,然后才说到罗马人的情形。同样,由于这条规矩,莉维娅对梯伯利乌斯在一条铭文里把她的名字写在他前边很反感。

在这个世界上没有什么有益的东西是纯粹的、没有掺杂的。同样,现代的礼仪风度,在自然地趋于讲究修饰时,不免时常变为矫揉造作、繁文缛节、虚伪不实和令人作呕的东西;而古代的质朴自然显得亲切动人,却不免时常降为粗鲁辱骂,说些刻薄和淫秽的话语之类。

如果说讲究礼仪风度是现代的时尚,那么宫廷里和君主国里自然产生的豪华风流观念可能就是这类文雅修饰的起因。没有人否认这类发明是现代的[①];但是有些热心崇古的人认为这是无聊的浮华,荒唐可笑,为此指责而不是信任当今的时代[②]。

大自然在一切生物的两性之间灌注了一种情感,它即使在最凶猛、最贪婪的动物那里也不仅是单纯肉欲的满足,而是产生着一种友好和相互依恋之情,这种感情延续于它们全部生活的行程中。还有,即使在这类动物里,只要自然把它们的交配欲望限制在某个季节、某一配偶上,在一对雌雄动物之间形成某种婚姻或结合形式,就能看到这里还有一种满足感和为对方效劳的举动,进一步就产生了雌雄间相互的温存和恩爱。这些在人身上表现出来的必定比它们要更多更甚,因为人类的性爱不像这些动物那样受自然的限制,只要偶然碰到某些强烈的诱惑,或者由于认为自己有这种义务和方便就能引起。因此,就没有什么比风流韵事之类的激情更

---

① 在泰伦提乌斯的诗剧《自责者》中,克里利阿斯回到城里时,不是他的情人在等待着他,而是派人把她找来。——译者注
② 萨夫茨伯利伯爵语,见他的《道德家》。——译者注

少使人反感的了。相比之下，它是最合乎自然的。在最优雅的宫廷里，艺术和教育并没有改变它，有如它并不改变其他一切可赞美的激情一样。它们只不过使人心更加专注于它，使它精致，使它洗练，使它温雅体面和善于表达。

风流韵事既可以是合乎自然的，也可以是豪爽豁达的。纠正会使我们对其他人犯下真正伤害罪过的种种恶德，是道德的任务，也是最普通的教育要做的事。如果不在一定程度上注意这件工作，人类社会就无法存在下去。不过为了交谈和人心之间的交流更容易和更使人乐于进行，还需要发明种种的方式方法，并加以改进。无论自然赋予我们心灵什么恶的倾向，或赋予什么能使别人感到喜欢的情感，精致的教养就会教导人们把这些天生的倾向对立起来，使它们引起的举止保持某种不同于自然天性的有情趣的外貌。因此，如果说我们通常都是骄傲和自私的，容易自以为比别人强，一个懂礼貌的人还是会在举止上尊重他的同伴，在社会上一切无关紧要的共同事务上服从大多数人的意见和行为。同样，如果一个人的地位会很自然地招来对他某些使人不快的怀疑，那么有好的姿态风度就能预防这类事情的发生；这就需要针对使他容易受人嫉妒的地方，仔细研究怎样表示和展现自己的感情。老年人知道自己衰弱无力，很自然害怕年轻人对他们轻视；所以受到良好教育的青年格外注意多多向他们的长辈表示关心和敬重。陌生人和外来人缺少保护照料，所以在一切讲礼貌的国家里，他们受到最高的礼遇，在各种场合都要首先提到他们。一个人如果身为一家之主，他的客人就以一定方式尊重他的权威；所以他在聚会时就永远是一个最卑微的人，要关照每个人的需要，把一切麻烦事揽在自己身上，以便使客人感到愉快。这样做的时候他不能明显地流露出任何厌烦情绪,或者做得过分使他的客人感到拘束①。风流韵事同样是值得人们给予强烈注意的一个方面。由于自然赋予男子身心两方面更大的力量,使他们比女人优越,男子就应该在举止上豁达大度,认真细心地尊重和殷勤满足女人方面的一切爱好和意见。野蛮民族是靠把他们的女人贬为最低贱的奴婢,限制她们,鞭打她们,出卖她们,杀死她们等等,来显示男人的优越地位的。但是在一个讲礼貌的民族里,男性是在一种更丰富多彩的、其明显程度毫不亚于前者的方式下,发现自己对妇女的权威的;这就要靠礼仪风度、对她们尊重、亲切温柔,等等,一句话,靠风流倜傥。在美好的聚会上,你不需要打听谁是酒席的主人;谁坐在最不显眼的位子上,总是忙于照顾每个人的,一定是主人。我们应当谴责所有浮华的、虚伪的豪爽模样,容许诚恳实在的风流气度。古代俄国人娶妻时不用戒指,而是用一根鞭子;他们在家里待客时总是自己坐在上席,甚至在对待外国使臣时也那样。这两个事例说明他们在豁达大度和礼貌风度上是多么差劲。

　　风流韵事同智慧与谨慎也是可以相容的,其程度不亚于它能合乎自然和豪爽大度;只要遵循正当的规矩,它对青年男女之间的愉快交往和感情增进,比任何其他办法都更有益。在各种各样动物中,自然都把这些动物最甜蜜和最好的愉快享受,建筑在它们性爱的基础之上。但是单靠肉欲的满足是不足以使心灵喜悦的;甚至在残忍的野兽那里,我们也能看到它们的嬉戏、调情,以及别的

---

① 古代作家常常提到这类缺乏教养的习俗,如家庭的主人在餐桌上吃的面包喝的酒比他给客人的要好,不过只作为那些时代礼仪规矩方面的一个无关紧要的标志。见 Juvenal, Satire Ⅴ; Pliny ⅩⅣ V.13; 以及 Pliny 的书信集, Lucian 的 DeMercede conductis, Satura-nalia, 等等。现在欧洲任何地方几乎都不会容忍这样一种不文明的习俗了。——译者注

一些讨对方欢心的表现方式。这些构成了它们彼此喜爱的接触过程的最大部分。在有理性的人类身上,我们必须承认心灵的活动占有更大的比重。如果我们把理性、谈话、同情心、友谊,以及欢乐等等所有装饰我们心灵使它愉快的东西统统剥夺掉,那么也就不会剩下什么值得我们承认的东西,能使我们肯定真正的优雅和奢华。

有什么培养仪表风度的学校,会比同善良的女性在一起作伴更好的呢?在这里,彼此尽力使对方感到愉快,必能在不知不觉中使心灵优美;在这里,女性的温柔淑静,必能以其榜样的力量把它传递给它的赞美者;在这里,女性的精细雅致使每个男子必须检点自己,以免做出任何不庄重的举止行为。

在古人那里,女人的美好品德被认为只是在家里才有的东西,从不认为它是属于礼仪世界或良好社交的事情。这或许就是古人为什么没有给我们留下什么有趣的优秀作品的真实原因所在(塞诺封的《饮宴篇》和疏善的《对话集》也许可以除外),虽说他们许多严肃的作品是无与伦比的。

贺拉斯指责普劳图斯①粗俗的挖苦嘲笑和无聊的诙谐戏谑,可是,尽管他是世上最流畅、最受欢迎和最有见地的一位作家,他自己在引别人发笑的讽刺才能方面是否就很突出或优秀呢?所以,要说文学艺术能从风流韵事和它得以首先兴起的宫廷里得到很大促进,这就是其中之一。

言归正传,现在我来谈谈关于本文主题即艺术与科学兴起和进步的第四点来自观察的看法吧。这就是:在任何国家里当艺术和科学达到完美地步时,它们就自然地,或者毋宁说必然地要趋于

---

① 普劳图斯(约公元前 254—前 184),古罗马著名喜剧作家。——译者注

衰落，而且在这个国家里它们很少甚至决不能恢复往日的繁荣。

必须承认，这个道理虽然符合经验，乍看起来却像是不合理的。如果人类的自然才能在一切时代和几乎一切国家里都是一样的（这看来是真实的），那么在具备了各种艺术上可以用来规整鉴赏力，确立仿效榜样的典范时，这些天资必定会获得很大的进展和开发。古人留给我们的那些典范，两百年前就启发着所有的艺术，并使它们在欧洲各国都得到了重大的进步。可是，在图拉真①及其后继者统治的时期，这些典范为什么就没有起到类似的作用呢？那时它们更完整无缺，并且仍然受到整个罗马世界的赞扬和学习。直到查士丁尼皇帝②那么晚的时期，希腊人所知道的伟大诗人还是荷马，罗马人所知道的还是维吉尔，因为他们最优秀卓越。对于这些神圣天才的高度尊崇一直保持下来，虽说在许多世纪里出现过不少诗人，没有人敢说自己已经模仿到了他们。

一个人的天资总是在生活道路的开端就存在着的，不过当时他自己和别人都不认识。只是由于经常的尝试，伴随着成功，他才敢想他自己配做某些已经得到人们赞扬有所成就的人们所做的那些工作。要是在他本国已经有了许多雄辩的卓越典范，他会很自然地把自己幼稚习作同这些典范加以比较，由于感到差距太大，就没有勇气再作进一步的探索，并且绝不敢同那些享有盛誉的作家比高低。高尚的竞争是一切卓越才能的源泉。尊崇和节制自然会消灭竞争；而且没有什么比过分的尊崇与节制对一个真正伟大的天才更有害的了。

再说竞争，高尚艺术最大的鼓舞者是赞美和光荣。一个作者

---

① 图拉真（53—117），古罗马皇帝。——译者注
② 查士丁尼（483—565），拜占庭皇帝。——译者注

在他听到世界上对他先前作品的赞扬之声时就灌注了活跃的生气;他为这种动力唤起,常常能达到某种完美的顶点,以致他本人和读者都感到惊奇。但是,如果荣誉的桂冠都已被人拿走了,他的最初尝试就只会遭到公众的冷遇;因为公众在比较作品时虽然认为两者本身都是相当优秀的,可他们由于已经有了一个树立好的光辉榜样而从中得到益处了。莫里哀和高乃依的早期作品在当时是很受欢迎的,但是如果放到现在这个时候来发表,这两位年轻诗人就会因公众的冷漠和轻视感到沮丧。只是因为时代的无知状况人们才接受了《李尔王》,不过我们能有摩尔人这个形象还得归功于先有了它。① 要是《人人高兴》受到拒绝,我们就决不会看到《狐狸》②。

任何国家要是从它们的邻邦引进过于完美的艺术,大概都不是什么有利的事情。这会扑灭竞争心,使有才华的年轻人热情消沉。那么多意大利名画带到英国来,没有激发我们的艺术家,反而成为他们在绘画艺术上进步甚微的原因。罗马人接受希腊艺术时发生的情况大概也是如此。在法语里,礼仪用语名目繁多,传播到全德意志和北欧,阻碍了这些民族发展他们自己的语言,并且使自己的语言一直依赖着他们邻邦这些优雅动听的东西。

确实古人在各种作品上都给我们留下了典范,它们是值得高度赞美的。不过,这些作品是用唯有有学识的人才能懂得的语言写出来的,而且我要说,把现代人的才智同那些生活在非常遥远的古代的作家相比,也是不那么完全恰当的。假如沃勒生在罗马提

---

① 休谟这里指的是莎士比亚的《泰尔亲王佩里克利斯》《李尔王》和《奥赛罗》,"摩尔人"即剧中主人公奥赛罗。——译者注
② 《人人高兴》(1598年上演)是琼森的第一部喜剧作品,《狐狸》(1606年)是他最成功的喜剧之一。——译者注

比留①统治的时代,在同贺拉斯的完美之作相比时,他的最初作品就会遭到蔑视。但是在我们这个岛国,罗马诗人的优越之点并没有因为英国诗人的名声而受到贬抑。我们在评价我们自己的诗歌时,认为在我们的风土人情和语言中能够产生一种对原先那么卓越的作品说来仅仅是模糊的副本,也就感到幸福和心满意足了。

一言以蔽之,艺术和科学,同某些植物一样,需要一块新鲜的土壤;无论土地多么富饶,也无论你怎样用技艺和细心来补充它,一旦地力耗尽,那它就再也不能产生出任何这类完善和完美的东西来了。

(杨 适 译)

---

① 提比留(公元前42—公元37),古罗马皇帝(14—37)。——译者注

论雄辩

那些思考人类在历史上表现出来的各种时代及其革命变革的人，愉快地看到充满欢乐和各种变化的情景，也惊奇地看到不同时代的巨大变化所引起的同样引人注目的种种风貌、习俗和意见。不过无论如何在政治史里，我们可以看到比学术史、科学史里要大得多的一致性；同一个时代的战争、谈判和政治，比起人们在趣味、才智和思辨原理方面的类似程度要大得多。利益和野心，荣誉和羞辱，友谊与敌对，恩惠和报复，是一切公共事务的原动力；这些感情都有一种非常难以驾驭而又难以探寻的本性，同那些容易由教育和事例来改变的感情和理智不同。哥特人在鉴赏力和学术上比罗马人要差得多，但在勇敢和美德上却并非如此。

但是，如果我们拿来比较的民族差别不大，就能观察到人类学术的晚近阶段在许多方面同古代有一种相反的特征。如果说我们在哲学上比古代强，那我们不论还有多少精致的东西，在雄辩上还是远不如古人的。

在古代，人们认为任何天才的作品都比不上对公众发表演说那么伟大，那么需要多方面的才华与能力。有些杰出的作家被认为有才能，但是甚至伟大的诗人或哲学家同善于演说的人相比也还是被看作略逊一等。无论希腊和罗马都产生了一种成熟的演说家,可是尽管别的著名演说家得到了种种赞扬,他们在同雄辩家的伟大典范相比时仍然相形见绌。仔细观察一下就能看到,古代的评论家几乎从不认为任何时代的两个演说家在水平上完全相等,值得给予同等程度的赞美。卡尔弗斯、凯利乌斯、库利奥、霍滕修斯、凯撒,一个超过一个,但是这时代最伟大的还是比不上西塞罗,他才是罗马前所未见的最善于雄辩的演说家。善于鉴赏的评论家说,罗马和希腊的演说家在雄辩上超过了前人,不过他们的艺术仍远不完善。雄辩艺术是无止境的,不仅超出了人类已有的能力,而且超出了人类可以想象的程度。西塞罗对他自己的作品不满意,甚至对狄摩西尼①的也不满意。他写道:"浩瀚无垠的艺术啊!我(的听觉)对你的仰慕多么如痴如狂,多么思念渴望。"

在一切文雅有学问的民族里,唯有英国已经有了一个受人民欢迎的政府,它容许很多人进入议会担当立法者的工作,从而可以认为它会处于雄辩的支配之下。可是英国在这方面有些什么可以夸耀的呢?让我们数数在我国享有盛名的伟大人物。不错,我们出了诗人和哲学家,这使大家都非常高兴,但是有什么演说家值得一提呢?我们在哪里能找到他们天才的不朽作品呢?确实,在我们的历史上也有一些人物指导过我们议会的决议,可是无论他们本人或别人都没想到应当花点气力把他们的演说词保存下来;而且他们的权威,好像都是借助于他们的经验、智慧乃至权力来建立的,较少凭借他们的演说才能。现在上下两院里有一半以上的发言人,他们在评述公共事务的时候,有些神气声调颇近于雄辩,但是没有人认为他们比其他人强。在我看来这似乎是一个确实的证

---

① 狄摩西尼(公元前384—前322),古代雅典演说家。他发表的演说《金冠辞》被公认为历史上最成功的雄辩艺术杰作。——译者注

据,说明他们之中还没有一位在雄辩艺术上超出平庸的水准,他们的雄辩没有唤起心灵中庄严崇高的情感和能力,只不过凭着普通的才能稍稍运用了雄辩术。伦敦众多的木匠能造出同样好的桌椅,可是没有一位诗人能写出像蒲柏①那样传神的优美诗句。

我们知道,当狄摩西尼演说时,才智之士从希腊最遥远的各个地方聚集到雅典来,好像参加世界上最值得庆贺的盛典。在伦敦,你可以看到人们在办事机关里消耗光阴,最重要的争论都在上下两院进行;可是许多人都没有想到,要是他们有著名演说家的雄辩可听,那么不吃午饭是完全值得的。在老西伯②演出时,那些戏迷的激动,比听到我们首相面临攻击弹劾时所作的辩护词在感受上甚至会更强烈些。

一个人即使不熟悉古代演说家留下来的高尚作品,只要稍有接触与印象,也能评判古人的雄辩在风格和特色上无限优于现代演说家。在运用抑扬顿挫、铿锵有力的艺术手法上,高贵的狄摩西尼受到昆体良③和朗吉努斯④的许多赞扬。他在谈到喀罗尼亚战役⑤失败时慷慨陈词道:"不,我的同胞们;不,你们没有错。我以英雄们的英灵起誓,他们为了同样的理由而战,英勇牺牲在马拉松⑥和普

---

① 蒲柏(1688—1744),英国诗人。——译者注
② 西伯(1677—1757),英国演员,剧作家,诗人。1730年被封为桂冠诗人。——译者注
③ 昆体良(约35—95),古罗马教育家,演说家。——译者注
④ 朗吉努斯(生活在公元1世纪),被认为是文学批评方面伟大创新作品之一《论崇高》的作者。他认为思想的伟大若非生就,就是后天通过努力模仿堪称典范的伟大作家(主要指荷马、狄摩西尼、柏拉图)得到的。——译者注
⑤ 喀罗尼亚是古希腊通往北方的门户,一个设防城镇。公元前338年,马其顿王腓力二世在此打败了底比斯和雅典。——译者注
⑥ 马拉松,希腊地名。公元前490年,雅典在马拉松迎击进犯的波斯军队,以少胜多,取得了重大胜利,对扭转战局起了重大作用,大大鼓舞了希腊人。——译者注

拉蒂亚①的原野上。"②可是我们的稳健平静的演说家们,在运用这种艺术上显得多么滑稽可笑啊!西塞罗何等豪放雄浑富有诗意,他在用最悲壮的语言描写了一位罗马公民所受的苦难之后写道:"这恐怖的情景,我要描写出来,罗马公民听了谁能忍受?不,不仅你们不能,我们国家的盟友们不能,那些听到过罗马英名的人们不能,甚至一切人类都不能忍受,只有残忍的野兽才能。啊,要是我站在荒漠孤寂的原野上,把我的言语向群山和巨岩倾诉,就是这些自然界里最粗犷、最不通人性的东西,我也确信它们也会为这个故事所动,感到恐怖和愤怒。"③试问,现在有谁还能保持这样的文采风度?这种文句所洋溢的雄辩光彩给它多大的魅力,引起听众何等的印象!它需要有多么崇高的艺术水平和卓越才能,凭借多么豪放过人的感情!它点燃了听众心中的火焰,使他们同演说者一起处于强烈的激情和高尚的思考之中;而具有这种效果的奔放的雄辩,又是由多少人们看不见的精心推敲造成!要是这种感情在我们看来显得有些过分,有如它有时表现出来的那样,那至少也能使我们对古代雄辩的风格得到一个概念,由于它那种整体的宏伟气概,我们对这类过分的渲染也不致产生反感。

  与这种思想和表现力的热情相一致,我们可以看到古代雄辩家在行动上的热情。他们以一种他们所习惯的最普遍、最适度的态度来行动,这就是他们借以站立的土地;虽说他们的这些行为态度,不管是在元老院里,在法庭上,还是在讲坛上,在我们今天看来未免显得过于激烈,我们只是在剧院里才能接受那种最强烈激情

---

  ① 普拉蒂亚,古希腊城市,位于山边悬崖上,地势险要。希波战争中,希腊军队在这里取得决定性胜利,它成为希腊人英勇气概的象征。——译者注
  ② 见布鲁图的《书信集》第74封信。——译者注
  ③ 见西塞罗《反威勒斯的第二篇演说》。——译者注

的表现。

在近代,雄辩的衰落是我们可以明白感觉到的,可是对于引起这种现象的原因,人们却没有搞清楚。在一切时代,人类的天赋本是大致相等的。现代人把自己的天赋用到其他种种技艺和科学方面,他们十分勤劳努力,取得了巨大成就。而且,一个讲求学术的国家还具有一个民众的政府,这样的环境条件似乎足以充分发挥人们的各种可贵才能,可是虽有这一切有利条件,同所有其他的学术的进步相比,我们在雄辩上的进展却很小。

我们能否断言古代雄辩风格已经不适应于今天这个时代,现代的演说家不应模仿它了?无论提出怎样的理由来证明这一点,我还是要劝人们相信,这样理由如果认真检查一番,都是不健全的,不能令人满意的。

第一点,有人会说,在古希腊罗马的学术繁荣时期,城邦共和国内部的法律,在所有国家里都既少又简单,所以作出决定在很大程度上靠执法者们的公正权衡和健全理智。因而研究法律不是一个吃力的职业,无须一辈子辛辛苦苦地盯着干,同从事其他的各种研究或事业全不矛盾。罗马的大政治家和将军们都是法律家。西塞罗在掌握法律知识上显得多么驾轻就熟,他说他在忙于各种要务当中,仍能抽出少量时间从事研究,使自己成为完备的法律家。可是今天的律师要使自己的论断公正,如果他花费许多时间和精力去研究、展示他的辩才,那就没有力量钻研严密的法律条文、实际情况和以往的案例了,但是后者才是他进行论证时最必要的依据。在古代的情况下必须考虑到许多条件,照顾到种种个人的打算甚至爱好脾性。演说家把这些都考虑在内,运用自己的艺术才能和雄辩使之协调配合,才能装出一副公平正直的模样来。但是现在的法律家哪有闲工夫丢开他繁重的工作,到帕纳索斯山①去采集花朵呢?他有什么机会在严密精细的论证、反驳与答辩(这是他必须运用的)之中,展现他的文学才华和雄辩艺术呢?最伟大的天才,最伟大的雄辩家,如果想在刚学过一个月法律的领导人面前宣讲一番,都只能陷于一种可笑的境地。

我乐于承认,在现代社会条件下有许多错综复杂的法律,这对雄辩是不利的;不过我还是认为这并不足以说明这门高贵艺术的衰落。在威斯敏斯特市政厅里也许可以不用演说,但在上下议院里就不能没有。在雅典人那里,阿雷奥帕古斯会议上②明确禁止一切诱惑的雄辩。有些人说希腊人的演说词是用合乎法律审判程序的方式写出来的,没有像罗马人表现出来的那种豪放和善于辞令的风格。但是,雅典人在详细讨论城邦事务时,在争论有关自由、幸福和公共事业的尊严荣誉问题时,他们把深思熟虑、谨慎周密这类雄辩发展到了何等辉煌的顶峰!这些主题的辩论,把天才提升到一般人之上,使雄辩得到了最充分发展的天地;而这类问题的争论,在我们今天的国家里仍是时时发生的。

第二点,有人说雄辩的衰落是由于现代人有很高水平的健全理智,他们蔑视一切用来诱惑判断力的辩术伎俩,在争论任何需要慎重审议的事情时,只承认可靠的论据,此外一概加以拒绝。如果有人被控告犯了杀人罪,那必须靠真凭实据来证明这是事实,然后用法律条文来衡量判决对这一罪行的刑罚。在这里,如果用些强烈的色彩来描绘这一杀人行为多么恐怖残酷,让死者的亲朋好友

---

① 帕纳索斯山,希腊中部的山峰,是神话中文化和文艺之神阿波罗和缪斯的住地。——译者注
② 阿雷奥帕古斯是古希腊雅典的贵族议事会,在一个时期它权力最大,也是最高法庭。——译者注

出场,用暗中提示的手法要他们用眼泪和悲伤央求法官秉公判决,那是荒唐可笑的。如果想靠对流血事件的描绘,把它说成是一种多么悲剧性的情景,来改变法庭的判决,那就更加荒唐可笑了。虽然我们知道,这套伎俩有时古代的演说家们确实用过。今天,在公共事务的讨论中不再受这类伤感情绪的影响,演说家们所应有的只是现代的雄辩,这就是指诉诸良好的理智,用恰当的表达方式进行陈述。

我愿接受这样的意见,就是我们今天的习惯和良好的理智,能使我们的演说家在试图煽起听众的激情或提高他们的想象力上,做得比古人要更加谨慎稳健一些;不过我看不出有什么理由要他们绝对地取消这个意图。这只应当促使他们加倍再加倍地改进他们的雄辩艺术,而不应完全否定这种艺术。古代雄辩家似乎也已经由于要对付听众的严重戒备心理而提防自己别出错误,可是他们采取的是另一种避免错误的方法。他们把崇高雄壮和悲惨动人的言辞滔滔不绝地倾泻到听众耳朵里去,使他们没有多余的时间来发觉受骗上当的伎俩;或者更正确些说,他们并没有被任何伎俩欺骗住,因为演说家的天才和雄辩力量,首先点燃的是他自己胸中的怒火、义愤、怜悯和悲伤之情,然后他才把这些激动传达给他的听众。

难道有什么人能自称比尤利乌斯·凯撒的良好理智更强吗?可是我们知道,这位傲慢的征服者还是被西塞罗雄辩的魅力所折服,以致不得不以某种方式改变了他既定的目的和决定,并赦免了一个犯人;而在这位雄辩家演说之前,原是要判死罪的。

我承认,这位罗马雄辩家尽管获得了巨大的成功,他的作品在某些地方还是可以指摘的。他过于注重辞藻和文采;他的风格过于华丽触目;他行文的章节划分主要是按学院的那套格式;他虽看不起一些小手法,可他的机智里也有这些东西,甚至有某些双关的俏皮话、同韵语和叮叮当当的小玩意儿。希腊演说家的听众不像罗马的元老或法官们那样有教养。雅典的下层平民是全权统治者,是他的雄辩的裁定者①。可是他的姿态风度还是要比民众更纯朴和简洁;如果能模仿的话,就是放到现代集会上也会无误地获得成功。它是敏捷麻利的和谐,准确无误的理智;它是热情的论证,显不出任何人工做作的技巧;它是高傲、愤怒、粗犷、自由的感情流露,渗透在一个川流不息的论证之中。在一切人类的产品里,狄摩西尼的演说向我们提供了最接近于完美的典范。

第三点,有人会说古代政治混乱,错误罪过很多,公民们时常自觉地看到这些问题,这就给他们的雄辩提供了大量主题和材料,而今天情况已经有所不同了。要是没有威勒斯②或喀提林,就不会有西塞罗。但是很显然,这个论点没多大意义。在今天,像腓力那样的人是很容易发现的,可是我们在哪里能找到一位狄摩西尼呢?

但是,难道我们只能指摘我们的演说家,说他们由于缺乏天才和判断力,没有能力达到古代雄辩那样高的水平;或者,把它看作不适合现代条件和精神的事而放弃一切努力?只要这种努力有少许成功,就可以唤起我们民族的天才,激发年轻人起来仿效竞争,

---

① 演说者适应雅典人民的口味,而不是人民适应演说者的口味。高尔吉亚·莱昂提诺迷住了他们,他们才逐渐熟悉了一种比较高的口味。西西里的狄奥多罗斯说,他的演讲风格,他的对立命题,他的句子工整对称,这些如今已被人看不上了,当时却在听众中产生了巨大效果。(见 Diodorus Siculus XII 53.2—5.)所以,现代演说者如果用他的听众的口味为自己不好的作品辩解,是徒劳的。英国议会在判断力和敏感审慎上很自然地胜过雅典民众,可见崇尚古风而不容许今天有雄辩实在是一种奇怪的偏见。——原注

② 威勒斯(约公元前 115—前 43),罗马行政长官。因贪赃枉法而出名,在西西里人请求下,西塞罗对他提出了控诉。——译者注

使我们的听觉习惯于一种比我们迄今所乐意听的要更高尚、更富于情感的雄辩声调。在任何民族里,艺术的最初产生和进展,都确实是某种偶然的事件引起的。虽说古罗马人接受了希腊一切优秀的成果,但是为什么他们原先并没有艺术的训练,却唯有他们才能在雕塑、绘画和建筑艺术上达到如此优雅洗练的地步?对于这个问题能否有一种非常令人满意的解答,我是怀疑的。一旦现代的罗马从古代废墟里发现了少数遗物并为之激动,它就产生了最杰出、最卓越的艺术家。要是有一位像诗人沃勒①那样有教养的雄辩天才出现在内战时期,当时自由刚刚充分地建立起来,人民在集会中讨论和争辩政治上各种最重大的问题,那我就可以十分明白地说明,一个榜样能使英国的雄辩得到转机,使我们能达到古代典范那样的完美。这样,我们的演说家就能获得国人的尊敬,有如我们的诗人、数学家和哲学家那样;英国也会出现它的西塞罗,就像它产生了自己的阿基米德和维吉尔一样。

如果对诗歌和雄辩的错误趣味在所有的人中间普遍流行,那就很难或几乎不会有人通过比较和反省来选择一种真正的趣味。这种错误低下的趣味之所以盛行,只是由于对真正的趣味无知,缺少完美的典范来引导人们获得比较正确的理解力和对天才作品比较精致的欣赏力。一旦这些典范出现了,人们马上就会联合起来投赞成票。由于它那种天然有力的魅力,它会赢得人们的喜爱和赞美,即使最有偏见的人也不例外。任何一种激情和感受,其本原存在于任何一个人心中,只要正当地给予触发,它们就会在生活中发展起来,温暖人们的心胸,并且把这种快感传达出来。天才作品

---

① 沃勒(1606—1687),英国诗人,以诗句和谐流畅而著称。在内战中因参与王党阴谋而被放逐,共和时期他写了对克伦威尔的一首颂诗,复辟时期他又写了一首赞美查理二世的诗。——译者注

正是靠了它，才同由随随便便的机智和幻想凑合起来的虚假的美区别开来。如果我们这个观察对于一切文学艺术都是真实的话，它也必然完全适用于雄辩。由于雄辩只是为公众、为世人的，毋庸讳言，它不能指望人们有多高的判断能力，它必须顺从公众的裁决而不能有什么保留或限制。不过比较起来，如果有谁被一位普通读者看作最伟大的演说家，那么学识渊博的人所作的这类评价就应是更确实无误的。虽然一个并不出色的演说者可能在一个相当长的时间里受到热烈欢迎，得到民众的交口赞誉，说他有才华，找不出他有什么缺点，可是只要真正的天才出现了，就立刻会把人们的注意力吸引过来，明显地胜过他的对手。

用这条规则来评判，古代的雄辩，即崇高和激情的雄辩，比现代的或论证说理式的雄辩，是更富于正当的趣味的；如果正确地加以贯彻，将永远能博得人类更多的同情和崇敬。我们满足于我们的平庸，是因为我们没有体验到比它更好的东西，而古人对这两方面都体验到了；他们进行了比较，挑选出那种直到今天仍然受到我们称赞的典范。如果我没有弄错的话，我认为我们现代的雄辩在风格和类型上同古代批评家称之为阿提卡雄辩的一样，也就是说，是一种平静、优雅和精巧的东西，它讲授道理而不能唤起激情，除了论证和一般议论就没有别的音调。吕西阿斯[①]在雅典人中和加尔乌斯在罗马人中发表的雄辩作品，就属于这种类型。它们在当时都得到了相当高的评价，不过同狄摩西尼和西塞罗一比，就好像是正午阳光下的一支即将熄灭的蜡烛，显得黯然失色。后两位作家同前两位一样优雅、精巧、论证有力；不过他们受人称赞的地方主要还是伤感和崇高的感情与风格，他们在适当的场合把这些注

---

① 吕西阿斯（约公元前445—前380），希腊演说词写作家。——译者注

入他们的行文中去,并且依靠这种力量来左右读者的决定。

这种类型的雄辩,我们在英国几乎找不到任何实例,至少在我们的公众演说家里是如此。我想,我国作家中有些享有盛誉的实例,也许能使有志青年在试图复活古代雄辩方面增强信心,争取到和古人同样的光荣甚至超过古人。博林布鲁克子爵[①]的作品,连同其中论证与方法上的缺点以及不准确处,都有着一种力量,而我们的演说家却几乎从不注重这一点;但实际上很显然,这样一种昂扬的风格正是演说家胜过写文章的人的一种特权,并能使他更迅速地获得惊人的成功。此外,演说还有这样的特殊优点,就是演说者和听众之间有语言和情态上的各种反应的不断交流。在一个大规模的集会上,大家倾听一个人演讲,必能使他心中产生一种特殊的昂扬精神,使最有力的姿态表情充分得到表现而又合乎礼仪。确实,人们对事先准备好的演说往往怀有很大的戒心;如果一个人背诵稿子,像一个学童背诵课文那样,根本不考虑他所说的某些地方会引起什么疑问和争议,那他就免不了受人讥笑。但是,难道陷入这种可笑的困境是必然的吗?要作一个公众演说家,就必须事先弄清争论的问题。他可以把所有的论点、质难和回答组织在一起,他应当想到这些正是他演说里最本质的东西。如果发生了新的疑问,他还应该随机应变想到如何加以补充,使他精心推敲的稿子不致和当下的演说差距过于明显。人心总是自然地被相同的原动力或力量所推动,它有如一条船,一旦被摇起的桨橹驱动,就会在一段时间里沿着它的道路继续向前运动,即使那最初的推动已经暂时搁置下来。

---

① 博林布鲁克子爵(1678—1751),英国政治家和作家。博学多才,能文善辩,写过历史和哲学方面的著作。——译者注

现在我再谈一点意见，以便结束本文的讨论。我观察到尽管我们现代的演说家还没有提高他们的风格，还没有唤起一种与古人比高低的竞争心，不过，在他们多数的演说词里，有一个重要的缺点还是可以克服的，这也用不着改变那种限制着他们野心的论证和推理的气氛。即席的讲演有一种巨大的感染力，能使他们挣脱所有那些对说理似乎必要的程序和方法，虽说没有它们就几乎不能使人心得到完全的确信。这并不是说人们会喜欢在一篇公众演说词里有许多不连贯之处，除非所谈的主题对人们来说原是一目了然的；而只是说，摆脱这种形式化的东西就容易注意到另一种方法，这种方法能唤起听众的注意力，他们在看到论证很自然地从一个上升到另一个时，会感到十分愉快，也能在心中保持住这种论证的透彻说服力，那是比把最有力的论证胡乱堆在一起所能产生的效果要强得多的。

(杨　适　译)

怀疑派①

很久以来,我对于哲学家们在一切问题上所作的判断就持有怀疑态度,并且发现我自己同他们发生争论的意向要大于同意他们结论的意向。他们似乎没有例外地都容易犯一种错误:把他们的原理规定得过死,不能说明大自然在它的全部作用中所造成的那么多千变万化。如果一个哲学家一旦抓住了某个他喜爱的原理,而这个原理也许能说明许多自然现象,他就会把这个原理扩大到说明整个世界,把一切现象都归因于这个原理,虽然他这样做靠的是最勉强和荒唐的推论。我们的心灵自身是狭小偏窄的,我们无法使我们的概念扩展到能同自然的变化和范围相匹敌的地步,可是它会想象自然在自身的工作中受到的限制同我们在自己的思考中所受的限制一样。

如果在某种情形下发生过对哲学家的弱点的怀疑,这就是指他们在对人生的论述和如何获得幸福的方式上。他们在这方面陷入迷途,不仅是由于他们的理解力狭隘,而且也是由于他们在感情上的狭隘。几乎每个人都有某种占主导地位的倾向,支配着他的

---

① 这篇文章所讲的是休谟自己对生活、幸福和哲学的看法,对我们了解休谟的哲学观点有重要意义。——译者注

其他愿望和爱好；尽管在他的全部生活过程中会有某些中断，这个主导的倾向总在支配着他。要他领悟到他全然漠视的事物能够使人得到欢乐，完全在他的视野之外的东西具有迷人的魅力，这对他来说是困难的。在他看来，他自己的追求永远是最动人的，他的热情所指向的目标永远是最有价值的，他所遵循的道路永远是唯一能引导他走向幸福的。

但是如果这些有先入之见的推理者稍加反省，许多明显的事例和论点就足以打破他们的迷梦，使他们跳出他们那些公理和原理的狭隘局限。难道他们没有看见我们人类有极其繁多的偏好与追求，每个人似乎都对他自己的生活道路非常满意，认为他的邻人所受的局限是最大的不幸？难道他们自己没有感觉到有时快乐，由于欲求的改变，另一时候感到不快；没有感觉到他们尽了最大努力，也没有能力重新唤起先前给他们以诱惑力的趣味和欲望，来改变当前的冷漠或颓丧状态？因此他们应当想想，人们一般喜爱选择的那些社会生活，如城市和乡间的生活，行动的生活，寻求愉快和休息的那种生活，即社会生活，有些什么意义。固然，不同的人有不同的倾向偏好，可是每个人的经验也能使他确信上述这些生活方式都各有其可取之处，它们的多样性或者它们的适当交替混合就能使它们都令人愉快。

但要容许这样的事岂不全然是冒险？难道一个人在决定自己生活道路时可以不运用他的理性来告诉他，什么道路可取，最能确保他通往幸福，而只听任自己的脾性爱好？难道人们彼此的行为方法之间没有差别？

我的答复是，这里有极大的差别。一个人按照他的性格爱好选择他的生活道路，可以运用许多办法来确保自己比另一个由其性格爱好引入同样的生活道路、追求同样目标的人得到成功。你追求的主要目标是财富吗？那你就要专心你那一行以获得熟练技能；要勤勉地实际练习它；要扩大你的朋友和熟人的范围；要避免享乐和花销；决不要慷慨大方，而要想到你必须节俭才能得到更多的钱。你想得到公众的好评吗？你就要避免狂妄和过谦这两种极端，显出你是自尊的，但也没有轻视别人。如果你陷入这两种极端之一，那你就会由于你的傲慢而激起人们对你的傲慢态度，或者就会由于你胆小如鼠的谦卑和你似乎喜欢说些低声下气的意见，让别人看不起你。

你会说，这不过是些普通有关小心谨慎和遇事斟酌之类的老生常谈，每个父母都拿这些道理来谆谆告诫自己的孩子，每个头脑健全的人在他选定的生活道路上都是这样做的。可是，你还想得到的更多东西又是什么呢？你是否以为在普通的小心谨慎和思虑周详所能告诉你的东西以外，能从一位哲学家那里学到如同一位狡猾的人耍戏法变魔术那样变出来的东西呢？——是的，我们从一位哲学家那里受到的教导，主要是我们应该怎样选择我们的生活目的，而不是达到这些目的的手段；因为我们不知道选择什么志向能使我们满意，什么情感我们应当依从，什么嗜好我们应当迷恋。至于其他，我们信任普通的健全理智和世上为人处事的一般道理，把它作为我们的教训。

所以，我很遗憾我曾经自命为一个哲学家，因为我发现你们的种种问题是非常困惑人的。如果我的回答过于严肃认真，说些空话，一副学究气，或者如果回答得过于轻易随便，被误认为在宣扬罪恶和不道德，那我就处在一种危险的境地里了。不过无论如何，为了满足你们，我还是来谈谈我对这个问题的意见，希望你们把它只看作我本人的一点体会。这样你们就不至于认为它值得嘲笑或愤怒了。

如果我们能够依靠某种从哲学里学到的、在我看来可以视为确实无疑的原理,那么它本身就不是什么高贵的或卑鄙的、可欲的或可恨的、美或丑的原理,而只是从人类的感受和情感的特殊组织结构中产生的某些特性。对于一个动物显得最精美的食物,对于另一个动物来说好像是使它作呕的;使一个动物感到愉快的东西,在另一个身上产生的是不快。这种情况大众公认适用于所有肉体感觉。但是如果我们更精确地考察这个问题,就会发现上述观察也同样适用于和肉体同时发生作用的心灵,适用于同外在欲望相结合的内心感受。

你要一位热恋者告诉你他的情人怎样,他就会告诉你,他不能用言语形容她是多么迷人,还会很严肃地问你,你是否见过一位绝代佳人或天使?要是你回答说你从未见过,他就会说,他实在没有办法使你对他那迷人的情侣如此圣洁的美得到一个概念,她的形象那么完美,她的身段那么匀称,她的风度那么动人,她的性情那样甜蜜,她的脾气那样开朗。你从他所说的这一切里能知道什么呢?只能得到一个结论,那就是,这个可怜的人已经堕入情网了;大自然灌注到所有动物身上的那种两性间的一般情欲,在他的身上起着作用,决定了具有某些品质的一个特定对象能够给他快乐。这同一个上帝的创造物,在另一种动物或另一个人看来只不过是一个普通的生物而已,被极端冷漠地加以看待。

自然赋予一切动物以一种同样的特点,让它们都偏爱自己的后代。当娇嫩的幼儿刚刚睁开眼睛见到光亮时,虽然在其他动物眼中它不过是一个不足道的可怜的小东西,可是疼爱它的父母却以极端的柔情注视着它,喜爱它甚于任何别的事物,无论它们是多么完善。唯有出自人类自然本性的原始结构和形态的情感,能赋予最没有意义的对象以价值。

我们可以把这个观察再推进一步，得出如下结论：即使只有心灵在起作用，感受到厌恶或喜爱的感情，它也会断定某个对象是丑陋的、可厌的，另一对象是美丽的、可爱的；我要说，即使在这种场合，这些性质也不是真实存在于对象之中的东西，而只是完全属于那进行褒贬的心灵感受。我承认，要把这个命题向思想粗疏的人讲明白，讲得像能摸得着看得见那样，那是相当困难的；这是因为自然赋予人心的感受能力要比大多数肉体感觉能力更加一致些，它在内心中产生的摹写要比人类的外在表现更加接近。在精神的趣味方面，有某种东西接近于原理，评论家可以用理性作推论并讲出道理来进行争论，不像烹调的味和香料的气味那样说不清。我们可以观察到人类中的这种一致性，并没有妨碍他们在美感和价值评价方面有很大的差异；教育、习俗、偏见、任性和癖性，都常常改变着我们这种趣味。你决不能肯定一个不习惯听意大利音乐，不欣赏它那种错综缠结趣味的人，对苏格兰调子也不喜爱。你甚至除了你自己的趣味之外，没有一个简单的论点能说明你自己的爱好；与你爱好相反的人的特殊口味，使他仿佛总有一种更确信的相反论点。如果你们是些聪明人，你们每个人就应当承认别人的趣味也可以是正当的。许多趣味不同的事例会使你们承认，美和价值这二者都仅仅是相对的[①]，它们存在于一种使人感到满意的感受之中；一个特殊心灵里的一个对象，同这个心灵的特殊结构和组成相符合，就产生出这种感受。

在人类中可以观察到的这种感受上的多样性，自然好像是要使我们领悟到它的威力，让我们看到它仅仅靠改变人类情感欲望

[①] of a relative nature，意指它不是单方面的自然本性，而是两方面相互关系所形成的自然本性。——译者注

的内在结构而无须改变各种对象,就能产生这些情欲上的惊人变化。对一般人,用这个论点已经可以使他们确信了。不过那些惯于思考的人,还需要一种更普遍的关于主体本性的论证,才能确信这一点。

在推理活动中,心灵所做的不过是考察它的对象,这些对象被假定为实际地存在着,心灵并没有给对象附加什么或减少什么东西。如果我考察托勒密和哥白尼的天文学体系,我的努力只在通过我的探究认识星体的真实状况;换句话说,我把这二者各自主张的天体关系,在我的概念中看作是同一对象的关系,努力加以认识。所以,对于心的这种功能来说,似乎永远有一种实在的东西存在于事物的本性之中,尽管常常打上了某种未知的印记;它不会由于人类的不同理解变成或真或假的东西。虽然所有的人一直都认定太阳在运动而地球是静止的,但太阳并没有因为所有这些论证而从它所在的位置挪动一寸;这样的结论永远是虚假错误的。

但是,关于对象是美的还是丑的,叫人喜欢的还是让人讨厌的,这类问题的情况就同真或假的问题不同了。在这种场合,心灵不满足于单纯考察它的对象,把这些对象看作是物自身;它还在考察中感受到某种愉快或不快、赞许或谴责的感情;这种感受决定着心灵附加给对象以美的或丑的、可意欲的或可憎恶的性质。所以很显然,这种感受必定依赖于心的特别构造或结构,它能使这样一些特殊的对象形式在这样一些特殊的方式下起作用,从而产生出心和它的对象之间的某种共鸣或呼应。如果改变人心结构或内在官能,感受就不复存在,可是这些形式依然如故。感受不同于对象,它的活动是依据心的功能而产生的,后者的变动必然改变着感受效果;同一对象,如果对某个心灵表现为完全不同的东西,就不会产生同样的感受。

在感受可以明显地同对象区别开来的场合，无须多少哲学，每个人都很容易从自己的经验得出上述结论。权力、荣誉和报复，本身无所谓是什么值得追求的东西，它们的全部价值都根源于人类情欲的结构，从这种结构中人们产生出追求这些东西的意愿。这些道理谁不懂得呢？但是在涉及自然的或道德上的美时，通常就认为是另一回事了。人们以为使人满意的性质存在于对象之中，而不是存在于自己的感受之中。之所以如此，仅仅是因为立体的感受没有达到那种强烈的程度，不能以一种明显的方式把这种感受本身同关于对象的认知区别开来。

不过稍加思考就足以区别它们。人们能确切地知道哥白尼体系中所有的圆圈和椭圆形轨道，托勒密体系中所有不规则的螺旋线，却没有感知前者比后者要更美些。欧基里德充分说明了圆的各种性质，但是在任何命题里却没有一个字说到美。这道理很明白。美，并不是圆的一种性质。它不存在于和同一圆心保持等距离的圆周上的任何一段弧线之上。美只是这种曲线形状在人心中产生的作用，心的特殊组织结构容易对它产生这种感受。如果你想在圆里面找到美，或者想靠你的理智，靠数学推理，在圆形的全部属性里搜求到美，那是徒劳无功的。

数学家在阅读维吉尔作品时，他的愉快只在于检查埃涅阿斯航行的图线，他能完全理解这位伟大作家所使用的每个拉丁词的意义，从而对整个叙述得到一个清楚的概念。在获得一个清楚的概念上，他会比对于诗歌中的地理描述了解得不那么确切的人要强。他知道诗中的一切，但是却不知道它的美，因为美，实在说来并不存在于诗中，而是存在于读者的感受中或鉴赏力之中。如果一个人没有这样的雅兴使他获得这个感受，他就必定对美一无所知,虽说他有科学知识和天使般的理解力①。

整个论证在于说明,任何人所追求的对象的价值,或评价,我们可以用来确定他的喜爱所在的东西,并不存在于对象本身之中,而只存在于他追求这个对象的情欲之中,存在于他的追求所获得的成功之中。对象本身绝对没有什么价值或评价。它们之所以有价值只是由情欲而来。如果情欲强壮有力和稳定,能获得成功,这人就是幸福的。一个在舞蹈学校的舞会上穿新衣的小姑娘,她所得到的十分快乐的享受,同最伟大的演说家以自己光辉的雄辩赢得胜利,支配一个大集会上众多听众的热情和意见时那种感受不相上下,对于这一点没有什么理由加以怀疑。

因此,人们之间的全部差别,在涉及生活时,这种差别只在于情欲或得到的满足不同;这些差别足以产生种种巨大的幸福或不幸。

要得到幸福,情欲就既不能过于激烈,也不能过于平淡。在前一种情形下,心灵处于不停的忙碌骚乱之中;在后一种情况下,它陷入一种使人不快的懒洋洋和毫无生气的状态中。

要得到幸福,情欲必须是亲切宽厚和乐于交际的,不要粗野放肆。后一类情感不像前者所表现的那样使人感到愉快。谁把怨恨、记仇、敌对、恼怒看作是同友谊、仁厚、温暖、感恩差不多的呢?

---

① 要是我不怕显得哲学味十足,我愿提醒读者注意如下著名学说,它在今天已公认为得到了充分证明:"滋味、颜色和其他所有这类可感知的性质,并不存在于物体中,只存在于感觉中。"美与丑,善与恶也是如此。这个学说并不取消感受性质的实在性,只是否认它在物体中的实在性;所以文艺批评家和道德家们无须对此感到不快。虽然颜色被认为只存在于眼睛的视觉里,难道染工和画家就会不关心、不重视它吗?人类的理智和感觉有足够的一致性,使所有这些性质成为艺术和理智的对象,对生活和种种方式方法产生最大的影响。自然哲学的上述发现,确实并没有改变人们的行为举止,那么为什么与之类似的道德哲学发现就会造成什么改变呢?——原注

要得到幸福,情欲必须是兴致勃勃和快活的,不是阴郁和忧伤的。有希望的和欢乐的癖好是真正的财富;而一种使人畏惧和忧虑的癖好是真正的贫困。

有些情欲或爱好,在享用其对象给予它的愉快方面,不像其他的那样稳定持久,不能感受到持续的快乐和满足。例如哲学上的信念,类似诗人的奔放热情,是一种很不确定的东西,它要靠高度的精神活动或灵感,许多闲暇,良好的天赋,以及刻苦钻研和深思熟虑的习惯,才能得到;可是,尽管有这一切条件,我们得到的可能还只是像自然宗教这样一种抽象的不可捉摸的东西①,它不能长久地激励人心,或者说,它在生活中没有任何作用。为了使热情持续,我们必须寻求某些打动理智和想象的方法,必须对上帝作历史的和哲学的说明。从这种角度我们甚至能看出普通的宗教迷信和仪式有用处。

人们的脾气尽管极不相同,我们还是可以放心地断言,一般来说某种愉快的生活不能像从事一种事业那样长期保持下去,这会使人感到倒胃口和厌烦。最能持久的娱乐,其中混杂交替着各种热诚和小心,就像打牌和打猎那样。而一般说来,事业和行动在人的生活中填补了大量虚空。

但是,在性格爱好非常适合于某种享受的地方,时常缺乏对象;从这方面来看,那些追求外在对象的情欲,就不如在我们自身中能得到满足的欲求给予我们那么多的幸福;因为我们既不能确定得到这些对象,也不能保证占有它们。在得到幸福的问题上,求知欲比追求财富的欲望是更加可取的。

有些人具有心灵方面的巨大力量,他们即使在追求外部目标

---

① 休谟毕生反对自然宗教信仰,著有《自然宗教对话录》一书。——译者注

时,也不因一时失意就大为沮丧,能以最大的愉快重新唤起他们的热诚和勤勉。对于幸福有所贡献的莫过于心灵的这种驾驭能力。

按照这个简短和不完全的对人类生活的概略描述,最幸福的心灵气质是品德善良;或者换句话说,它能引导我们行动和工作,使我们在同别人交际时通情达理,在命运打击下有钢铁般的意志,使各种感情趋于适中,使我们对自己的种种想法心安理得,把社会的和交际的愉快看得高于感官的愉快。说到这里,最不细心的人也必定能明白,并非心灵的所有气质都同样有利于得到幸福,某种情欲或脾气也许是非常可爱的,而另一种也许是很让人讨厌的。的确,生活状况的全部区别依赖于心灵;任何一种事务,就它本身来说,都无所谓哪个更能使人幸福。好和坏,包括自然的和道德的,都完全是相对于人的感受和情感而言的。没有人会永远不幸,只要他能改变他的感情。像普罗透斯①那样的人,靠不断改变他的形状,就能避开一切打击。

但是这种以不变应万变的本性,我们在很大程度上丧失了。我们心灵的结构和组成不依赖我们所选择的对象,犹如我们的身体结构不依赖它所选择的对象。大多数人对于选择上的变化,能够使我们感到快乐,甚至没有些微的观念。正如一条小溪在它流动时必然要循着地形的某些特点那样,无知的和不假思索的人也受他们的自然倾向所驱使。这些倾向有效地驱除了哲学的所有僭妄主张,以及那些自吹自擂是心灵良药的说教。甚至有智慧和善于思索的人,自然也给他们以巨大的影响;一个人想靠极端人为的努力来矫正自己的气质,达到自己立志具有的善良品德,并不总是

---

① 普罗透斯,希腊神话里的海中老人,能占卜未来和随心所欲地变化,有些人把他看成是创造世界的一种原始物质的象征。——译者注

能办到的。哲学帝国的势力范围只涉及少数人,因此它的权力也是很微弱有限的。人们可以很好地理解美德的价值,也可以立志去达到它;可是要说他们能按照自己的愿望取得成功,却并非总是有把握的。

不管是谁考察人类的行为过程,只要不带偏见,就会发现他们几乎完全都是受其组织结构和倾向指导的,一般的准则作用很小,只能影响我们的趣味或感受。如果一个人对荣誉和美德有深切的了解,情欲适中,他的举止就总能合乎道德规矩;即使他违背了这些规矩,回头也很容易和迅速。反之,如果一个人生来就在心灵结构上别扭乖张,或生性冥顽不化、麻木不仁,对美德和人性无动于衷,对他人没有同情心,也不想得到人家的评价和赞扬,这样的人必定是完全不可救药的,哲学也没有任何治疗他的药方。他只满足于卑贱的色欲,沉溺在恶劣的情欲之中;他从不忏悔和抑制自己的罪恶倾向;他甚至没有意识到自己需要有一个较好的品质,也没有这个兴趣。对我来说,我就不知道怎么同这样一个人说话,用什么道理能改造他。要是我告诉他,人有一种内在的使人满意的东西,它来自可敬的、有人情的行为,来自无私的爱与友谊这种微妙精致的快感,来自终于享有美名和确定的声望,他还是会这样回答我:也许那些容易被它们打动的人以为这些是快乐的事,但是我发现自己在性格和脾气上与他们非常不同。我必须重复这一点,我的哲学对此提不出任何救治的办法,只能对这人的不幸状况摇头叹息。不过我要问:是否别的哲学能提供一种救治办法,或者说,用某种学说使所有的人善良,不管他们的心灵自然结构怎么乖僻,像这样的事情是否可能?经验立刻使我们确信这是不行的;而我要冒昧地断言,哲学能给人的主要好处是以间接的方式产生出来的,来自它那种隐秘的、难以觉察的影响,而不是直接的运用。

确实,认真留意于科学和文艺,能使心性变软和富于人情,使良好情感欢乐,而真正的美德和尊严就在其中了。一个有鉴赏力和学识的人连个正派人也算不上,这种情况是很少的,尽管他会有种种毛病。由于他的心灵致力于思考学问,必定能克制自己的利欲和野心,同时必定能使他相当敏锐地意识到生活中的各种礼节和责任。他对品格和作风上的道德差别有比较充分的识别力;他在这方面的良知不会削弱,相反会由于思考而大为增进。

除了这些气质性格上的潜移默化,上述研究和运用还可能产生其他作用。教育的丰硕成果能使我们确信,人心并不全是冥顽不可雕的,可以探根求源进行许多改造。只要让一个人给自己树立一个他所赞美的品格榜样,让他好好熟悉这个榜样的具体特点以便塑造自己,让他不断努力地警惕自己,避开邪恶一心向善,我不怀疑,经过一段时间,他就会发现他的品格有了一个较好的变化。

习惯是另一种改造人心的有力手段,能使心灵植入好的气质和倾向。一个不断地谨严和稳重从事的人,会讨厌嘈杂与混乱;如果他致力于事业或学习,闲着无事对他来说像受罚;如果他严格要求自己做到对人仁爱与和蔼,对一切骄傲与粗暴的行为他马上就会感到憎恶。如果一个人完全确信有美德的人生是可取的,如果他必须在有些时候勉强自己,下个决心就足以办到,他的改进就不会使人失望。不幸的是,假如一个人事先没有相当的品德,这种确信和决心就绝不会产生。

在这里,就要谈到艺术和哲学的主要成就之所在了。它神不知鬼不觉地加工改造了人的气质,用一种持久的、使心灵倾倒的办法,用习惯的一再重复,指点我们应当努力求得的品性。除此以外我不能承认它有多大作用。我必须对思辨的说理者们讲得那么含糊其辞的所有那些劝诫和安慰人的说教,抱怀疑态度。

上面已经说过,没有什么对象本身是可欲的或可厌的,可贵的或可鄙的。对象之所以获得这些性质,是观察它们的心灵的特殊性格与组织给予它们的。所以,对于减少或增添任何人给对象的评价,激发或平息他的情欲来说,没有什么直接的论证或道理能用来发挥力量或起到作用。多米提安①以捕捉飞鸟为乐,如果要得到更大乐趣,那不如像威廉·罗菲斯去捕捉野兽,或者像亚历山大那样去征服许多王国。

但是,尽管任何对象的价值只由每个人的感受或情欲来决定,我们可以观察到,情欲在作出自己的评判时考虑的不单是对象本身,还要看到伴随着它的一切条件。一个因占有一粒钻石而狂喜的人,并没有因此限制自己的目光,看不到面前一块灿烂的宝石。他也认为这是个稀罕东西,由此直接产生出快感和欣喜。所以,哲学家在这里可以参加进来,提醒我们注意某些特殊见解、思考和条件,以免我们看不到它们,用这种方法他也能缓和或唤起某种特别的热情。

在这方面,绝对地否认哲学的权威似乎是不合理的;不过必须承认这里也有一个有力的假设与之对立,即如果这些见解是自然的、明显的,它就无须哲学的帮助也能自己得到;如果这些见解不是合乎自然的,哲学也无法对这些感受起作用。这些感受有一种非常精微的性质,不能靠极端人为的方式或努力来强加于它们或限制它们。我们有意追求的、很艰难地从事的、如不小心谨慎就不能保持的某种考虑,决不能产生天才和热情的持久运动,因为它们是自然的、人心组织结构的产物。一个人可以装出一副很好地治

---

① 多米提安(51—96),罗马皇帝。——译者注

愈了失恋痛苦的样子，因为他借助于显微镜或望远镜这种人工手段，看到他的情人皮肤粗糙，或者模样巨大可怕不成比例。塞涅卡或埃比克泰德①希望用人为的论证来唤起或平息人的情欲，也是这样的。可是在这两种场合，对于对象天然的模样和情景的怀念，仍然翻来覆去地出现在他心头。哲学思考太精巧、太迂阔了，因而不能在日常生活中发生作用，也不能根除任何感情。在大气层的风和云之上，空气太精微了，也就无法呼吸。

哲学所能提供我们的那些精致的思考还有另一个缺点，就是它们不能在减少或消灭我们恶劣情欲的同时不减少或消灭善良的情欲，从而使心灵陷入完全无动于衷、毫无生气的状态。它们大多是些一般性的、适用于我们所有情欲的理论。如果我们指望它们的影响只朝一方面起作用，那是徒劳的。如果由于不停地钻研和沉思默想使我们对它心领神会，化为自己的东西，它就会无处不在地起作用，在心灵中散播一种普遍的冷漠情绪。当我们摧毁了神经的时候，我们在身体里就消灭了痛苦，但同时也就消灭了快感。

只要睁开眼睛看一看，就容易发现，古今大受赞许的哲学思考，大多数都有这样那样的缺陷。哲学家说："不要让人们的伤害或暴力搅得你心绪不宁，那是因为你对此感到愤怒和憎恨的缘故。难道你会对一只猴子的恶意或对一只老虎的凶猛感到愤怒吗？"②这个思想会引导我们对人类本性产生一种不好的看法，而且必然要消灭社会交往的热情。它还阻止人对自己的罪过进行任何忏悔，因为他会想，恶对人类来说是合乎自然的，正如残暴的野兽有那种特殊本能一样。

---

① 这是两位古罗马时代斯多噶派哲学家。——译者注
② 见 Plutarch, De Cohibenda Ira.——译者注

"所有的弊病都来自绝对完美的宇宙秩序。你想为了你自己的特殊利益侵犯如此神圣的秩序吗？"我从恶意或压迫所受到的伤害又算得了什么呢？"在宇宙秩序里，人们的罪恶和不完善都是可以理解的"。

如果瘟疫和地震不是天意，为何会出一个博尔吉亚[①]或一个喀提林[②]？让我们同意这种说法，而我们自己的恶也是同一秩序的一个部分。

有人说，谁如果不超脱舆论的约束就不幸福。对此，一个斯巴达人回答道："那么除了恶棍和强盗以外就没有幸福的人了。"[③]

"人是否生来就可悲，而在遇到某个不幸时会感到吃惊？是否由于某种灾祸就不禁会悲伤哀恸？"——是的，他非常有理由悲叹他生来就是可悲的。可是你却用上百种拙劣办法去安慰一个人，还自以为能使他宽解。

"你应当永远看到你眼前有死亡、灾难、贫困、愚昧、放逐、中伤和丑行，这些都如同生病一样是人类天性里容易发生的事情。如果这些灾难中的任何一个降到你头上，你在估量它之后最好是加以忍受。"——对此，我的答复是，如果我们对人生的灾难只局限在一种很一般的和冷漠疏远的思考上，它对于我们准备应付这些灾难是没有什么效果的。如果我们关起门来努力沉思默想，使自己沉迷于这些思考，它就是毒害我们全部欢乐的真正毒剂，使我们永远陷入可悲的境地。

---

① 博尔吉亚(1475—1507)，教皇亚历山大六世的私生子，善于利用阴谋和暗杀达到自己的目的。马基雅弗利在《君主论》中鼓吹欲达目的可以不择手段，就以他为新时代君主师表。博尔吉亚因此著名。——译者注
② Poper, Essays on Man, I, 155—156.——译者注
③ Plutarch, Lacaenarum Apophegmate.——译者注

"你的悲伤是没有结果的,不能改变命中注定的事情。"——说得很对,而我对这种议论又感到遗憾。

西塞罗安慰人耳聋的话有点稀奇古怪。他说,"你不懂得的语言有多少?迦太基语、西班牙语、高卢语、埃及语,等等。听到这些语言你都像聋子一样,可是你并不在乎这种事情,那你对一种语言听不见又算什么很大的不幸呢?"①

我倒比较喜欢昔勒尼派人物安提帕特的巧妙回答。他眼瞎了,有几位妇女来安慰他,他说:"什么!你们以为在黑暗中就没有欢乐了吗?"②

丰特奈尔③说:"什么都比不上真正的天文学体系更能摧毁野心和征服的欲望。同浩瀚无际的大自然相比,就连整个地球也不过是个渺小可怜的东西!"④这种玄想显然离现实太远,没有多大作用;而且,要是它有什么作用,岂不是在摧毁野心的同时也摧毁了人们的爱国心了吗?这位会向女人献殷勤的作家又补充说,女人的明媚的目光,是唯一不会由于天文学那种最宏伟的见解而失去它的光彩和价值的东西,它能经受住任何学说的检验。难道哲学家们指教我们的,就是让我们的感情局限于这类东西?

普鲁塔克对一个放逐中的朋友说:"流放不是坏事。数学家告诉我们,整个地球同天宇相比不过是一个点而已。那么从一个国家到另一国家,也不过是从一条街搬家到另一条街罢了。人不是

---

① Cicero, Tusculam Disputations V. 40.——译者注
② Cicero, Tusculam Disputations V. 83.——译者注
③ 丰特奈尔(1657—1757),法国科学家,作家。——译者注
④ Fontenelle, Entretiens Sur La Pluralité des Mondes.——译者注

扎根在一块确定的土地上的植物,所有的土壤和气候都一样适合于他。"①这些论点要是只在流亡异国的人们里面说说,固然很可嘉许,但如果从事公共事务的人也把这种说法正经当作知识,毁掉他们对自己祖国的依恋之情,那会有什么后果呢?或者,它的作用就像骗人的假药那样,对治疗尿崩和水肿病都同样的好?

确实,假如有一种超级存在物进入人体,就能使他觉得全部生活都十分渺小,幼稚可笑,不值一提,那时劝他做任何事情就都没有用了,他也不会注意周围发生的一切。如果要他屈尊去扮演一位热情快活的腓力的角色,那会比约束真正的腓力还困难;那位真正的腓力在当上国王和征服者五十年之后,还得留心和注意修补旧鞋,这是疏善在作品中描写他在阴间所做的事情。现在我们看到,所有那些轻蔑人间事务的说法,都能在这个被假设出来的存在物身上起作用,这种情形在哲学家身上也发生了;不过由于它们是人的能力在某种程度上失调造成的得不到什么较好的经验来证实加强,也就不能充分对他起作用。他知道,或者不如说他感觉到,这些说法的真理性是不能令人满意的;他永远只是在他不需要什么的时候,就是说,只有在没有什么来困扰他或唤起他的欲望情感时,才是高超的哲学家。一旦这些情欲发生作用,其敏锐和热烈也会使他惊奇;不过他不会马上承认这对他是什么至关紧要的事情,而通常是把这些情欲转换成他不那么加以谴责的东西,以便他继续保持一个旁观者的身份。

在哲学书里可以看到主要有两种思考能起重大作用,因为这些思考来自日常生活,在有关人类事务的多数肤浅见解里也能看到它们。如果我们想到人生短促,世事沉浮不定,那我们对幸福的

---

① Plutarch, De Exilio 600—601.——译者注

一切追求显得多么可鄙乏味啊!纵然我们的心思能超出今生今世,如果我们想到人间事务在不停地变化改革,使法律和学术、书籍与政府都在时间里匆匆流逝,有如处在激流之中那样,并且终于消失在汪洋大海般的事件之中,那么我们种种最宏大的计划和最丰富的设想还有什么意义!这样的一种思考确实有助于抑制我们的一切情欲,可是自然乐于欺骗我们,使我们以为人生是有某种重要意义的;靠上述思考就能同自然的这种巧计相对抗吗?这样一种思考岂不是也可以被好色之徒成功地用来讲歪理,使人们脱离事业和美德的道路,步入怠惰和享乐的花街柳巷吗?

我们从修昔底德的著作中知道,在雅典发生大瘟疫期间,死亡似乎要降临到所有人身上,这个时候放肆地寻欢作乐就在人们中普遍流行,他们彼此劝说能活一天就要使生活过得尽量快活。① 薄伽丘②在佛罗伦萨发生瘟疫时也观察到了同样的情景。③ 一种类似的原则使士兵们在战争期间比任何其他人都要更加放荡无度。当下的欢乐永远是有价值的;任何贬损它的意义的做法,只能给它增添影响力,使它更加受人重视。

第二种哲学思考能时时对感受发生影响,它是由把别人的处境拿来同我们相比较而引起的。这种比较,即使在日常生活中也是随时在进行的;不过不幸的是,我们总爱同处境比我们强的人对比,而不是同处境不如我们的人对比。哲学家矫正这种自然产生的毛病,是把自己的比较转向另一方面,使自己对命中注定的处境感到容易忍受些。有少数人不怀疑这种思考能给人带来某种安

---

① 见修昔底德《伯罗奔尼撒战争史》第2卷39。——译者注
② 薄伽丘(1313—1375),意大利文艺复兴时期重要作家,人文主义先驱,著有《十日谈》。——译者注
③ 见 Baccaccio, Decameron, "Prefacetoethe Ladies."——译者注

慰；虽说对一位脾气非常好的人来说，看到人的悲惨境遇心中产生的与其说是宽慰还不如说是悲哀，并且他对自己不幸的悲叹，使他对别人的不幸深感同情。这样的思考是不完善的，尽管它是哲学能安慰人的说法中最好的一种①。

---

① 怀疑论者把所有的哲学问题和思考限定为上述两种，也许是把话说得过分了。似乎还有些别的哲学思考，其真理性是不能否认的，其天然倾向是使一切情欲平静和缓和下来。哲学贪婪地抓住这些东西，研究它们，加以强调，把它们收藏在记忆里，使心灵熟悉亲近它们；它们对气质的影响是富于思想性的、文雅的、适中的，值得考虑重视。不过你会说，如果人的气质是事先就安排定的，那么自命为能形成这种气质的那些做法还有什么作用呢？我想它们至少能加强这种气质，用一些它所乐意接受和能培养它的观点把它装备起来。下面就是这类哲学思考的少数例子：

1. 难道一切生活情境不都是确实隐伏着缺陷吗？那么为什么要羡慕别人？
2. 每个人都知道缺陷，同时完全能够补偿，为什么不满意于现状？
3. 习惯能减轻好和坏两方面的感受，使一切事情习以为常。
4. 健康与幽默感就是一切。除非这些受到影响，别的都没有关系。
5. 我还有多少其他的好事啊！那我为什么只对一种不幸烦恼呢？

许多人处境同我一样，为什么他们很快乐而我要抱怨呢？还有多少人在羡慕我呢？

7. 每件好事都是要付出代价的：要财富就得辛劳，要受宠就得奉承。我能不花钱买到东西吗？
8. 生活里没有那么多幸福，人类本性就不容许。
9. 不要谋划太麻烦的好事，它依赖于我自己吗？是的，最初选择是我作的。生活像一场游戏，我们可以选择游戏；情欲在一定程度上可以抓住它的适当对象。
10. 如果预期将来不可避免地会遇到什么痛苦的事，就用你的希望和幻想来安慰自己。
11. 我想发财，为了什么？为了我可以占有许多好东西，房屋、花园、马车、仆从等。自然毫不吝惜地向每个人提供了许多好东西，如果好好享用，已经足够了；如果不会享用，再有钱也是枉然。看看它对习俗和人们脾气的影响，就能立刻去掉对财富的兴趣。
12. 我要名声。如果我行为好，我会得到所有熟悉我的人们的称赞，其他人的赞誉对我有什么意义？

这些想法非常显而易见，所以奇怪的是并非每个人都这样想；是那么让人确信，所以奇怪的是它们不能说服所有的人。不过，也许它们能使大多数人这样想，能劝说大多数人，只要他们对人生作一般的冷静的观察思考。可是当一个真实的感人的事件发生时，情欲被唤醒了，幻想激动了，事例抓住了人心，别人鼓动着我们，这时人们就忘记了哲学家的话，以前似乎是稳固而不可动摇的那些（转下页）

现在我用下述考察来给这个主题的讨论作出结论,这就是:虽然美德——只要能达到——无疑是最好的选择,人事仍然是没有规则的和混乱的,对于今生所能期待的幸福和不幸,永远不会有完善的或有规则的安排。我认为,不仅财产的富裕,身体的素质(这两者都很重要)这些利益在好人与恶人之间分配得不平等,而且甚至心灵本身在某种程度上也是如此;品德最可贵的人恰恰由于他感情的组成结构而并不总能享受到最高的幸福。

我们可以观察到每种肉体上的痛苦都来自身体某个部位或官能的某种毛病,不过这痛苦同这毛病并不总是成正比的,它会或大或小,这要看体液中的有害物发挥作用的那个部位在感受能力上的大小程度而定。牙疼产生的强烈剧痛比肺结核或浮肿病的痛苦要厉害。同样,我们也可以观察到,对心灵这个有机体而言,虽然一切丑恶都确实有害,可是烦恼、痛苦同丑恶的程度本来也不相等;有最高美德的人,即使抛开外部偶然事件来说,也不是永远最幸福。郁郁寡欢的性格,对我们的情感来说确实是个缺陷和不足,但它常常伴随着高度的荣誉感和正直诚实,在很高尚的人品中就时常能见到它;虽说光是它足以使生活加重痛苦,使人受到影响而十分可悲。反之,一个自私的坏蛋可以具有活跃快乐的性格和某种欢快的心情,这的确是一个好品质,可是在这点好处之外他受

(接上页)说教,对他来说就显得空洞无物了。对这些麻烦事有什么救治办法呢?经常熟读那些受欢迎的道德家的作品来帮助自己,求教于普鲁塔克的学识、疏善的想象、西塞罗的雄辩、塞涅卡的机智、蒙田的快活、沙夫茨伯利的高尚。道德的训诫包含着深深的感触,能使心灵在情欲的妄念面前坚定。不过,单从外在的帮助而言,它们并非全可信赖,因为养成习惯和学习它们需要哲学的气质来给予思考的力量,因为它们的作用在于使你幸福的一大部分独立不依,使心灵从一切混乱的情欲中摆脱出来获得宁静。不要轻视这些帮助,也不要过分信赖它们,只有在自然赋予你的气质中自然喜爱的东西,才是可信赖的。——原注

到了多大的惩罚啊,即使他交了好运,他的那些罪过也会使他悔恨和不得安逸。

为了说明这点,我还可以补充一个看法。如果一个人容易有某种毛病或缺点,常常与之相应就有某种优点,这种优点会使他比全是缺点要更加可悲。一身都是毛病的人容易因为受困而惊醒,可是如果他有慷慨大度和友善的性格,能活跃地关照他人,使他能得到很多幸运和奇遇,这样他就更加不幸。羞恶之心,在一个有毛病的人身上确实是一种美德,可是它产生的是巨大的不快和悔恨,但也正因为如此,坏人才能完全摆脱罪恶而从善。一副多情的面孔却没有友善的心肠,这样的人在无节制的恋爱里比豪放性格的人更幸运,但这个人因此就丧失了他自己,完全成为自己情欲的奴隶。

总而言之,人的生活主要是靠运气而不是靠理性来支配的;它比较像一场黯淡的游戏而不大像一种严肃的事业;它较多受具体的性格、癖好影响而较少受一般原则的制约。我们应该带着热情和忧虑来投入生活吗?考虑得那么多是不值得的。我们应该冷漠地对待一切事情吗?那我们就会由于冷淡和漠不关心失去这场游戏的一切快乐。在我们对生活进行说明论证的时候,生活正在逝去;而死亡,虽然人们接受它时或许有所不同,毕竟愚者和哲人都同样是要死的。把生活归结为确实的法则和方法,通常都是费力和没有结果的工作。这岂不也是一种证据,表明我们过高估计了我们所讨论的问题?甚至用理性十分仔细地关注它,确切地规定它的正确观念,也是过高地看待了这个问题;如果不这样做,而是关注某些性格爱好,这种研究就会是最有趣味的一种工作,它在生活中可能会有用处。

(杨 适 译)

谈谈悲剧

　　一部写得很好的悲剧，能使观众从悲哀、恐惧、焦急等他们本来会感到不快和难以忍受的情感中得到快感，这似乎是一件很难给予解释的事情。他们受到触动和感染越大，就越喜欢这个戏；一旦那使人忧伤不快的情感停止活动，这出戏就演完了。如果能有一个充满欢乐、使人感到满意和放心的场景，那就是这类作品所能企望的顶点了，而这确实只能出现在最后一幕。在剧的进程里，如果还穿插一些使人宽慰的情景，那也只是些欢快的模糊闪现，接着就被事情的演变抛到九霄云外，或者它只不过是为了衬托对立和挫折，以便把剧中主人公投入更深的苦难之中。诗人的艺术，就在于唤起、激发他的读者心中的同情和义愤，悬念和遗恨。这些心情使他们备受苦恼的折磨，而他们从剧中所得到的快感恰同这种折磨成正比；要是他们不曾用眼泪、悲叹和哭泣来发泄他们的伤感，使充溢心中的最幽柔的感动和同情得到宽解，他们就决不会感到满意和愉快。

　　有少数具有哲学素养的评论家，曾经注意到这样一种独特的现象，并致力于对它加以说明。

　　修道院长杜博①在他的关于诗画的思考中认为：一般说来，对

---

　　① 杜博（1670—1742），法国外交家、考古学家、历史学家。——译者注

于心灵最有害的,莫过于老是处在那种懒洋洋的毫无生气的状态里了,它会毁掉一切热情和事业。为了从这种使人厌倦的状态中摆脱出来,人们就到处寻找能引起他兴趣和值得追求的东西,如各种事务、游戏、装饰、成就,等等,只要这些能唤起他的热情,能转移他的注意力。不论引起的激情是些什么,即使它是使人不快的,苦恼的,悲伤的,混乱的也罢,总比枯燥乏味有气无力的状态要好,而这种状态正来自所谓完满的平稳和宁静。

应当承认这个解释是有道理的,至少对说明问题有部分的道理。人们可以观察到,在几张牌桌上,正在打牌的人都在聚精会神地参加竞赛,即使里面找不到一个打得很好的人。高级情感的见解或想象,来自巨大的失与得,它能引起观众的共鸣,使他分享同样的感情,给他以一时的宽娱。当它完全吸引住观众的思虑时,就使他们能安逸地消磨时光,减轻他们在日常劳动中所负担的沉重压力。

我们可以发现,一般爱说谎话的人总是喜欢夸张,不论他说的是种种危险、痛苦、不幸、疾病、死亡、杀人和残酷勾当,还是说到享乐、美好、欢快和宏伟壮丽的场面,都是如此。一个荒唐可笑的秘密,就在于他总是想使他的伙伴们高兴,吸引他们的注意,刺激他们的情感和情绪,把他们带进这类令人惊叹的情景中去。

不过这个说法虽然看起来很有道理,仍不能充分解答我们要讨论的问题,运用起来也还有困难。要是悲剧中类似让人烦恼悲叹的对象实际出现在我们面前,使我们感受到真实的苦恼,那就能解释为什么悲剧能引起人们的兴味了;这样它也就能成为治疗怠惰无聊的最好药方。丰特奈尔先生似乎觉察到了这个困难,便试图对这个现象作出另一种解释,至少可说是对上述解释提出了某些补充。

他写道:"快乐和痛苦,就其本身而言,是两种全然不同的感情,但是就它们产生的原因而言,差别就不那么大。拿开玩笑为例:原是逗乐开心的,可如果稍微过头了一点,就会惹人恼怒不快;而讽刺挖苦原是刺痛人的,要是说得温和幽默些,也能让人喜欢,破涕为笑。所以就出现了这种情形:有一种温和的使人适意的忧伤,它是痛苦,不过是减弱了的、缓和了的。悲伤忧郁之情,甚至灾难和愁苦,只要它们被某些条件变得柔和起来,就合于上述情形。确实,剧场舞台上的演出有接近真实的效果,但它仍然与真人真事的后果不尽相同。在观剧时不管我们如何深深陷入剧情之中,也不管我们的理智和想象如何受它们的支配而暂时忘记了一切,但是在我们心理活动的底层仍然潜存着一个确实无误的观念,这就是:我们所看到的一切全属虚构。这个观点虽然微弱隐蔽,却足以减轻我们在看到所爱的剧中人不幸遭遇时产生的痛苦心情,把这种忧伤苦恼调节到某种程度使之成为一种愉快的欣赏。我们为英雄的不幸洒下同情之泪,同时由于我们想到这终究不是事实而只是虚构,就得到了宽慰;正是这些感情的掺和,构成了一种适度的忧愁和使我们喜欢的痛苦的眼泪。如果剧中的实际情景、人物所引起的我们的忧伤,压倒了我们理应由于知道它是虚构而产生的宽慰,这种效果就说明作品是成功的,并标志出它的优秀。"①

这种解释看来是正确可信的,不过我想也许还要再作某些补充,才能充分说明我们所要考察的现象。雄辩所激发的一切感情,是最能使人们欣然接受的,这同绘画和演剧中的情况一样。西塞罗的收场诗,从这一角度看,是每个有鉴赏力的读者喜爱的,阅读

---

① 见 Fontenelle, Réflections rus la Poetique 1 § 36.——译者注

他的作品很自然地会使人产生深深的共鸣和忧伤之情。无疑,他作为一位雄辩家的卓越之处,常常是由于在这一方面做得很成功。当他为自己的雄辩力量而感动流泪,并引起读者的同情之泪时,读者们便处于高度愉快兴奋的状态中,并对作者的雄辩深感满意。关于维芮屠杀西西里船长场面的悲惨描写①,就是这类雄辩的一段杰作,不过我相信没有人会认为置身于这种悲惨情景里能得到什么娱乐。在这里,我们的悲伤是不能由于想到情况属于虚构而宽解的,因为读者都确信这里所讲的一切情况全是实实在在的事实。那么,在这种场合,使我们从不快里得到愉快的东西究竟是什么呢?也就是说,那种一直保持着灾难和悲惨的全部特征和现实标志的愉快感情,究竟是靠什么引起的呢?

我的答复如下:这种特殊效果就来自表现悲惨情景的雄辩本身。天才,就在于能用生动的手法描写对象;艺术,就表现为能集中各种使人感动的情景;判断力,就展现在安排处理这些对象和情景的方式之中。运用这些可贵的能力,还有语言文字的力量,各种修辞上的美,就能综合地在读者心中产生最高的满足感,唤起他们最惬意的思绪活动。在这里,我们可以发现,悲伤感情的不快,并不只是被某种更有力的相反东西压倒了、减弱了,而是这整个的感情冲动都转变成为快感,在我们心中洋溢着雄辩所引起的喜悦。这样的雄辩力量,如果用来讲些没有意思的主题,那就不会使人得到什么快感,甚至会使人感到无聊可笑;人心也不能受到什么激动,仍然完全静止不动地处于冷漠之中,欣赏不到任何想象力的或言辞的美,而这种想象和修辞的美如果有真情的话,是能给情感以精致优美的享受的。伤感、同情、义愤的冲动和热情,在优美的情

---

① 见西塞罗《反威勒斯的第二篇演说》V.118—138。——译者注

感引导下，就能向新的方向发展。这种优美的情感是一种更优越的力量，它能抓住我们的全部身心，使那些单纯的热情和冲动转化为高级的感情，至少也能使它们热烈地受到感染，从而改变它们原来的性质。被情感所激动、被雄辩所陶醉的心灵，会感到自己整个地处在一股有力的运动之流中，同时也就感受到了这整个的喜悦之情。

这个道理同样适合于悲剧，我们要附带加上的一点说明就是：悲剧是对现实的一种模仿，而模仿就它本身来说总是人们容易接受的。这个特点使悲剧引起的感情活动更容易平和下来，更有助于使全部感情转变为一种协调有力的精神享受。描绘最可怖的事物和灾祸能使人愉快，其效果常常胜于描绘那些最美好的对象，如果后者显得平淡的话。心中被唤起的伤感，会激起许多精神上的活动与热情，由于这种强有力的运动的推动，这些热情就全都变换成为快感。因此，悲剧的虚构之所以能使感情柔和优美，不仅仅是由于使我们的悲伤减弱或消除的结果，而是由于注入了一种新的感觉。对于一种实在的悲惨事件，你的伤感也会逐步缓和下来，直到它完全消失；但是在这种逐步消退的过程里，绝没有什么快感可言，除非一个人完全麻木不仁，或许偶然也会从这种麻醉状态里得到一种快乐或宽慰。

如果我们能根据这个解释，举出别的种种事例，说明较低的情感活动能变成高级的，并且尽管后者与前者不同甚至有时相反，也能给前者以一种推动力量，那就足以证实我们的这种解释。

小说能很自然地引起心灵的注意，唤起心灵的活动，它所唤起的这种活动总是能转变为对于小说中人物情景的某种感情，并且赋予这种感情以力量。一个新的不平常的情节，无论它激起的是欣喜还是悲叹，骄傲还是耻辱，愤怒还是善良的意愿，都能产生一种有力的感染作用。小说加深了我们对痛苦的感受,这同它加深了愉快的感受一样,虽然如此,小说本身总是使人愉快的。

如果你对人讲述一件事情,想引起他的极大兴致,那你能增强讲述效果的最好方法,就是千万别匆匆忙忙把事情的经过都告诉他,而要巧妙地推迟这个过程,先引起他的好奇心,使他迫不及待地想从你嘴里获得这个秘密。在莎士比亚剧的一幕脍炙人口的场面里,雅戈把这种手段表现得十分出色;每个观众都感受到,奥赛罗急于知道雅戈要说的内容,他的嫉妒就添上了新的刺激力,而比较一般的情感在这里很快就转变为一种突出的情感。

疑难能增强各种各样的热情,它能唤起我们的注意力,激发我们的主动力量,从而产生出某种能滋养占主导地位的情感的情绪。

做父母的,通常最疼爱的是体弱多病的孩子,因为抚养这样的孩子常常要付出极大的辛劳,要为他焦急愁苦。这样一种亲切的感情是从不快的感受中获得力量的。

对朋友的思念之情,莫过于对他逝世的哀思。同他为伴时的喜悦之情不会有那样强烈。

嫉妒是一种叫人痛苦的感情,可是如果一个人毫无这种感情,爱情的温柔亲密就不能保持它的全部力量和热烈。心爱的人儿不在身边,使恋人们时时思念悲叹,使他们感到莫大的痛苦,可是没有什么比短暂的离别更有益于加深相互的情意了。如果长期的别离已被看作是他们无力改变的悲苦命运,那只是因为时光的流逝已经使他们习惯了这种分离,而他们也就不再那样痛苦了。意大利人把爱情里的嫉妒和离别之苦组成为一个复合词:dolce pec-cante(甜蜜的难受),他们认为这是一切快感的本质特征。

老普林尼曾经认真观察过的一种现象,颇能说明这个道理。他说:"有件事是非常值得我们注意的:著名艺术家最后的未完成的作品,总是被人们给予最高的评价。诸如阿里斯梯底的伊里斯、尼各马可的丁达里蒂,提谟马库斯的美狄亚,阿佩莱斯的维纳斯。这些艺术珍品的价值甚至超过了他们完成了的作品。那残缺的轮廓,作者正在形成而又尚未形成的意念,都是人们仔细研究的对象;我们对因作者之死而停下来的精巧的手尤为悲叹,从而更加强了我们对作品的美的欣赏。"

上述种种事例(还可以搜集到更多的事例)足以使我们认识各种现象中类似的性质,并向我们指明,诗人、雄辩家和音乐家靠激发我们的悲伤、烦恼、义愤、同情等感情的方法,给予我们快感;并不像我们初想时那么令人诧异。想象力、表现力、修辞的和摹写再现的魅力,所有这些艺术能力就其本身而言,都很自然地能使心灵感到愉快。如果这些能力所表现的对象抓住了某些感情,那么由于它能把这些较低的感情活动转变和提升为优秀高级的东西,就能长久地给我们以快感。情感,当它被一个真实对象的单纯现象唤起时,它可能是痛苦的,这是很自然的;但是如果是由优美的艺术所唤起的,它就变得流畅、柔和、平静了,就能使人得到最高的享受。

为了证实这个说法,我们还可以观察到,要是想象力的活动没有支配那些情感,就会出现相反的效果;前者会从属后者,转化为后者,增添我们所感受到的痛苦和折磨。

谁会认为,对于死了心爱的孩子而悲恸欲绝的父母,用雄辩术的全部力量去夸张这不可挽回的损失,会是安慰他们的一剂良药呢?你的这种想象和表达能力越强,你就越增添了他们的绝望和苦痛。

威勒斯的可耻、胡作非为和恐怖,无疑在相应程度上唤起了西塞罗高贵的雄辩和热情,同样也在相应程度上引起了他的愤怒和不快。那来自雄辩的美的高尚感情,所引起的快感是非常强烈的,能引导读者按照同样的法则在对比的方式下转化感情,使他们同作者产生共鸣、同情和义愤。

克拉林顿①在王党的大灾难即将来临的时候,想到他的历史叙述会遇到极大的风险和麻烦,写到国王之死时便一笔带过,而不谈当时的任何具体情况。他认为若是把这一情景写得太可怕,而又不能写出极端的痛苦和反感来,那是绝不能感到满意的。他本人以及那个时代的读者,都深深卷入了当时的各种事变,他们深感痛苦,并认为这类情景还是留给对此有极大怜悯心和兴趣的后代历史学家和读者去处理,才是最适当的。

悲剧所描写的某个行动可能是血腥残酷的,它会唤起恐怖可怕的感情而不能使之产生快感,描绘这类性质时的巨大表现力只会增加我们的不快。《有野心的继母》②里就写了这样一个场面,一位德高望重的老人,在狂怒和绝望之际一头撞到柱子上,脑浆迸裂,血污溅洒遍地。在英国的剧院里这类使人惊骇的情景真是太多了。

即使是极普通的悲悯之情,也需要借助于某种适当的感受方式来使之柔和,这样才能使观众真正满足。在恶行肆虐和压迫之下,单纯地诉说受难,会使这种美德与恶行构成一幅极不相称的情景,所以所有的戏剧大师都注意避免这样的描写。为了减轻观众的不快,使他们感到满足和痛快,美德必须成为一种具有高尚英勇精神的悲壮之情,或者它能使恶行得到应有的谴责与惩罚。

在这一方面,大多数画家的绘画主题似乎都是使人不快的。

---

① 克拉林顿(1609—1674),著有《大叛乱史》。休谟这里谈到的可能就是这部著作。——译者注
② 尼可拉·罗威(1674—1718)的悲剧。——译者注

他们画了许多教堂和修道院,主要是描绘像耶稣被钉在十字架上和殉难这类使人感到可怕的主题,似乎只有拷打、创伤、死刑、受难,而没有什么反抗或可以使人感动的东西。当他们的画笔从这种可怕的神话传说转向别的主题时,他们通常求助于奥维德的那类虚构,这类虚构手法虽然动人适宜,对于绘画却很不自然,也是很不够的。

这里所说的转换法则,在日常生活里也时常表现出来,同演讲和诗歌效果一样。如果较低的情感被激发上升成为占统治地位的情感,它就会吞没原来滋养和促进它的那样一些感受。过分的嫉妒能毁掉爱情;过分的困苦能使我们冷漠;孩子的疾病和缺陷过于烦人,也会使做父母的产生嫌弃的感情,变得自私无情。

请问,像这样使人不快的阴郁、暗淡、灾难重重的故事,有什么是忧伤的人能拿来款待他的同伴的呢?!它所能引起的感情只是不快,而没有带来任何精神、天才或雄辩的力量;它能传达给我们的只是一个纯粹的不快,而没有任何能使我们感到舒畅或满足的东西。

(杨 适 译)

谈谈随笔

人类中比较优秀的一部分人,不满足于只过一种单纯的动物式的生活,而致力于心灵的种种活动;这些人可以区分为学者和爱交际的两种类型。学者是这样的一类人,他们所选择的是从事比较高级和困难的心智活动,需要许多闲暇时间来从事单纯的个人思考,要是没有长期的准备和严格的劳作,就不能完成这种工作。社交界则是由喜欢交际的人的种种兴趣爱好汇聚而成:愉快的鉴赏,轻松优雅的理智,对各种人类生活事务明白的思考,对公共生活的责任感,对具体事物的缺陷或完美的观察,把这些人们聚集在一起,思考这样的一些问题,光凭个人孤寂地进行是不行的,需要有同伴,需要与同类的人交流谈话,以获得心智上应有的训练。这样做能使人们结合成为社会团体,其中的每个人都能够以他力所能及的最好方式发挥他对种种问题的见解,交流信息,彼此得到愉快。

学者与社交界脱离,似乎是上个世纪的一大缺陷。这对于学者的著述活动和对社交界都产生了很不好的影响。因为,要是不借助于历史、诗歌、政论和哲学中种种明白的道理,还会有什么交谈的题目能适合于有理性的人的需要呢?那样,我们的全部交谈岂不都成了无聊乏味的唠唠叨叨了吗?那样,我们的心智还能有

什么增益,除了老是那一套:

没完没了的胡吹瞎说、琐屑之谈;

张家长,李家短;

搞得糊里糊涂,意乱心烦。

这样消磨时间,在同伴间是最不受欢迎的,也是我们生活中最无益的事情。

另一方面,学者的活动由于关闭在学院的小房间里与世隔绝,缺乏很好的交流与伙伴,也同样受到很大的损害。由此产生的恶果是,我们称作 belles lettres①(文采)的一切都变成为生硬艰涩的文字,毫无生活和风度上的情趣,也毫无思想和表述上的流畅机智,这些只能从人们交谈中才能得来。甚至哲学也会由于这种沉闷的不食人间烟火的研究方式受到严重损害,要是它的陈述方式和风格使人感到莫名其妙,它的论断就会成为一些奇奇怪怪的东西。确实,如果人在推理时一点也不向经验请教,一点也不研究经验(这些经验唯有在公共生活和交谈里才能得到),对于这样的人,我们还能指望些别的什么呢?

我高兴地看到,本世纪的文人学者在很大程度上已经改变了这种使他们同人们保持距离的羞答腼腆脾气,同时世人也从各种书籍和学问里得到他们最适当的交谈主题。可以期望学者和社交界之间已经建立起来的这种愉快的联盟,会进一步增进彼此的收益;就这个目的来说,我不知道还有什么比我努力奉献给公众的那些随笔更为有益的了。从这个考虑出发,我认为自己颇像从学者的国度迁居到社交界"国家"的侨民或是派出的使者,我的职责就

---

① belles lettres,法文词,原指文学艺术,休谟在这里指的是各种学术中应该有的文采风格。——译者注

是促进这两个有重要依存关系的"国家"之间的良好关系。我要把社交界活动的消息报道给学术界，并且可以把我在自己"国家"里发现的适于社交界"国家"需要的那些商品，输入到这个"国家"。对于贸易平衡问题我们无须担心，保持这种双方的平衡也没有什么困难。在这种商品交换中，原材料主要是由社交界和公共生活领域提供的，而加工产品的工作，则属于学者。

一名大使如果不尊重他出使国家的君主，是一个不可原谅的玩忽职守的错误；同样，我若是对于社交界的女性没有表示出特别的尊重，也是不可宽宥的，因为她们是社交王国的女王。我在接近她们时一定要非常尊敬，不能像我本国人那样的作风。学者是人类中最坚持独立性的人，他们极端珍视自由，不习惯于顺从，而我则应当对文雅公众的这些有权威的女王表示顺从。做到这一点以后，我的进一步使命无非就是去建立某种攻守联盟以反对我们的共同敌人，即反对理性和美的敌人，亦即愚钝的头脑和冷酷的心肠。从这时起我们就可以用最严格猛烈的火力来追击这些敌人，不要宽恕它们。我们的宽容只适用于健全理智和美好情感这类东西；我们可以认为这类品质总是不可分离地存在在一起的。

抛开上面的比方，认真地说，我以为有理智和教养的妇女们（我只对她们表示敬意）对于各种文艺作品的品评能力，比同等水平的男子往往要强些；我也以为男子们不妨对有学识的妇女开点适当的普通玩笑，有些人连讲点这样的笑话都十分害怕，以致对女友们绝口不敢谈论各种书籍学识，这实在是无谓的恐慌。其实，对这类戏谑的担忧，只是在应付无知的妇女时才有意义，她们不配谈论知识问题，对于她们，男子们是避而不谈这类知识的。而这种情形也会使某些徒有虚名的男子装出一副比妇女优越的样子来。不过我想我的公正的读者们会确信，一切有健全理智的熟谙世事的人,对于他们知识范围内的这类著作都能作出种种不同的评判,并且比那些卖弄学问的愚钝作者和评论者更相信自己的优雅的鉴赏能力;尽管他们的鉴赏力缺乏规范的指导。在我们邻近的那个国家里①,良好的鉴赏力和风流豪爽同样著称,那里的女士们在一定意义上乃是学术界的权威,正如她们在交际界那样;要是没有她们的赞扬和卓越的评判,任何文艺作家都休想在公众面前崭露头角。她们的评判确实有时也叫人感到头痛,例如我发现那些欣赏高乃依②的贵妇们,为了抬高这位大诗人的荣誉,当拉辛③开始超过他时也要说他比拉辛更好。她们总是这样说:"真没想到,人都这么老了,还要同一个这样年轻的人作对,争什么高低,计较什么评价。"但是这种看法后来被发现是不公正的,因为下一代似乎承认了这样的判决:拉辛虽然死了,仍然是优雅女性们最宠爱的作家,这同男子们给予的最好评判是一致的。

只是在一个主题上,我不那么信任妇女们的评判,这就是有关风流艳事和献身信仰的作品应当如何评价的问题。对于这类事情,女士们通常感情过于激动,她们大多数人似乎更喜欢热烈的情感而不能保持适度。我把风流艳事同为信仰献身的事情并提,是因为实际上她们对待这两者感情激动的方式是相同的,我们可以观察到这两种感情有同样的气质作为依据。由于优雅的女性都富于温柔和热情的秉性,这类情景就会影响她们的判断力,即使作品的描述并不得体,情感并不自然,她们也很容易受到感动。所以她们不欣赏艾迪生关于宗教所写的优美的对话而

---

① 休谟在这里指的是法国。——译者注
② 高乃依(1606—1684),法国古典主义戏剧大师。——译者注
③ 拉辛(1639—1699),法国悲剧诗人。——译者注

喜欢那些讲神秘信仰的书籍;由于德莱顿先生①的挑剔,她们拒绝了奥特维②的悲剧。

倘若女士们的鉴赏力在这一方面有所矫正,她们就会稍微习惯于鉴赏各种类型的书籍,并能给有健全理智和知识的人们以鼓励,促进他们之间的交际,诚心诚意地协调一致,为我所提倡的学者和社交界的联合而尽力。否则,尽管她们也许能从随声附和者那里得到许多谦和的顺从,但学者们是不会随和她们的,她们也不能合理地期待诚实的反应。我希望,她们不至于作出那么错误的选择,以致为了假象而牺牲实质的东西。

(杨 适 译)

① 德莱顿(1631—1700),英国诗人,剧作家,文艺批评家。——译者注
② 奥特维(1652—1685),英国剧作家,诗人,伤感剧的先驱者之一。——译者注

谈谈写作的质朴和修饰

艾迪生先生认为,好作品是感情的自然表现,但不要明白显露。我觉得这还不能算是对好作品比较正确扼要的界说。

情感如果仅仅是自然的,就不能给心灵以愉快的感受,似乎不值得我们予以关注。水手的俏皮话、农民的见闻、搬运工人和马车夫的下流话,所有这些都是自然的,也是挺讨人厌的。从茶馆闲聊里编造出来的无聊的喜剧场面,有哪个能忠实和充分地描写出事实和情感来呢?只是在我们把自然的种种美好和魅力描绘出来时,换言之,自然只是在艺术给予修饰和使之完美,不是简单地加以模仿而是按照它的应有的美的样子加以表现时,才能使有鉴赏力的人们感到愉快;如果我们描写比较低级的生活,手法笔触就必须是强有力的和值得引起注意的,必须能使心灵得到一个生动的形象。桑丘·潘沙①荒唐可笑的 naïveté②(天真)在塞万提斯笔下表现得何等淋漓尽致,真是无与伦比,包含着多少豁达大度的英雄形象和温柔的爱情画面啊!

这一点对于演说家、哲学家、批评家,以及任何一个用自己名

---

① 桑丘·潘沙,塞万提斯小说中堂吉诃德的侍从,也是主人疯狂的理想主义的陪衬,以许多出于他口中切中要害的格言而闻名。——译者注
② "naïveté"是我借用的法文词,英语中很难找到相应的词。——原注

义写作而不是借助于他人的言语行为的作家,都是同样适用的。如果他语言不文雅,观察力不出众,理解力、感受力不强,没有气概,那么他夸耀自己作品的自然和质朴就是徒劳无益的。他也许说得正确,但决不会使人喜欢。这类作家的不幸就在于他们根本得不到人家的指摘与苛评。幸运的书和人就不会受到这样的冷遇。贺拉斯谈到过所谓"欺骗性的生活道路",这条秘密的、骗人的生活道路,也许是一个人所能有的最大幸运;不过另一个人要是落入这条路,得到的却是最大的不幸。

另一方面,作品如果只是使人惊奇,但不自然,就决不能使人们的心灵得到持久的享受。描写古怪的事物,当然不是模写或模仿自然。失去了正当的表象,画面就没有同原来面貌相似的东西,我们的心灵对此是不会满意的。在书信体或哲理性的著作里,过分的文饰是不适当的,史诗或悲剧亦复如此。华丽的辞藻和修饰太多,对于一切作品来说都是一大缺陷。非凡的描写,有力的机智火花,明快的比喻和警句,如果使用得过于频繁,就成了瑕疵,而不再是对文章的润色了。这就像我们观看一座哥特式建筑时被花样繁多的装饰搞得眼花缭乱那样,由于注意力被各种枝枝节节的东西吸引而分散,就看不到整体了;心也同眼睛一样,它在仔细读一部堆满机智的作品时,也会被不停的闪光和惊奇搞得筋疲力尽,感到厌倦。一个作家要是才智过于丰富,往往就会出现上述情形;虽说这种才智本身还是好的、使人愉快的。这类作家通常的毛病,是他们不管作品主题是否需要,就把他们喜爱的修饰之词和手法大加卖弄堆砌;因此他们要表达一个真正优美的思想,就得用二十个矫揉造作使人厌烦的奇思怪想。

不过我在这里批评的对象,并不包括那些把质朴和文饰恰当地结合起来的作品,尽管它们可能比上述那类作品写得更长更丰富。关于这个问题虽然我不想谈论过多,也要作少许一般的观察。

首先,我观察到:尽管两类过分都应当避免,尽管在一切写作里应当苦心探讨一种能把两者结合起来的适当的中间方式,但持中的写法并不只限于某一种,它容许有很大的自由度。在这方面,我们可以想想蒲柏和卢克莱修之间的距离是那么大。在极端的精雅文饰和极端的单纯质朴两者之间,诗人似乎可以随心优游,不必担心会犯什么过头的毛病。在两个极端之间的广阔地带里,布满了彼此各异的诗人,各有特殊风格和面貌,这并不影响他们得到同等的赞美。高乃依和康格里夫①的机智和文采,在某种意义上比蒲柏还要强(如果各种类型的诗人可以放在一起比较的话),而索福克利斯和泰伦提乌斯比卢克莱修还要质朴自然,他们似乎超出了大多数完美作品所具有的持中状态,在这两种对立的特征上有些过分。照我的看法,在一切伟大诗人当中,维吉尔和拉辛处于最接近于中心的位置,离两种片面或极端最远。

在这个问题上我观察到的第二点是:想用词句来说明质朴和文饰这两者之间的恰到好处的持中状态是什么,或者想找到某种能使我们知道如何正确划清优美与缺陷的规则,即使并非完全不可能,也是极其困难的事。一个文艺评论家对于这个问题可以发表很得体的看法,但是它却不仅不能使读者搞清楚这些持中的标准或界限,甚至他自己也不能完全理解这些东西。丰特奈尔的《论牧歌》,是文艺评论中难以比拟的精品。在这篇文章里,他进行了许多思考和哲理的讨论,力图确定适合于这类作品的恰到好处的中和之道。可是任何一个读到这位作家自己写的牧歌的人,都会

---

① 康格里夫(1670—1749),英国剧作家。擅长使用精柔的喜剧对话,讽刺当时的上流社会,嘲笑矫揉造作的风气。——译者注

认为这位有见识的评论家尽管道理讲得好,鉴赏力却不佳。他所认为的完美,实际上过于强调了优雅文饰的方面,而这对牧歌是不相宜的。他所描写的牧人情感比较适合巴黎的妆饰,而不适于阿卡狄亚的山林。可是这一点你从他的批评理论中是绝对发现不出来的。他指责所有过分的描绘和修饰,所说的道理同维吉尔实际上做到的程度一样,仿佛这位伟大诗人也写过有关这类体裁的诗歌的论文似的。不管人们在鉴赏力方面多么不同,他们关于这些问题的一般见解通常是一样的。文艺批评如果不涉及特殊,不充分讨论各种例证,那是没有什么教益的。一般说来,人们承认美同美德一样,总是执其两端适得其中的东西,可是这个居中的东西究竟在两端之中的什么地方,分寸如何掌握,却是一个大问题,它决不能靠一般的讲道理得到充分的说明。

现在我来讲讲在这个问题上观察得来的第三点看法,这就是:我们应当努力避免过分的文饰甚于避免过分的质朴,因为过分文饰比过于质朴更损害美,也更危险些。

这是一条确实的规律:机智与情感是完全对立的。去掉了感情,就没有想象力的地位。人心很自然地受到制约,它的各种能力不可能同时都起作用,某种能力越占上风,留下来供其他能力得到发挥的余地就越少。因此,描写人物、行为和情感的一切作品,比那些由思考和观察构成的作品需要有较大程度的单纯质朴性。由于前一类作品更动人、更美,按照上述见解,人们就可以放心地在单纯质朴与文采修饰两端之间优先强调前一方面。

我们还可以观察到,我们最常读的、一切有鉴赏力的人时时放在心上的作品,都有使人喜欢的质朴,除了附加于这种质朴感情之上的优美表现力与和谐的辞章而外,它们并没有什么使我们在思想上感到惊奇意外的东西。如果作品的价值在于它讲出了某种机智的警句，它一上来就会打动我们，不过这样我们的心就要期待在进一步细读中了解这个思想，也就不再为它所感动了。我在读马提雅尔①的一首警句诗时，它的第一行就使我想到了全诗会说些什么，我不想重复我已经知道的东西，也就没兴致读这首诗了。但是卡图卢斯②的每一行诗和每一个词都有它的价值，我在仔细读他的诗时从来没有感到疲倦。考利③的作品翻一下也就够了，可是帕内尔④的诗读到第十五遍，还同初读时一样感到新鲜动人。此外，作品和女人一样，某种平易的姿态和衣着，总是比刺人眼目的涂脂抹粉、装模作样、穿金戴银要动人得多。后者只能迷惑人的眼睛，却打动不了感情。泰伦提乌斯有一种最平和羞怯的美，他写的一切都使我们喜欢，因为他毫不虚假，他的纯净自然给我们以一种虽不强烈却是持久的感受。

但是，由于文采修饰多多少少也能算作某种美的东西，所以走这种极端是比较危险的，也是我们最容易陷入的毛病。单纯质朴如果没有同时伴以高度优雅和适当的风度，往往被看作平淡乏味。与之相反，机智和骗人的闪光就成了使人惊奇的东西。普通的读者受到它的强烈刺激，会错误地以为这就是最不简单的、最了不起的创作方法。昆体良说，塞内卡的雄辩里充满了使人喜欢的错谬，所以就更加危险，更容易败坏年轻人和无知的人的鉴别力。

我要再多说两句的是，在今天，我们应当比过去更加提防过分的文饰，因为学术有了进步，在各种类型作品的领域里都出现了有

---

① 马提雅尔（约 40—约 104），古罗马诗人，主要作品有《警句诗集》12卷。——译者注
② 卡图卢斯（约公元前 87—前 54），古罗马抒情诗人。——译者注
③ 考利（1618—1667），英国诗人。——译者注
④ 帕内尔（1679—1718），英国诗人，小品文作者。——译者注

名的作家，在这种情况下，人们最容易陷于这种极端。想靠新奇来取悦于人的努力，使人们远离质朴自然的感情，他们笔下就充满了矫揉造作和骗人的东西。古希腊小亚细亚的雄辩，到阿提卡就大大败坏了；奥古斯都时代的鉴赏力和天才，到了克劳狄乌斯和尼禄时代就江河日下了；造成这种状况的原因是类似的。何况现在已经出现了某些类似的鉴赏力下降的征候，法国如此，英国也是一样。

（杨适译）

学习历史

我要最热忱地建议我的女读者们学点历史,因为在一切这类活动中,学习历史对于她们的性别特征和教育上的需要都是最相宜的,这比读那些普通消遣性的书籍更有教益,也比读书柜里常常可以找到的那些严肃作品更令人喜爱。她们从这两类书籍里知道的重要真理,从历史里也能学到,这些真理的知识对她们的恬静和安宁都会有许多贡献。我们男子同她们一样,远非她们想象的那样,是什么十分完美的创造物;支配男子世界的感情并非只有爱情这一种,还有贪婪、野心、虚荣以及成千种其他的情欲在支配他们,并时常压倒了爱情。我不知道上述两类书籍——它使妇女非常爱好新奇和恋爱故事——是否提供的是些关于人类的错误表象;不过必须承认,当我发现它们那么厌弃事实,那么喜欢虚构,我是感到遗憾的。我回忆起这样一件事:有一次一位美丽的姑娘要我借些小说和爱情故事给她看,作为乡间生活的消遣,那时我对她有了某种感情;可是,这个阅读经过给我的好处真不小!因为结局竟是怪我没有用伤风败俗的手臂去拥抱她。所以我给她一本普鲁塔克的传记作品,同时还向她保证这本书从头到尾没有一个字是讲什么真理的。她很认真地阅读这本传记,一直读到亚历山大和凯撒的生平,这些名字她以前只是偶尔听说过。她把书还给我时,说了许多责备我骗了她的话。

确实有人会说,女人对历史并不像我所说的那样反感,假如它是些秘史,里面有些令人难忘的故事能激起她们的好奇心。但是,由于我全然不能在关注这些奇闻轶事中找到作为历史基础的真理,所以我不能把上述情况当作妇女们具有学习历史的热情的证据。无论这个说法如何,我还是不明白为什么这种好奇心就不可以接受一个更适当的指导,引导她们去追求对以往时代和同时代生活着的人们的了解。对于克里奥娜来说,福尔维娅秘密地同费兰多私通意味着什么或不意味什么?难道克里奥娜听到有人悄悄说加图的妹妹同凯撒通奸,把她同凯撒生的儿子马尔库斯·布鲁图斯硬塞给她丈夫,当作她丈夫自己生的儿子这件事时,不是有同样理由感到快乐吗?难道梅撒利娜或尤里娅的恋爱故事不正是往后这个城市里谈论主题的引线吗?

不过,我不知道从哪里勾出我对女士们这样一种嘲笑挖苦的态度;我想,使我有这种看法的原因,或许同某些人受到同伴喜爱,成为他们善意的戏谑取乐对象的那种情形相同。我们很乐于用某种方式同一个我们喜欢的人交谈,同时以为他不致感到不愉快,因为他对在场的每个人会有正确的意见和情感这一点很放心。现在我要谈的主题更严肃一些。我要指出学习历史会得到许多益处,并且要说明它是多么适合于所有人的需要,特别是适合于那些由于天性多愁善感和教育上有缺陷而不愿学习严肃作品的人们。学习历史的益处,大致可以分为三个方面,这就是:它能愉悦想象力,增进理解力,有助于加强美德。

实际上,还有什么比神游世界的远古时代,考察人类社会从幼年时期最初的些微尝试进到艺术与科学;知道政治制度、交往礼仪的一步步改进,一切装饰人类生活的东西趋于完善的前进发展,更能使我们心旷神怡的呢？还有什么比弄明白那些最繁荣的帝国兴起、发展、衰微和最后灭亡；比弄明白那些造成它们伟大的美德，使它们腐败灭亡的恶行，更能使我们获益的呢？一句话，要了解人类的一切，从一开始直到我们今天之前，让它们以真实的色彩呈现在我们面前，不要任何涂抹打扮；这类伪造只要存在一天，受它们影响的人在判断是非时就会感到十分困惑。有什么能够想象出来的情景，比历史告诉我们的更宏伟、更多样、更有趣？有什么使理智和想象力感到赏心悦目的事能同它相比？难道那些占去我们大量时间的轻薄、无聊、消遣，更能使我们满足，更值得吸引我们的注意力，因而比学习历史更可取？那种能使我们在寻求愉快时作出如此错误选择的趣味，岂不是十分颠倒错乱的吗？

历史不仅能给我们以愉快的享受，而且最能增进我们的知识。我们通常称之为学识造诣的很大一部分，而且给予很高评价的，正是指熟悉历史事实。有文学修养的人有广博的学识，但是我应该指出有些人对这一点有一种不可原谅的无知（无论他们的性别和条件如何），他们并不熟悉自己本国的历史，也不熟悉古希腊罗马的历史。一位女士可以在举止上有好风度，还可以不时地用机智表现出生动活泼；不过要是她的心智没有用历史知识来充实，她的谈吐就不可能使有健全理智和善于思考的人感到满意。

还必须补充一点，就是历史不仅仅是知识中很有价值的一部分，还在于它是通往许多其他知识部门的门径，能给大多数科学提供知识的原料。确实，如果我们想想人生是多么短促，我们的知识即使毕生所得也是多么有限，那我们就必定会懂得：假如人类没有发明写作历史，把我们的经验范围扩充到过去的一切时代和最辽远的国度，用这些经验来大大增进我们的智慧，好像它们实际上就处于我们的观察之下，那我们在理智上就永远会处于儿童状态。

一个熟悉历史的人，从某种意义上可以说他是从世界一开始就生活着的人，在每个世纪里他不断添加着他的知识储藏。

从历史中获得的这种经验，还有一种高于凭实际生活学到的经验的优点。这就是，它使我们熟悉人类事务，又一点也不减少对于美德的最精致优雅的感受。它还告诉我们真理，在这一点上，我不知道还有什么别的研究或专业比历史做得更无懈可击。诗人可以用最动人的色调来描写美德，可是由于他们完全专注于感情，就时常变成恶行的倡导者。甚至哲学家在微妙的思辨中也常常左右为难，我们看到他们有些人走得太远，以致否定了所有道德品质的实在性。但是我想有一点值得思想家注意，那就是历史学家几乎没有例外地都是美德的朋友，并且永远是以它的本来面目表现它的，无论他们在对某些特殊的人物下判断时会发生怎样的差错。马基雅弗利在他的佛罗伦萨史著作中就发现自己有一种对美德的真实感受。当他以一个政治家的身份来说话和进行一般推理时，他把下毒手、暗杀和弥天大谎等看作夺取和保持权力的正当艺术；但当他以一个历史学家的身份进行具体叙述时，在许多地方，他对罪恶表现出那样强烈的愤怒，对美德的嘉许显得那样热情，使我不禁想起贺拉斯的名言：你若是赶走大自然，尽管你那么轻视它，它总还是要返回到你这儿来。要说明历史学家为什么喜欢美德，这并没有什么困难。当一个忙于事业的人投身到生活和行动中去的时候，他想得比较多的，是同他利益有关的那些人的特征，而不是他们本身如何；这样他的判断在一切场合都会受到自己情欲的强烈作用而扭曲变形。当一个哲学家在自己的小房间里思考人类的种种特点和行为方式时，对于这些对象的一般抽象考察使他的心变得十分冷漠无情，以致自然的情感没有任何得到发挥的余地；他几乎感受不到美德和恶德之间的区别。历史在这两个极端之间正好保持着一个适中的位置,它把对象放在它们真实的地位上加以考察。写历史的作家们同读者们一样,在这些性格和事件中,他们的充分乐趣就在于得到一种生动的或褒或贬的感受,而这时并没有什么与他们特殊利益攸关的东西来败坏他们的判断力。

因为只有在这时真话才从他心灵最深处吐出。

——卢克莱修

(杨　适　译)

观念的起源

大家都会马上承认在人的心中存在着两种知觉,而且这两者之间还有很大的差别。在一个人感到过度的热的痛苦时,或者在感到恰适的热的愉快时,其知觉是一回事;当后来他把这种感觉在记忆中唤起时,或者借助于想象预料到这种感觉时,其知觉又是另一回事。记忆与想象这两种官能可以模仿或模拟感官的知觉,但它们从来就不能够完全达到初始感觉的那种强度和活力。即使这两种官能在以最大的力量来活动时,我们也最多只能说它们将其对象表现得很活跃,简直让我们可以说,我们触摸到了它或者看见了它。但是除了人的内心在受到疾病的疯狂扰乱之后,那些官能从来达不到最活跃的程度以让这两种知觉完全脱离开来。即使诗中的描述很精彩,它们也无法将自然的状态描绘得使我们把这种描述当作真实的景观。最活跃的思想与最迟钝的感觉比起来还是较为逊色的。

在人心中的所有别的感觉方面,我们也能够看到相同的区别。当一个人真正发怒时,他所受到的激动和一个仅仅有愤怒情绪的人受到的激动是非常不同的。如果你告诉我一个人正处于热恋之中,那么我很容易明白你的意思,我可以非常正确地设想他的情形,但是我从来不会将那种设想视为那种情感的真正的扰乱。如果我们反思我们过去的感觉与感情,那么我们的思想尽管是一面忠实的镜子,它可以将其对象依照现实的样子模拟出来,但是思想所用的颜色却是微弱的、暗淡的,远远比不上我们原来知觉所具有的颜色。我们无须细致的鉴别力或者哲学家的头脑就可以辨别出这两种知觉之间的差异。

所以,在此我们就可以将人心中的所有知觉分为两类,而这两类就是借助于它们的强度和活力来区分的。较不强烈的和较不活跃的知觉一般称为思想或者观念。至于另一种知觉则在英文中没有对应的名称,而且在许多其他的语言中也缺少相对应的名称;我认为这是由于唯有在进行哲学的思想时才需要归属于一个名称,平时则没有必要了。我们可以稍微随便些地把它们称作印象。不过在此我们所用的这个词的意义与通常的含义有所不同。我说的印象一词指的是我们较为活跃的一切知觉,即就我们有所听、有所见、有所感、有所爱、有所憎、有所欲以及有所意时的知觉来说的。印象和观念是有区别的,所谓的观念就是在反思上面的那些感觉和运动时我们意识到的一些较不活跃的知觉。

乍一看还没有别的东西像人的思想那样没有界限,人的思想不但不能逃脱人类的权威和权力,而且甚至还不能限制在自然和实在的范围以内。我们的想象在形成鬼怪观念时,在将不相符的各种形象和现象联结在一起时,也就像它在设想最自然最常见的现象时一样,并没有多费什么工夫。虽然我们的身体局限在一个星球上,并且在上面经受着艰难困苦,但我们的思想却可以在一瞬间将我运送到宇宙中最远的地方;甚至是超越了宇宙,到达了那个无限的混沌中——人们假定在那里宇宙完全是混乱的。既没见过也没听过的东西也是可以设想的,所有在其自身不含有绝对矛盾的任何东西都是可以为我们所想象的。

但是尽管我们的想象似乎有这种无限的自由，却在我们周密地加以考察之后就会看到，它实在是局限在很窄小的范围之内的，而且人心所具有的一切创造力都仅仅是把感官和经验提供给我们的材料进行混合、调换、增加或者减少而已，它并非什么独特的官能。当我们想象一座金山时，我们只不过是将我们以前熟悉的两个相符的观念——金子和山——联结在一起。我们之所以能够设想一匹有德性的马，这是因为我们借助自己的感觉可以设想德性，而且将这种德性连接到我们经常见到的一匹马的形象上。总之，思想中所有的材料都是由外部的或内部的感觉产生的。人心与意志所能够做的，只是将它们混合和排列而已。如果我用哲学的语言来表述自己，那么我可以说我们的全部观念或较微弱的知觉都是印象或者是较活跃的知觉模体。

想要证明这一点，我认为，我们只需要以下两种论据就足够了。第一，当我们分析我们的思想或者观念时（不管它们是多么复杂或高尚），我们经常可以看到它们分裂为简单的观念，而且那些简单的观念是源于原先的一种感情或者感觉。有些观念虽然好像与这一来源无甚关联，但是在仔细考察之后，我们还是会看到它们是产生于这个根源的。就好像上帝的观念尽管是针对于智善双全的一个神灵来说的，但实际上这个观念的产生也是由于我们反思自己的一种心理作用，并永无休止地继续增加那些善良和智慧的性质。我们的这种考察无论进行到什么程度，我们也总会看到我们所考察的各种观念是由相类似的印象形成的。如果人们说，我们这个结论并不是普遍真实的，不是没有例外的，而他们又只有一个简易的方法来反驳它，那他们就只需亮出他们认为不是来源于此的（在他们看来）那个观念来（但这是不可能的）。所以我们如果想坚持我们的学说,那么我们就必须拿出与那观念相对应的印象或者活跃的知觉来。

第二点,一个人如果由于感官有缺陷以至于不能够产生任何感觉,那么我们也总会看到他也同样不能产生与此相对应的观念。一个瞎子并不能形成颜色观念,一个聋子则形成不了声音观念。但是如果你让他恢复了他们所缺少的那种感官并让其感觉开始萌动之后,同时也就让他们的观念萌发起来了,而且他也就因此而不难在没有印象时去设想这些对象。同样,一种表象尽管可以刺激起某种感觉来,但是如果它与感官从来不曾接触过,那么人也就得不到那种感觉。一个兰勃兰人或者黑人对酒的味道就产生不了任何观念。虽然在人心方面很少出现同样缺陷的例子,虽然我们没有见到过一个人从未感觉到或者根本感觉不到人类所共有的一种情趣或情感,但是我们也能看到相同的现象产生,只不过程度较少而已。一个温和的人并不能意念到难以消除的报复心理或残忍心理;一个自私的人也难以设想深厚的友爱。我们不难承认,其他生命物或许具有很多我们意料不到的感觉,因为它们的观念从未按照一个观念进入我们心中所必需的唯一途径而进入到我们心中,也即它们并没有借助于真实的感情和感觉进入到我们的心中。

但是有一种奇异的现象非常能够证明,观念并不是脱离了相对应的现象就绝对产生不了。我相信大家都会承认,通过眼睛形成的各种颜色观念(或者经耳朵产生的各种声音观念),相互之间确实是有差异的——尽管同时它们又相互类似。如果这种观点可以适用于各种不同的颜色的话,那么这也同样可以适用于相同颜色的浓淡不一的各种色调,每种色调都会产生出一个与别的色调不同的观念来。假如你不承认这一点,我们还能通过各种浓淡不一的色调的逐渐推移来使一种颜色在不知不觉中达到远离原来色彩的地步；假如你不承认中间的任何分段是互不相同的，而假如你又承认两个端点不是同一的，那么就不能不陷入荒谬了。假设某个人三十年来一直未丧失其视觉，并且完全熟悉各种颜色，只是一生中从来没有遇见过蓝色的某种色调。如果你将蓝色的各种色调放在他眼前（不过除了那个特殊的色调之外），由最深的慢慢推进到最浅的，那他一定会看到那个色调空缺的地方有处空白，而且他会感觉到该处的两个靠近的色调间的距离和在别处相比要远。我现在可以问，虽然那个特殊的色调观念没有经过他的感官进入其心中，但他是否可以借助于想象力来补充这一缺陷，并且在自己的心中产生出那个观念来呢？我相信多数人会认为他可以。这一现象能够证明简单的各个观念并不全部是通过相对应的观念产生的——尽管这样的例证很少见，几乎不值得我们去注意，而且我们也肯定不能够因此而改变我们的公理。

我们在此有了一个命题，它自身不但简单明了，而且如果我们恰当地运用它，我们还可以让一切争论都可以理解并消除所有的妄语，使它们无法按原来的样子在哲学的推论中散漫开去而使那些推论遭受耻辱。我们可以这么说，所有的观念，特别是抽象的观念，都是天生脆弱的、不明确的，人心并不能稳固地把握住它们，因为它们最容易与别的类似的观念相混淆；而且当我们用惯了任何一个名词之后，尽管它没有任何清晰的含义，我们也容易想象它附有某种明确的观念。另一方面，所有的印象，也即所有的感觉，无论内部还是外部都是强烈的、活跃的，其界限比较明确和固定，并且我们在这一方面也不容易陷入错误。所以，如果我们猜想人们所运用的一个哲学名词并无任何含义或观念（这是经常性的），而我们只须考察，"那个假设的观念是通过哪种印象产生的？"如果我们找不到任何印象,这就证实了我们的猜想。如果我们将一切观念放在如此明白的观点下,那么我们就能够合理地期望凭借这一点来消除人们对于观念的本性与实在方面的一切争议。①

(刘根华 璐 甫 译)

---

① 否认天赋观念的人的意思只是在说,我们的所有观念都是我们印象的模仿,但我们必须承认原来他们并未对其所用的名词谨慎地进行选择,并且后来也无精确的定义,因而它们就阻止不了对他们的学说所产生的一切误会。所说的天赋这词到底是什么含义? 要是"天赋的"就是指"自然的"的话,那么人的心中的所有知觉与观念都可以说是天赋的或者自然的,而无论我们将"自然的"一词是与"反常的"一词相对立还是与"人为的"一词相对立,或者是和"神奇的"一词相对立。如果所谓"天赋的"就是指"天生的",那么这一争议仍然好像是轻浮的;而且我们也没有必要徒劳地去考察思想是在什么时候开始的,是在出生前,还是在出生时,还是在出生之后。另外,洛克与别的哲学家使用观念一词好像也意义太宽泛;他们用该词来代表我们的各种知觉、我们的感觉与情感以及我们的思想。不过在此意义上我希望知道,他们这样谈论自爱心理,抱怨侵犯的心理,或者两性的爱情,如果不是天赋的,那还是什么意义呢?

如果我们按上面的意思来区分印象和观念并认为"天赋的"一词的含义是指原始的,不是因原先的知觉模仿而产生的,那我们就可以说我们所有的印象都是天赋,而我们的观念却不是天赋的。

坦率地讲,我的意思是指洛克是受到经院学者的诱惑出现这一问题——经院学者们经常使用没有定义的名词,将其争议持续到令人生厌的地步,而要争议的问题结果却没有涉及到。在这个方面以及其他许多主题上,那个哲学家的推论中到处都是类似的"含义混同"和同义繁复。——原注

"必然联系"的观念

一

数学与人文科学相比有一大优点,它之所以具有优点,这恰好是因为它的一切观念都是可感的、明晰的和确定的,各观念间哪怕是最小的差别也能够立即被觉察到,而且同一个名词总是表达同一个观念,不会产生歧义或者变化。卵形从来不会被看作是圆形,双曲线则从来不会被看作是椭圆形。等边三角形和不规则三角形的界限比起善、恶、是、非的界限来要明确。在几何学中,如果我们给一个名词下了定义,那么人心就会在各种情形中用该定义去替代那个被定义的名词。即使我们无须任何定义,物象自身也会在我们的感官中显示出来,并且因此而让我们能够稳定地、清晰地了解它。但是在人心中的各种较为细腻的情趣、理悟过程中较为精细的各种作用以及情感中各种较为精致的激动,它们本身尽管都是实在的和清晰的,但是在我们借助于反思来对它们加以观察时,它们就很容易避开我们的注意,而且我们在需要考察原始对象时也无法把它们召唤回来。所以,在我们的推论中就慢慢出现了歧义,即我们很容易将相似的对象看作是相同的,这样就使我们的结论远远地脱离了我们的前提。

但是一个人还是可以稳妥地说,它们的优点和缺陷几乎可以互相平衡并让它处在平等地位,要是我在恰当的观点中考察这些科学的话。人心要在这种科学中达到较深奥的真理就必须进行一番长得多、更复杂的推论,并把差别很大的种种观念进行比较,尽管人心可以比较顺利地把几何中的观念保存得明确。至于精神科学中的各种观念,假如我们不极为仔细,虽然它们易于陷入含糊和纷扰,但这种研究和数与量的科学比起来,其推导过程比较短而且要经过的中间步骤较少,结论就能够得到。事实上,在几何学中的命题无论简单到何种程度都要比精神科学中(只要后者不仅仅是幻想和狂想)的命题含有比较多的成分。但是只需我们在考查人心的各种原则时少前进几步,就能让我们的进步得到满足。在精神科学或哲学中阻止我们进步的最大阻碍就是观念的含糊不清和名词的歧义,因为我们知道,在我们出发后不久,自然就已经阻止了我们在因果关系方面的研究,并使我们不得不承认自己的愚昧无知。在数学方面,主要困难是在形成结论时需要较长时间的推演和较为广博的思想。在自然哲学上,多半是缺少适当的实验和现象从而妨碍我们的进步;即使我们用最勤奋最聪慧的研究也不能在需要时总可找到这些实验和现象,因为它们常常是在无意中发现的。既然精神哲学与几何学和物理学相比好像一贯进步较小,那么我们就可以断言,如果这些科学在这一方面有任何差异的话,那么阻碍着前者进步的那些困难就需要我们以较大的细心和能力去克服它。

在哲学中,能力、力量、能量或者必然联系是最为模糊、最不明确的观念了。这些观念在我们所有的研究中都是必须时时进行探究的。所以,我们在这一主题中要从可能的范围内来确定这些名词的确切含义,并且把人们在这种哲学方面所经常抱怨的那种含糊性稍微加以消除。

可以说，我们的各种观念都不是别的，只不过是我们印象的模本；换言之，对于任何东西，如果我们以前没有通过外部感官或内部感官感觉过，那么我们就不能够思想它。这一说法好像是一个真命题，好像也容不得我们多加争论。在前面我已经解释过、论证过这个命题，并且曾经期望，要是人们能适当地运用这个命题，那他们在哲学的推论中，就可以达到他通常达不到的较大的清晰程度和精确程度。复杂的观念也许可以通过下定义来让我们明白了解，而所谓的定义也不过是将构成它们的那些成分或者简单观念列举出来。但是我们在将定义推演到最简单的观念以后如果看到它们还是含糊不清的，那我们又该怎么办呢？我们又有些什么发明可以洞悉这些观念并让它们在我们的智慧面前变得完全精确而明定呢？那我们只需摆出由这些模拟的那些印象或者原始感觉，这些印象都是强烈的、可感觉的，它们没有歧义。它们不但自己处在足够的清晰中，而且可以把清晰反射到处于模糊状态的与其相对应的观念上。或许我们通过这个方法可以获得一个新的放大镜或者新眼睛，那些精神哲学中最细小、最简单的观念利用这个放大镜或许可以扩大，并迅速地落在我们的理解之前，而且和我们研究的那些最粗放、最明显的各种观念一样被我们知道。

所以，想要充分懂得能力观念或"必然联系"的观念，我们就应该去考察它的印象；而为了更加准确地找到这一印象，我们可以在其据此产生的源泉中去搜寻它。

当我们在周围观察事物时，当我们探究原因的作用时，我们从来不能只在单个例子中找出任何能力或者必然联系来，也从来找不到有什么性质能够将结果附在结果之上，能够让结果必然地随原因而产生。我们仅仅看到结果实际上的确是随原因而生的。一个弹子冲撞了第二个弹子之后，接下来就有了第二个弹子的运动。我们外部的感官所见到的也就到此为止了,人心并不能通过物象的这种前后相继获取什么感觉或者内在的印象。所以,在任何一个特殊的因果例证中,并没有什么东西能够揭示出能力观念或者"必然联系"的观念来。

我们并不能在一个物象第一次出现之后就猜想出它会有什么结果,但是任何原因的能力或者能量要是能够被人心发现,那么我们即使没有经验也应该预先见到那种结果,而且一开始就可以只靠思想和推理的力量来确定推断的那种结果。

坦率地说,任何一种物质都不会凭借它的明显性来让我们找出任何能力或者能量来,并不能提供任何根据给我们,以让我们想象它可以产生任何所谓结果的东西或者被我们称作结果的任何其他物象追随。硬度、广阔和运动,这些特性自身都是完全自足的,表现不出任何结果。宇宙中的景象虽然在不断地变化,各物象也是毫不间断地连续出现,但驱动全部机器的那种能力也完全是隐蔽性的,它从来无法在物体的任何可感性质中将自己显露出来。实际上我们知道,热是火焰的永恒的一个伙伴,不过我们怎么也猜想不到它们究竟有什么样的联系。所以,我们无法在物体作用的单个例证中通过思考它们来获取能力的观念,因为任何物体都不会显示出任何能力以作为这一观念的来源。①

各种呈现在感官面前的外界物象,既然不能够凭借其在特例中的作用来赋予我们能力或者必然联系的观念,那么我们就可以

---

① 洛克先生在他的论能力那一章中曾经说过,由于我们依据经验知道物质中有些新形成的东西,并且断言,某地方一定有种能力能够产生它们,因此我们按照这种推论最后获得一个能力的观念。但是那位哲学家已承认,任何推论都无法给我们新的、原始的、简单的观念。所以,这种推论就永远成不了那个观念的来源。——原注

进一步研究，是不是由于我们反思自己的心理而产生这种观念，它是不是经过内部的印象模拟而来的。或许人们会说，我们在每一瞬间都意识到自己内部的能力，因为我们感觉到，仅仅凭着我们意志的命令就能够使身体的各个器官运动起来并指导心中的各种官能。一种意志的作用就在我们的肢体中产生一种运动或者在我们的想象中形成一个新的观念。我们是通过意识来知道这种意志作用的。所以我们就取得了能力或能量的观念，而且确信我们自己以及所有别的生灵都具备这种能力。由于能力观念的产生正是通过我们反思自己的心理作用，正是通过我们反思自己的意志在身体器官和心理官能上所运用的那种控制力，因此，这个观念就是经由反思而来的一个观念。

这就是人们的看法，我们现在就可以进一步来考察这种谬论。我们可以先从意志对身体器官的那种影响来说。我们可以这么说，这种影响也和所有其他自然事实一样只能够通过经验来让我们了解，我们并不能凭借原因中任何明显的能量或能力预见到它，并且我们不能见到有任何能力可以把原因和结果联系起来，可以让结果必然随着原因而产生。我们当然总是意识到我们身体的运动是随意志的命令而引发的。由于我们根本无法直接意识到通过哪种方法能产生这种结果、运用哪种能力能够让意志发挥这样一种奇特的作用，因此，即使我们极其勤奋地来考察它们，那也是徒劳的。

因为，第一，虽然我们假设一种精神的实体可以通过心灵和肉体的结合来影响物质的实体，从而使最细致的思想能够促进最粗实的物质，但是难道在一切自然中还有一种比心灵和肉体的结合更加神秘的原则？即使我们可以通过内心的愿望来移动大山和控制行星的轨道，但这种扩充的权力并不一定就比这种心灵和肉体的联系更加奇妙，更加不可了解。然而，如果我们可以凭借意识窥探到我们的意志中有什么能力或能量，那么我们就一定知道它，知道它和结果的联系，我们也一定知道心灵和肉体的秘密结合以及这两种实体的本性（通过这种联系和本性，一方才能够在很多例证中影响另一方）。

　　第二，我们也不能够通过同一种能力来使用我们的所有身体器官。但是我们除了经验之外也显示不出什么理由来解释这些器官之间那么大的差别。意志为什么能影响舌头和手指而影响不了心脏和肝脏呢？如果我们感到在前一种情形下有一种能力而在后一种情形下没有，那么这个问题就不会让我们感到困惑。我们也可脱离经验看到为什么意志只限于那些特殊范围内支配身体各种器官的能力。在那种情况下，既然我们对意志借以产生作用的那种能力或能量十分地熟悉，那么我们也应该知道为什么它的影响刚好达到那些界线，而不能够再超越一步（但这是不可能的）。

　　一个人的腿或手臂如果突然发麻，或者刚刚失去了它们，那么一开始他通常会努力地运动它们并用它们来做平常所做的事情。在这种情况下，他也同样意识到自己具有一种可以用来支配其肢体的能力，就像一个完全健康的人觉得自己具有一种可以用来驱动仍处在自然状态下的任何肢体的能力一样。但是意识是从不欺骗人的。所以，无论是在后一种情况下还是前一种情况下，我们都意识不到任何能力，我们也只不过凭借着经验才知道我们意志的影响。而经验也仅仅是教导我们一种事情是怎样永久性地跟从着另一种事情，它并不能告诉我们可以把它们结合起来并让它们具有那种不可分离的秘密联系。

　　第三，根据解剖学，我们知道在随意的动作中，能力的直接对象不是被运用的肢体本身，而是一些筋肉、神经和元气，或者是某种更不为我们所知、更加微妙的东西。那种运动必须连续不断地得到它们的促动,然后才可以达到意志想要直接运动的那个肢体。在此我们已经证明了我们不但借助不了内在的感觉或意识直接而充分地了解这种发挥全部作用时所依赖的那种能力,而且它还是最为神秘、最为难以理喻的。这样的证明难道不是最为明显的吗?在这里,人心想象到某种事情,但接着发生的那种事情却不是我们所知道的,而且和我们原先意想的事情完全不同。这种事情又产生了另一种我们仍然不了解的事情。照此推进,直到最后经历了一长串的过程才产生出我们所希望的那种事情。然而,如果我们感觉到了原始的能力的话,那么我们也一定会知道它;如果我们一旦知道了它,那么我们也就一定能知道其结果;因为所有的能力都是与其结果相对应的。反过来说,如果我们不知道结果,那我们也无法知道或觉察到那种能力;那样的话,如果我们没有运用自己肢体的能力,我们又怎么可能意识到它呢?我们仅仅是意识到具有运动一些元气的能力,但我们根本无法了解那些元气的作用方式,尽管它们最终能产生出我们肢体的运动来。

据此我们可以明确断言(这种断言并不是草率的),我们的能力观念不是通过我们进行身体运动(或者运用肢体使其担当合适职责)时心里所感觉到的、意识到的任何能力模拟而产生的。它们的运动虽然伴随着意志的命令而产生,但这只不过是一种普通经验的事实,并且与别的自然的事情也是相同的。不过这种运动所赖以产生的那种能力或能量也与别的自然事情一样,我们也是无法知道和想象的。①

---

① 或许人们会说,在物体中我们遇到的抵抗力不断让我们施展力量并唤起我们的各项能力,这样我们就获得了力量和能力的观念。所以,我们所意识到的这种努力就是观念所模仿的那种原始印象。但我们可以这样对此予以(转下页)

那么我们可以说,当意志在我们心中产生作用时,我们是否就意识到自己心中有一种能力或者力量?因为我们正好可以借助于意志的一种作用或命令形成一个新的观念,以使我们的心专注地思考它,从各方面去考究它,并且我们在觉得自己已经对它进行充分精确地考究之后还可以舍弃它,从而再去思考其他的观念。但是我相信,我们可以通过同样的论据来证明,意志的这种命令并不能够提供给我们实在的能力观念或能量观念。

第一,我们必须承认,当我们知道某种能力时,我们也知道原因中能产生结果的那种情节,因为能力和那种情节恰好是相同意义的,所以我们必定知道原因和结果以及它们的关系。但是我们果真可以臆断自己知晓人类灵魂的本性和一个观念的本性吗?我们果真可以臆断自己熟悉前者产生后者的那种趋势吗?这样的认识实在是一种真正的捏造和无中生有,这里头包含有一种让我们初看觉得它是一切有限事物所无法了解的很大的能力。我们只是感觉到那种事情以及一种观念的存在伴随着一种意志的命令而产生,但是我们根本理解不了这种作用发生时所通过的方式和这个观念产生时所凭借的能力。

第二,人心对自己所具有的控制力也是有限的,就像它对身体的控制力一样。而我们在感觉和情感方面的自控力比在观念方面

(接上页)答复:第一,我们认为没有抵抗力和努力的一些物象也有能力。我们认为至高的神灵有能力,但他永远遇不到抵抗力。在一般的思想和运动中,我们也认为人心具有一种可用来支配其观念和肢体的能力,实际上那种结果不过是直接由意志产生,我们不必运用或唤起任何力量。此外我们认为无生命的物质也有能力,只是它没有这种感觉。第二,这种克服抵抗力的努力之感与任何东西并无可知的联系,我们只能通过经验而不能先验地知道它到底能产生什么。但我们仍须承认,虽然我们所经验到的这种身体的努力不能提供给我们任何精确的能力概念,但它在通俗而不精确的能力观念中实际是一个主要成分。——原注

更弱;而且即使在后者,我们的自控力也仅仅局限于狭窄的范围内。有谁可以臆断自己能够指明这些范围的最后理由呢?又有谁可以臆断自己能够指明为什么那种能力在一些情形中是无力的而在另一些情形中就是有力的呢?

第三,这种自控的能力在不同的时候也是有区别的。一个健壮的人比一个病态憔悴的人有更大的自控力;在早上我们比在晚上更容易支配自己的思想;我们在禁食时也比饱食后要容易支配自己的思想。除了借助于经验外,我们还能给这些变化找到什么理由呢?那么我们所臆断自己意识到的那种能力到底在哪里呢?在精神的实体中,在物质的实体中,或者在两者中,不是有一种为结果所依赖的秘密的机械或结构(各自分开)吗?我们不是根本不知道那些结构,从而我们也同样不知道和不了解意志的能力或者能量吗?

当然,意愿是我们充分意识到的一种心理作用。你可以反思它,也可以从各方面去考察它。但是,在这里你果真看见有一种创造能力来凭空捏造出观念以及通过一道谕旨模仿那位创造无所不包的宇宙的全能者吗(假如我可以这么说)?既然我们无法意识到意志的这种能力,那我们也就必须通过我们平常所具备的实际经验,才能够相信那些奇特的结果的确是由简单的意志作用所形成的(如果没有经验,我们就不能先验地推知这一点)。

一般人在解释较为常见的自然作用时,永远无法感觉到任何困难。比如重物的降落、植物的生长、动物的繁殖、食物对身体的营养作用,等等,他们都以为是容易解释的。他们以为自己在这些情形中看到了原因中有什么能力可以把原因及其结果联系起来,并且可以让原因的作用准确无误。他们利用长期习惯得到了一种思路,因而在原因产生时,他们就立即期待它永恒地伴随,他们很难想到其他结果会因此而生成。唯有在发现了反常现象时（如地震、瘟疫以及各种怪物），他们才觉得自己不知如何找出适当的原因，并且无法解释那种结果怎样产生的方式。人们在这些困难情况下常常求助于一种无形却有智慧的原则，以为这就是令他们感到惊诧的那种事情的直接原因，而且还认为那种事情用通常的自然能力是解释不了的。但是哲学家的探索毕竟要深刻一些，他们马上看到即便最常见的事情也和最反常的事情一样，其原因中的能力同样是不可了解的；另外，他们也看到我们仅仅凭经验了解到各种物象的一般结合，但却领会不到所谓联系的那种东西。此时许多哲学家又以为自己为理性所驱使，不得不在所有的情形下去求助于凡人在神秘而超自然的情况下所借助的那种原则，从而去求助于在一般情况下凡人从不借助的那种原则。他们承认，心和智慧不仅仅是所有事物最后的原始原因，而且还是自然中所有事情的直接的唯一的原因。他们臆断，一般称作原因的那些物象实际上只是一些机缘；各种结果的真正直接的原因并非自然中的任何能力或能量，而只不过是最高神明的一种意志，因为那种神明愿意让某些特别的物象长期结合在一起。他们不说一个弹子只是凭借其从自然的创作者那儿获得的一种力量才可以促动另一个弹子，他们说此时唯有神明自己通过其特殊的意愿来推动那第二个弹子。他们认为神明在管理宇宙的设计中创设了一些普遍的法则，第二个弹子就是因为这些原则才为第一个弹子的冲击所决定，并且运动的。但哲学家在继续考究之后却又发现，尽管我们根本不知道各种物体的相互作用是靠什么能力，但是我们同样也不知道心物的相互影响靠的是什么能力；我们在后者与在前者一样，都不能通过自己的感官或意识找到最后的原因。所以，同样的无知又迫使他们得出同样的结论。他们说，心物结合的直接原因是神明；我们心中并不是由于我们的感官受到外物的刺激才产生了感觉；引起这种感觉的就是全能的"造物者"的一种特殊的意志，而这种意志随着感官的一种运动才刺激起了那种感觉。同样，我们的肢体也并不是由于我们的意志有什么能力才会发生位置的变动，而是由于"上帝"自己愿来帮助我们那种原本没有能力的意志，并且愿意促发那种我们误以为是自己能力的运动。哲学家们对此结论还不就此打住，有时他们还将这种结论扩延到心理的内部作用上。我们在心中所看到或者想到的各种观念只不过是"造物者"给予我们的一种启示。当我们随意地思考一些物象并将其影像在想象中形成时，那并不是我们的意志能够创造那种观念，而只是万能的"造物者"将其呈现于我们的心中而已。

所以，根据这些哲学家的意见，一切事情都是充满了上帝。他们不只是说，所有的东西都是借助于他的意志才存在，所有的东西都是由于他的许可才具有能力。他们还不满足于这一原则，他们进而还把自然与各种所造事物的所有能力都剥夺了，让它们更为明显、更为直接地依赖神明。他们不知道，利用这一学说他们就降低了表面上崇拜的那些品德的庄严，但又无法扩大它们的庄严。如果我们假定神明让渡给被造物一些权力，倒是和说他凭自己的直接意志来产生各种事物比起来更能证明他具有较大的权力。我们宁愿假定神明在创世时就通过十分完备的先知设计好了宇宙的结构，以使其自动地通过自己恰当的作用就能实现上帝的所有目的；而我们不可以假定伟大的造物主不得不每时每刻都来调整宇宙各部分，并且利用他的气息来促动那个大机器的全部齿轮，因为第一种假定更能证明他具有更大的智慧。

但是如果我们想要对此学说进行一种有哲学意义的反驳，那么或许以下两种反思就够了。

第一，我认为，主张最高神明有普遍能力和作用的这种学说是过于大胆了些，人们很难相信这种学说，只要他明白人类理性的脆弱及其作用所能达到的狭窄的范围。虽然那些让我们获得这种学说的论证很是合乎逻辑，但是那一系列论证既然让我们获得如此奇特而且远离日常生活和经验的一种结论，那么它就难免使我们猜测（即使不是确实）它已经让我们进入了我们的官能达不到的地方了。我们还没有进入到我们学说的最后阶段之前就早已进入了神仙之境；在那里，我们毫无理由依据我们普通的论证方法来相信我们平常的类比和粗略的推断以及任何根据，我们的探测线太短了，测量不了如此广阔的深渊。尽管我们自认为我们的每一步受到了可然性和经验的指导，但是我们应当相信，假如我们将想象的这种经验应用于我们根本无法经验到的客体上，那么这种经验就实在是没有任何根据。不过我们以后还有机会来讨论这一点。

第二，我看不出这个学说所依靠的论证有什么力量。当然，我们并不知道各种物体是通过什么方式来相互影响，它们的能力或者能量是完全理解不了的。但我们不是同样也不知道，心甚至最高的心是通过什么方式或者能力来影响自己或者物体吗？请问，我们是从哪里得到那个能力观念的呢？我们自身并不具备这种能力的感觉或者意识，我们仅仅是通过反思我们自己的心理官能才得到了最高神明的观念。如果我们的愚昧无知可看作排斥某种事情的一个正当理由，那我们就可以按照相同原则否认最高神明具备任何能力，就像否认最粗实的物质具备任何能力一样。我们既不了解最粗实的物质的作用，也不了解最高神明的作用。难道设想运动源自冲撞真的比设想运动源于意志要困难吗？我们所知道的也只不过是我们在两种情况下的一无所知。①

二

这个论证我们已经扯得太长了,我们现在可以很快作出一个结论。我们已经在所假设的各种根源中寻找过能力观念或者"必然联系"的观念,但最终却失败了。我们好像感到在各种物体作用的单个例证中,尽管我们极为认真地进行考究,还是发现不了任何东西;我们只能发现各种事情相继出现,但我们无法了解原因赖以产生的任何能力,以及原因与其假设的结果之间的任何联系。在思考人心在身体上所产生的作用时也有相同的困难——在此我们也只是见到后者的运动随着前者的意志而产生,但是却观察不到也设想不到把那种运动和那种意志结合起来的纽带,或者人心产生这一结果时所借助的力量。意志对其自己的官能和观念所具备的能力也不会了解多少。所以,总归我们都看到在全部自然中并无任何一个联系的例子是我们能够想象出来的。所有的事情好像

---

① 我也不必详细考察新哲学中所谈到的物质的惰性。我们凭经验看到,如果一个在静止中或运动中的物体没有新的原因来转变其状态,那么它就会永远保持目前的状态。我们还凭经验知道,一个被推动的物体经由推动它的那个物体所受的运动刚好等于它自己所得到的。这些都是事实。虽然我们称其为惰性,但我们只利用这一称谓来显示出这些事实,并不妄称自己有任何能力的观念,就像我们在谈论引力时我们只不过是指一些结果而并未了解那种活动的力量一样。牛顿并不想剥夺次要原因的所有力量,尽管他的一些追随者曾经努力据其权威来构建那种学说。恰恰相反,那位大哲学家却正求助于一种以大的活动流体来解释他的万有引力;虽然他谦虚谨慎,仅认为那学说是一种假设,并且使人们若无进一步的实验就不可坚持。我承认,各种学说的命运也的确有些奇特。笛卡尔只是暗示出神明具有万能的唯一能力,但他并没有坚持这一学说。马尔布兰希和其他笛卡尔学者却把这种学说当作他们全部哲学的基础,不过该学说以前在英国没什么势力。洛克、克拉克和库德渥滋从未关注过这种学说,他们都一概假设物质有一种实在的能力——尽管这种能力是附加的,通过神明而产生的。这种学说到底是用什么方法在英国现代哲学家之中盛行呢?——原注

都是松散分开的。虽然一件事情接着另一件事情而产生，但是我们永远看不到其间有任何纽带。它们仿佛是"结合"在一起的，而不是"联系"在一起的。一切未曾在我们的外部感官或者内部感官中显现出来的东西，我们都不能对其有任何观念；因而必定的结论好像就是说，我们根本没有"联系"的观念或者"能力"的观念；而且这些名词无论是用在哲学推论中还是用于平时的推导中都绝对是毫无意义的。

　　不过还有一种方法能避免这一结论，而且还有一个我们没有考察过的根源。当一种自然的物象或事情显示出来时，我们并不能凭借任何聪明或者洞察力而脱离经验去发现和猜想将会因此而产生出什么事情来，并且我们的先知也达不到直接呈现在记忆和感官之前的那个物象之外。即使出现了一个例证或者经验从而使我们看到某件特殊的事情接着另一件事情而产生，我们也没有权利构建一个概括的规则，或者来预言类似情况下将会发生什么样的事情。不管一次实验是多么地精确而确定，我们也无法根据它来判断自然的全部程序；如果我们真的作出这样的判断，那就正好可以说是一种不可原谅的大胆行为。但是，如果某种特殊的事情在所有例证中总是与第一种事情连在一起，那么我们就会在一件事情出现之后毫不迟疑地预言另一件事情，并且运用那种唯一能够让我们相信一切事实或存在的推演方法。所以，我就把一件事情称作原因，把另一件事情称作结果。我们假设它们之间是一种联系，并且以为原因之中存在一种能力可以使它准确地产生出结果，并使其作用具有最大的确定性和最强的必然性。

　　由此可见，各物象之间的这种"必然联系"的观念产生的原因，就是因为我们看到在一些类似的例证中这些事情总是连在一起。其中任何一种例证都展示不了这个观念——即使我们在所有的观点、所有的方位中来对它进行观察。但在有些例证中也并没有什么东西和一个例证有差异，因为我们假设那个例证确实和它相似。不过在相似的例证成了常见的之后，人心就受到习惯的影响，从而在见到一件事情出现以后就去期盼它的恒常的伴随，并且相信那种伴随将要存在。所以，我们心中感觉到的这种联系，我们的想象在一个物象及其恒常伴随间的这种习惯性的转移就是一种感觉或者印象，通过这种感觉我们才产生了能力观念或者"必然联系"的观念，在这里并没其他东西。即使你从各个方面来考察这个对象，你也不会给那个观念找出任何其他来源。这就是为什么单个例证与许多类似例证相异的原因，因为我们通过单一例证无法获得这个联系观念，而很多类似的例证却可以展示出这个观念来。一个人在首次看到"撞击作用"所产生的运动的传递（如两个弹子的相撞）之后，他并不能因此就断定前一种冲击是和后一种传递联系在一起的，他只能说它们是相互连接的。但在他见到了好几个类似的例证之后，他就会声称它们是联系在一起的。到底是发生了什么样的变化而使他产生了"联系"这一观念呢？他只是现在"觉得"这些事情在其想象中联系起来，而且他能够迅速通过一件事情的出现来预言另一件事情。所以，当我们说一个物象与另一物象相联系时，我们仅仅是在说它们在我们的思想中获得一种联系，因而产生了这种推断，并且按照这种推断就能够相互证明对方的存在。这结论有点儿奇怪，但是它好像是建立在充分的证据之上的。人的理解尽管有种概括的疑惑，而且对于任何新奇的结论也经常产生怀疑，但那好像也减少不了这个结论的明显性。有一些还能够发现人类理性和能力的弱点和狭窄范围的结论是最适合于怀疑主义的了。

我们除了现在这个例证之外还能拿出更加可靠的例证来证明

人类理解的愚昧和脆弱已到了令人惊讶的程度吗？因为各种物象之间如果有什么我们应该完全知道的关系的话，那就一定是因果关系了。唯有通过这种关系我们才能够远离记忆与感官的当前证据来相信任何物象。一切科学的唯一的直接效用就是教导我们怎样通过原因来控制和规范将来的事情。所以，我们的思想研究和考察每时每刻都是为了这样一个关系。——但是我们对于这种关系的一切观念都是零零碎碎的，以至于我们想要给"原因"下一个正确的定义都不可能，我们只能够根据和原因无关的东西来给它下定义。我们可以经验到类似的物象总是互相连接在一起的，我们根据这一经验就可以给原因下个定义，所谓原因就是由他物伴随的一个物象，在此我们可以说，一切与第一个物象相似的物象都必定为与第二个物象相似的物象所伴随。或者换句话说，如果第一个物象不存在，那么第二个物象也必定不存在。当一个原因出现之后，常常通过习惯性的转移将人心转移到"结果"观念上去，这也是我们所经验到的。所以，我们也可以根据这种经验给原因再下个定义，即原因是由他物相伴随的一个物象，它一出现就会把思想转移到另外一个物象上。虽然这两个定义都是通过原因之外的一些情节推断而来的，但是我们并不能改正这种缺点；我们也得不到任何较为完整的定义以便揭示出原因中到底有什么情节能够使它与结果联系起来。尽管我们竭力去设想这种"联系"的观念，但是我们对它以及我们自己想要知道的东西都没有任何清晰的概念。我们说这根弦的震动是这个特定声音的原因，但我们这种说法到底是什么意思呢？我们或许指的是，这个震动是由这个声音所伴随的，而且所有相似的震动都会伴随有相似的声音；要不然，就是指这个震动是由这个声音所伴随的，而且震动一旦出现，人心就在感觉出现之前立即形成了声音的观念。我们只能从这两种观点来考察因果关系,但是除此之外我们对这种关系就没有任何观念。①

现在我们可以将这一推论的大意概括一下。每个观念都是通过以前的一种印象或感觉模拟产生的;而且,如果我们找不到某种印象,那么我们就可以确信相应的观念也不存在。在物体或者人心作用的单个例证中并没有什么东西能够产生出"能力"印象或者"必然联系"这个印象来,因而这种观念也就显示不出来。但是,如果出现了许多一系列的例证,而且如果同一物象总是与同一事情相伴随,那我们就开始有了原因和联系的概念。我们此时就感觉到一种新的感觉或印象以及一个物象与其恒常的伴随之间在我们思想中或想象中有种习惯性的联系。这种感觉就是我们所追寻的那个观念的来源。因为既然这个观念源于许多相似的例证,而不是源于任何单一的例证,所以它的产生一定是凭借着多数例证与

---

① 从这些解释和定义来看,能力观念与原因观念一样也是相对的。两者都指向一种结果或者与前一种事情常相连的另一种事情。人们假定,一个物象中有种未知的情节可以决定其结果的程度或数量,当我们去考究该情节时就称其为那个物象的能力;所以,所有哲学家都承认结果就是计算那种能力的尺度。但如果他们有真实的能力观念,那为什么不去衡量原因自己呢?人们常常争论,运动中物体的力量是与其速度成比例还是与其速度之力成比例。如果他们具有能力观念,那就不必比较它在相等或不相等的时间内的结果就可以决定这一争论,因为他们本可直接测量、比较。

至于力量、能力和能量等名词,虽然它们在普通的谈话和哲学中常出现,但这也证明不了我们在例证中熟悉了因果间的联系原则,也证明不了我们能解释因果的最后道理。通常人所用的这些名词仅仅附有粗略的含义,他们的观念是非常混乱不定的。任何动物在促使外物运动时总有努力的感觉,而且它们在受到运动的物体打击后也都会有一种感觉。虽然这些感觉是属于动物的且我们也不能因此而先验地得出任何推断,但我们容易将其影射到无生命物上,而且我们容易假设它们在传递或接受运动时也有感觉。至于所运用的各种力量,如果我们没想到其中有任何运动的传递,那么我们就只考究各种事情在经验上的经常相连;但在各种观念间,我们既然感觉到有某种习惯性的联系,那我们还是将那种感觉移至外物。我们常常将各种内在的感觉归于产生它的那些外物,这可是件最常见的事情。——原注

单一例证之间的差别。但它们相差的情节也只有想象中的这种习惯性的联系或转移。在所有其他特别情节中,它们都是一样的。两个弹子撞击后(仍然回到这一明显的例子中来),我们总是看到有运动传送出去,而且我们以前见到的第一个例证和现在能呈现于我们的任何例证都是精确类似的。不过我们起初并不能由一件事情推断出另一件事情来,而在我们经历了一长串同一的例证后就可以推断了。我不知道你们是否能够很快了解这一点。如果我一味地对此胡搅蛮缠,或者从各种观点来考察它,那它也许会更加含糊,更加复杂。在所有抽象的推论中,时常有一种观点,只要我们碰巧遇上那个观点,那就比世界上的一切雄辩与辞藻更能对此加以阐释。我们只希望努力达到这个观点;至于修辞的华丽,则可留待我们那些适合于修饰的主题。

(刘根华　璐　甫　译)

理解的作用

构成人类理性对象的有两种,即观念的关系(Relations of Ideas)和实际的事情(Matters of Fact)。属于第一类的,如几何、代数、三角诸科学;可以作这样的断言,即凡有直觉的确定性或解证的确定性的,就属于前一种。"直角三角形弦之方等于两边之方"这个命题,乃是表示这些形象间关系的一种命题。又如"三乘五等于三十之一半",也是表示这些数目间的一种关系。这类命题,我们仅凭思想作用就可以把它们发现,而不必依据于宇宙中任何其他因素的作用。自然中纵然没有一个圆或三角形,而欧几里得所解证出的真理也会永久保持其确实性和明白性。

至于人类理性的第二对象即实际的事情,我们就不能用同一的方式来加以考究了;而且我们关于它们的真实性不论如何明确,而那种明确也和前一种不同。各种事实的反面总是可能的,因为它从不曾含着任何矛盾,而且人心在构想它时也很轻便、清晰,正如那种反面的事实是很契合于实在情形那样。"太阳明天不出来"这个命题和"太阳明天要出来"这个断言,是一样可以理解,一样不矛盾的。我们无论如何也不能解证出前一个命题有什么虚假性。我们如果能解证出它的虚假性,那它便含有矛盾,而它就不会是人心所构想的。

因此，我们可以就好奇心的促动，考察在感官的当下根据或在记忆的记录以外的明确性问题，以及明确性的本质问题了。这部分哲学，我们知道，无论古人或今天，都不曾加以培养。因此，在进行这样重要的一种研究时，我们的疑虑和谬误更是可以原谅的；因为我们在这样艰难的途径中进行，并没有任何指导可以依据。它们或者也不是没有用的，因为它们正可以刺激起好奇心来，把有害于一切推论和自由探究的那种绝对的信念和心安理得予以清除。我们如果在普通哲学中发现了它存在着不足（如果有的话），它是一件鼓励人的好事，可以刺激人去试探一种较为充分并令人满意的理论，以替代前人向大家所提出的为人们所熟悉的理论。

实际的事情的一切理论似乎总是建立在因果关系上。只凭借这种关系，我们就可以说明确性的东西是超出我们记忆和感官的证据以外的。你如果问一个人说，他为什么相信任何不存在的事实，例如，问他说，他为什么相信他的朋友是在国内或在法国，他便会给你一个理由，这个理由又是别的一些事实，例如他接到他的朋友一封信，或者知道他先前的决心和预告。一个人如果在荒岛上找到一块表或其他任何机器，他就会断言说，从前那个岛上一定有过人。关于实际事情的一切推论都是这种性质的。在这里，我们总是假设，在现在的事实和由此推得的事实之间，必然有一种联系。如果没有任何东西来结合它们，则那种推论会成了完全任意的。我们在黑暗中一听到一些音节清楚的声音和有条理的谈话，那我们就会相信，那里有一些人在。这些声音和有条理的谈话，是人类身体构造的反映，它们是和那种构造密切地联系在一起的。我们如果分析其他一切这一类的推论，那我们就会看到，它们是在因果关系上建立着的；而且这种关系不是近的，就是远的；不是直接的，就是并行的。热和光是火的并行的结果，此一种结果正可以正确地由另一种结果推出来。

如果我们要想知道使我们相信各种事实的那种证明所具有的本性,那我们就必须研究,我们是如何得到因果的知识的。

我大胆地提出这样具有概括性并在以前未有例外的命题,即这种关系的知识在任何例证下都不是由先验的推论得来的;这种知识所以生起,完全是根据于我们的经验,看到某些特殊的物象是恒常地互相连合于一起的。一个人不论有如何强烈的自然理性和才能,他在遇到一个完全新的物象时,即使是极其精确地考察了那个物象的各种可感的性质,他也不能发现出那个物象的任何一种原因或结果来。我们可以假设亚当的理性官能是十分健全的,但他也不能单根据水的流动和透明,就断言水会把他窒塞住;他也不能只根据火的光和热来断言说,火会把他烧了。任何物象都不能借它所呈现于感官前的各种性质,把产生它的原因揭露出来,或把由它所产生的结果揭示出来。我们的理性如果不借助于经验,则它不能就关于真正存在和实际事情推断出什么结论。

我们可以说,"因果之被人发现不是凭借于理性,乃是凭借于经验"。当人们不完全熟悉某些事物时,他们很容易承认我的这个命题。因为这是很清楚的!人们完全不能预言出某些事物它会产生出什么来。你如果向一个完全不懂自然哲学的人展示两块光滑的大理石,那他一定不会发现,这两块大理石会黏合在一块,而且在黏合以后,在纵的一方面我们用大的力量才能把它们分开,而它们对于横向压力只有些小的抵抗力。这类事情和自然中寻常的途径既然不相类似,所以我们都得承认,它只有借助于经验才能为我们所知晓。此外,任何人也不会想象,火药的爆发或磁石的吸力,是因为被先验地论证所发现的。同样,我们如果假设,某种结果是依据于复杂的机关或各部分秘密的结构,那我们也容易把我们关于它所有的知识归于经验。关于乳或面包是否是人类适当的滋养品这一问题是很难拿出最终的理由或证明的,难道狮或虎就不是人类适当的滋养品?

但是这个真理在我们并不十分明白。我们不可能一生下来就对各种事情都熟悉,人们总是关注自然的全部途径,以为它们只依据于物象的简单性质,而不依据于各部分的秘密结构;那我们就容易想象,我们单凭理性的作用就可以发现出这些结果来,并不必依靠于经验。我们想象,假定我们突然来到这个世界上,我们在一开始就可以推断出,一个弹子在受到冲击以后,就可以把那种运动传达到另一个弹子上边;我们想象,我们并不必等待这种事情,就可以断言有这回事。习惯的影响真大,在它最强的时候,它不止掩盖了我们对自然的愚昧,而且也掩藏了它本身,似乎并没有习惯那回事,那是一种最高性质的东西。

不过要使我们相信,一切自然法则和物体的一切作用,无一例外,都只是借经验才为我们所知晓的,那下述的反省或许可以说明问题。如果有一个物象呈现在我们面前,要求我们不依据过去的观察,就来断言由此物象所产生的结果,那么我请问你,心在从事这种活动时,它将在何种方式内来进行呢?它一定要造作或想象一种事情,认为它是那个物象的结果;不过我们分明看到,这种造作完全是任意的。人心就是极其细心地考察过那个所假设的原因,它也不能在其中发现出任何的结果来。因为结果和原因是完全不同的两回事,我们不能在原因中发现出结果来。第二个弹子的运动和第一个弹子的运动完全是两件事情;第一个弹子的运动并没有任何东西可以略微暗示出第二个弹子的运动来。一块石头或一块金属如果悬在空气中,没有任何支撑物,那它立刻会掉下来。但是要先验地来考察这回事,我们在这个情势下既然生起金属或石头会下落的观念,难道就不能生起它们会上行或其他运动的观念?

在不参考于经验时,我们在一切自然作用方面凭借于想象而产生的一个特殊结果,我们虽然假设还是有一种纽带把因果之间联系或结合起来,并且使那个原因不能产生出任何别的结果,但是我们也必须承认那种纽带是任意的。当我们看到一个弹子循直线滚向另一个弹子,并使第二个弹子滚向第一个弹子,两个弹子接触或相撞,并产生了这个结果,但是我们果真不能构想,它们不可以完全静止吗?第一个弹子难道不会循直线返回来?第二个弹子难道就不会循任何路线或任何方向跳出去?这些假设都一样是成立的,可以想象的。那么我们为什么偏要选取比其余假设并不更为合理、更可想象的一种假设呢?我们的一切先验的推论在这个问题上都不能作出很好的说明,即这种选项的基础究竟是什么?

总之,每个结果都有和它的原因不一样的情况。因此,我们就不能从原因中发现结果,人们那种先验的、造作的并凭想象而产生的结果完全是任意的。纵然在这个结果提出以后,它和原因的联络也一样是任意的,因为总有许多别的结果在理性看来也一样是充分合理的、自然的。因此,离了观察和经验的帮助,我们对任何一件事情的因果关系的推论就都缺乏充分的根据。

由此我们也能理解那些明智的哲学家为何就自然的作用从不随意指出最后的原因来,并去清晰地说出在宇宙中存在产生某种结果的那种能力。人们都承认,人类理性所刻意努力的,只是借类比、经验和观察所作的推论,把能产生自然现象的各种原则归于较简易的地步,并把许多特殊的结果还原于少数概括的原因。不过说到这些概括的原因,我们却永远也无法把它们发现出来,虽然我们极其详尽地把它们解释一番,我们也永不会使自己满意。这些最后的概括和原则对人类的好奇心和考究是完全封锁住了的。弹力、引力、各部分的黏合、冲击后运动的传递力，等等，或者是我们在自然中将来所能发现出的最后原因和原则，而且我们如果能借助精确的考究和推论，把各种特殊的现象归源于（或只使它们接近于）这些概括的原则，那我们就该认为我们自己是很侥幸的了。最完美的自然哲学只是把我们的愚昧暂为拦阻一时；在另一方面，最完全的道德哲学或形而上哲学或许只是把更大部分的愚昧发现出来。因此一切哲学的结果只是使我们把人类的盲目和弱点发现出来，我们每一转折都会看到它们——虽然我们竭力想逃脱这种观察，避免这种观察。

在这里几何学对自然哲学并不能帮多少忙，也不能改正人性的这种缺点。几何学只能使计算精确异常，但它不能因此使我们知道最后的原因——虽然人们因为它精确异常加以正当的称赞。各种混杂的数学在进行时总依据于一种假设，它们都假设，自然在其各种活动中是立了一些法则的；此外，它们还用抽象的推论来帮助经验，把这些法则发现出来，或者在特殊的情节下来决定那些法则的影响——如果它们的影响是依据于距离和数量的精确程度。我们凭经验发现了一条运动法则，因而知道，任何物体在运动时的运动量和其固体的含量与速度成比例；因此，即使是一种很小的力量，我们只要凭借机械把它的速度增加，使它能抵抗过它的反对力量，那它就会驱除最大的障碍，提起最大的重量来。在应用这个法则时，几何自然可以帮助我们，因为它可以把机械中一切部分相互作用力的大小精确地为我们计算出来。不过我们所以能发现那个法则，仍只是凭借于经验。此外，世界上所有的抽象理论并不能给我们什么，使我们明白这个法则。当一个物象或原因呈现在我们面前时，我们如果不是借助于观察，而是先验地来推论它、考究它，那它就不能揭示出任何别的物象的意念来，即产生所谓的结果；它更不能揭示出因果之间那种不可分离并不可破坏的那种联系。一个人如果不预先熟悉热和冷两种性质的作用，而是只借推论去发现结晶是热的结果，冰是冷的结果，它实际上是天所作为的。

但是到现在为止就我们一开始所提出的那个问题，还没有得出任何满意的解答。因为每一个解答，又生起一个新的问题来，那个新问题又和以前的问题一样的困难，于是我们还没有继续往前研究。当我们问："我们关于实际事情的一切推论，其本性是如何的？"而适当的答复似乎是说："它们是建立在因果关系上的。"我们如果再问："我们关于那个关系所有的一切推论和结论，其基础何在？"那我们又可以一语答复说："在于经验。"但是我们如果继续纵容我们的仔细穷究的癖性，又来问道："由经验而得的一切结论其基础何在？"则这个又含有一个新问题，而且这个问题或许是更难解决，更难解释的。有些哲学家自命不凡，以为自己有优越的智慧和能力，不过他们一遇到爱这样追问的人们，那他们就陷入一种很艰难的境地，因为那些人会把哲学家们推出他们赖以藏身的每一角隅，使他们最后无法面对这种不断的追问。要想避免这种尴尬困境，最好的方法就是我们不要过于自负，且在别人未向我们把这类难题提出时，就该自己把它发现出来。运用这个方法，我们就可以把自己的愚昧转变成是我们的一种功劳。

在这里，我就打算做这项工作。但我提出的观点，是想给出一个否定的答复。我指出，即使在我们经验到因果的作用以后，我们由那种经验所得出的结论也并不是建立在推论上的，也不是建立在理解的任何过程上的。这个答复，我们必须努力加以解释，加以辩护。

我们必须承认，自然使我们远离它的秘密，它只使我们知道物体的少数表面的性质；至于那些物质的作用所依据的那些能力和原则,自然并不向我们敞开而是掩饰起来的。我们的感官告知我们面包的颜色、重量和硬度,但无论是我们的感官和理性都不能告诉我们说,面包有什么性质可以使它来营养人体、维持人体。视觉或触觉固然可以把物体的真正运动的观念传达给我们,但是要说物体中还有一种奇妙的力量,可以使物体永久地在继续变化的场所中进行,而且物体在把这种力量传送到别的物体上以后,才失掉这种力量,则我们对于这种力量丝毫没有一点概念。但是虽然我们不知道自然的能力和原则,可是在我们看到相似的可感性质时,总是设想出它们也有相似的神秘能力的存在,且期望它们会生出一些与我们所经验过的结果相似的一些结果来。如果有一个物体呈现在我们面前,而且它的颜色和硬度都和我们以前所吃过的面包相仿,那我们就毫无迟疑地来重做那个实验,并且确实会作这样的预设,即将来会有同样的营养和补益产生的。不过关于人心（或思想）的这种过程,我委实愿意知道它的基础。我们在各方面都得承认,在这些可感的性质和秘密的能力之间并没有可知的联系；因此,人心不论在它们的本性方面知道什么东西,它也不能借此对它们的恒常的规则的联络有任何结论。说到过去的经验,那我们不能不承认,它所给我们的直接的确定的报告,只限于我们所认识的那些物象和认识发生时的那个时期。但是这个经验为什么可以扩展到将来,扩展到我们所见的仅在相貌上相似的别的物象,则这正是我所要坚持的一个问题。我以前所食用的那个面包曾给我以滋养,于是具有那些可感性质的那个物质出现时,它是赋有那些秘密的能力的。但是我们能够作这样的推断,即面包在别的时候就一定能给我以滋养,而且相似的可感性质总有相似的秘密能力伴随着它吗？这个结论在各方面看来都不是必然的。至少我们也得承认,人心在这里推得一个结论:在这里有一个步骤,有一种思想过程,有一种推论,需要我们的解释。下边这两个命题丝毫没有相似之处。一个命题是说:"我曾经看到,那样一个物象总有那样一个结果伴随着它";另一个命题是说:"我预先见到,在相貌上相似的别的物象也会有相似的结果伴随着它"。我也承认,后一个命题可以由前一个命题正确地推导出来,而且事实上它也是如此恒常地推出的。但是如果你坚持说,这个推断是根据一串推论来的,那我希望你把那一串推论揭示出来。这些命题的这种关系并不是依据于直觉的,它需要一个媒介才能使人推出这个结论(如果它是借推理和论证来推出的)。这个媒介究竟是什么,我承认,那不是我所能了解的。因此,如果人们主张说,它是存在的,而且在实际事情方面它是一切结论的源泉,那他们就必须负责把这个媒介揭示出来。

这个否定的论证是很有说明力的,并也能逐渐为人接受。如果那些锐利而能干的哲学家能在这方面从事研究,他们就会认识到没有一个人能发现那个起联系作用或中间步骤的媒介。不过这个问题既然还是新发现的,所以各个读者还不能十分依靠自己的聪慧来断言,只因为某种论证是他所考究不出的,那种论证就是实际不存在的。因为这种缘故,所以我们必须冒险来做更艰难的一种工作。我们要把人类知识的各种部门都列举出来,以便努力指点明白,没有一个部门能供给那种论证。

一切推论都可以分为两类:一种推论是分析性的,它涉及的是各观念的关系;另一种推论是实在性的,所涉及的是实际的事实或存在。在我们现在这种情形下,似乎分明没有分析性的论证;因为自然的途径是可以变的,而且一个物象即便和我们所经验过的物体似乎一样,也可以生出相异的或相反的结果来;这些事情都是没有什么矛盾的。我难道就不能作这样明白而清晰的设想：某一个从云中掉下来的物体，它在各方面都类似于雪，可是它的味却如盐，热却如火？我们难道不能说，一切树都在十二月和一月这两个月里开花，而在五月和六月两个月里枯萎？这就很清楚，凡认为明白了解的真理，凡可以清晰地构想到的事理，都是不包含矛盾的，我们都不能借任何分析性的论证，或抽象的推论，先验地来证明它是虚妄的。

因此，如果有一些论证，要借助于我们过去的经验，并作为判断的标准，那这类论证一定只是或然性的，一定只是关涉于实际的事情和实在的存在（按照我们上面的分类讲）。但是我们对于这类推论所下的解释如果是实在的，令人满意的，我们一定会看到此处所说的这些论证是不存在的。我们已经说过，关于实际存在的一切论证，都是建立在因果关系上的，而我们对于这种关系所有的知识又是从经验来的，而且我们一切经验上的结论又都是依据"将来定和过去相契"的这一个假设进行的。因此，我们如果努力用或然性的论证，或实在存在方面的论证，来证明最后这个假设，那分明是来回转圈，而且是把争论时的前提当成了结论本身。

实在说来，由经验所得来的一切论证，都建立于我们在自然物体现象间所发现的那种相似的关系，因为有这种相似的关系，因此我们期望将来发生的结果能和我们所见的由同样物体现象而来的结果相似。没有人能够否认经验的权威，或排斥经验对人生的指导作用，因为这样做是极其愚蠢的。但我们却不能不让哲学家以其极大的好奇心来考察人性中究竟有什么原则，可以给经验以这样大的权威，并且使人们从自然界各种物体现象的相似关系分析中，来求得一些利益。由似乎相似的原因，我们便期望有相似的结果。这就包括了我们一切根据经验的结论。不过我们似乎明白看到，这个结论如果是为了理性构成的，那它在一开始并且在一种例证下，就会达到完全的地步，而且完全的程度应该和我们所经历的长期的经验一样。但是实际情形却并不是这样。蛋类的形象是非常相似的，但是没有人会只因为这种貌似的相似关系，就期望它们有同样的滋味。只有在长时期中，并且在各种情形下，我们都经过反复地实验以后，才可以正确地坚信一件特殊的事情。但是既然以前的一百个例证和现在这一个例证没有任何差异，我们又凭什么可以推导出这一个例证异于我们由那一百个例证所得的那个结论呢？提出这个问题来，既可以启发我们，也包含了一些新的难题。我不能发现或想象就这个问题的任何合理的推论，当然希望人们给我以指教，我将虚心地接受。

如果人们说，由许多一律的实验，我们就可以推断，在可感的性质和秘密的能力之间有一种联系；那我可以明白地说，这仍是用不同的说法把同一的困难陈述出来。我们就此仍然可以问，这个推断是在什么论证过程中建立着的？我们是通过什么媒介和中介的方法来联接这些互不相涉的两个命题的？人们都承认，面包的颜色、硬度和别的可感的性质，其本身和营养同维生的秘密能力并无任何的联系。否则，我们不必借助于经验，在这些可感的性质初次出现之时，我们就可以推断出这些秘密的能力来了。照这样，就同一切哲学家的意见相反，同分明的事实相反。在一切物体现象的能力和作用方面，我们就处在这种自然的愚昧的状态下。这种情形如何才能借经验来改善呢？经验只告诉我们说，有一些一律的结果是由一些物体现象带来的，那些特殊的物体现象，在那个特殊的时候，是曾具有那些能力和力量的。一个新的物体现象，如果也具有相似的可感的性质，那它在呈现于我们的面前时，我们便期望有相似的能力和力量，便期待一种相似的结果。我们见了一个物体,并且知道它和面包的颜色和硬度相似,那我们就会期望它有相似的营养力和维生力。不过,这确实需要说明人心在其中的一个活动过程。一个人如果说:"我在过去一切例证中,曾见有那些相似的可感性质和那些秘密的能力连合在一块",同时他又说:"相似的可感性质将来总会恒常地和相似的秘密能力连合在一块",那他并没有犯同语反复的毛病,而且这两个命题不论在任何方面都不是同一的。你或者说,后一个命题是由前一个命题而来的;不过你必须承认,那个推断不是直观性的,也并不是分析性的,就它的本性而言是根据于实验的,它是把未解决的问题引来作为论证。因为根据经验得来的一切推断,都假设将来和过去相似,而且相似的能力将来会伴有相似的可感的性质——这个假设正是那些推断的基础。如果我们猜想,自然的途径会发生变化,过去的规则不能成为将来的规则,那一切经验都会成为无用的,再也生不起任何推断或结论。因此,我们就不能用由经验得来的论证来证明过去是和将来相似的,因为这些论证统统都是建立在那种相似的假设之上的。我们当然可以认为世上的事物是具有规则的,但是我们如果没有一种新的论证或推断,单单这种规则性自身并不能证明物体具有恒常性。你当然可以认为你根据过去的经验知道了物体的本性,但这是没有意义的;因为即使物体的可感的性质没有发生任何变化,但它们的秘密本性仍然会变化,因此它们的结果和作用也就会变化。有些物体现象这种变化是很明显的,当然不能说其他的物体现象就没有这种变化。你是用什么逻辑或论证过程来驳倒这个假设的呢?你或者会说我的这个论证在驳倒我的怀疑,这样回答问题就误解了我的这个问题的意义了。如果作为当事人的身分,我是很满足于这一点的;但是作为一个哲学家,我就不能没有几分好奇心(我且不说有怀疑主义),我在这里就不能不来追问这个推断的基础。在这样重要的事情方面，我的研读从不曾把我的困难免除了，也从不曾给我以任何的满意的回答。那么我不是除了把这个难题向公众提出来以外，已别无良策了吗？（虽然这个难题提出了，也难以将其解决）因此，我们的讨论虽然并不能增加我们的多少的知识，但却使我们明白，我们在不少方面的局限。

我们可以看到，人们往往由于某种论证是他所不能考察出来的，就推言说，那个论证是不存在的。这是一种自以为是的不可原谅的傲慢的做法。许多饱学之士持续于某个题目的研究就是毫无进展，我们也不能贸然断言，那个题目就不是人类所能了解的；要这样断言，那就太鲁莽了。即使我们考究了我们知识的一切来源，并断言它们不适宜于此种考察，我们也仍然会猜想，我们的说明是不完全的，我们的考察是不精确的。不过关于现在这个题目，似乎有一些理由可以使人不责难我们过于傲慢了，或者猜想我们在这个题目上存在什么错误。

我们确实知道，即使有些最无知或愚蠢的农民（甚至于婴儿，再甚而至于畜类）经验都会给予其以帮助，使其以进步。借助于对自然现象观察得出的结果，他们可以来了解事物的性质（那些结果正是由这些性质来的）。一个婴儿在触到蜡烛，感觉到痛苦后，那他以后就会留神，不把自己的手再靠近蜡烛。他只要看到有一种东西同蜡烛的可感性质和相貌相似，那他就会由这个原因期待同样的结果。你如果说，儿童的理解所以能得到这个结论，乃是凭借于一种论证过程或推理过程，那我正可以合理地要求你把那个论证拿出来；你并没有任何借口可以来反驳我这样一个公平的要求；你不能说那个论证是那样地深奥因而无法述说，或这个要求不在你考察的范围；因为你承认，一个婴儿的心理能力也是能明白地看到它的。你如果迟疑片刻，或者在反省之后，才能拿出任何繁复的深奥的论证来,那你已经把那个问题抛弃了,实际上也就承认,我们假设过去和将来具有的相似性,或由相貌上相似的一些原因来期待相似的一些结果,并不是推论。这个命题,是我在这里所竭力申说的。我的观点如果是正确的,我要宣称那并不是我自己有了什么伟大的发明;但如果是错的,那我就不得不承认我实在是一个退步的学生,因为我到现在竟然还不能发现出,我在未出摇篮时就早已完全熟悉了的那个论证。

(璐　甫　译)

自由和必然

　　人们经常为科学和哲学的一些问题进行考察和争辩,其中不少是为各种名词的意义而发生的,二千年的过程就是这样。我们似乎太容易去给推论所用的各个名词下精确的定义,使这些定义(不是空空的字音)成为我们将来考察的对象。但是如果仔细地加以考察,就会得到一个相反的结论。哲学中的辩论既然常在进行中,并没有得到解决,所以我们就可以单由这个情节作出推断,即人们所用的辞句一定存在意义上的分歧,人们在争论中所用的名词上附有各种不同的意义。因为我们既然假设人心中的各种官能在各个人都自然是一样的(否则人们之间的争辩乃是毫无意义的),所以人们如果在他们的名词上附有同一的意义,那他们对于同一个题目一定不会发生在那样长的时间内不相同的意见。他们既然把自己的见解传达出去,其他的人们又搜寻论证以求战胜对方,那他们更应该见到一个题目的真相,而不应该互存异议。当然,人们如果讨论的是人类才能所完全不能及的一些问题,如世界的起源、智慧体系(或精神领域)的组织等,那他们在那些无结果的争辩中就只有捕风捉影,不会得出任何确定的结论。但是,我们的问题如果只涉及日常生活和经验中的任何题目,那我们正可以想一想,多年以来之所以一直使人们的争论发展下去的,一定不是别的,只是那些含糊的辞句,因为那些辞句到现在仍然使各反对者不能接近,并阻止他们去互相了解。

人们就"自由和必然"的那个问题的纷争就具有这种极其显著的情形,所以(如果我不错的话)我们将会见到一切人类无论是有学问的或是无知识的,对于这个问题实在是意见一致的,而且几条明显的定义就会立刻把这个争论结束了。我承认,这种辩论人们已经在各方面研究过了,许多哲学家也因此陷在这种暧昧诡辩的迷津之中。所以当有人就这个问题提出请教时,有学问的人就掩耳却步了,他看不到这个问题会给他以任何教导或快乐。不过我在这里所提出的论证的情况,或许可以重新唤起他的注意,因为我的论证是较为新奇的,至少可以担保解决一部分纷争,而且不会借任何曲折或暧昧的推论来过多搅扰他的自在安闲。

因此,我就希望使读者明白,就必然和自由这两个名词所有的任何合理的意义而言,人们向来似乎意见都是一致的,全部的争论一向都只在于空洞的文字上。现在我们可先来考察必然学说。

人们都一致承认,物质在其一切作用中,是被一种必然的力量所促动的,而每一种自然的结果,恰好被其原因中的力量所决定;因此,在那些特殊的情节下,就不会有别的结果可由那个原因产生出来。每一种运动的程度和方向都是被自然法则所精确地规定好的,所以两个物体在相撞以后,所生的运动的方向或程度只能如实际所产生的那样;别种运动是不会由此生起的,正如一个生物不能由此生起一样。这样,当我们用必然观念说明物体的作用时,就要考究这个必然是从哪里生起的。

这点是很明白的,自然的景象总是在不断地变化中,在两件事情没有任何相似的地方,或每个物象都成为完全新的,和以前所见的全不相仿,在这种情形下人们从不会在这些事物方面得到所谓必然观念或联系观念。在那种假设的情况之下,我们只能说,一个物象或一件事情,跟着另一个、另一件;而不能说,这一个产生了另一个,这一件产生了另一件。因果关系在这里必然完全不为人所知晓。关于自然作用的一切推断和推论从那一刻起也会停止;只有记忆和感官是剩下的唯一渠道,只有它们可以使任何真实"存在"于人心而为人所知道。因此,我们的必然观念和"原因作用"观念所以生起,完全在于我们所见的自然作用是一律的缘故。在自然作用中,相似的各种物象是恒常地联系在一起的,由此在我们的内心也为习惯所决定,当一种物象出现就自然推断另一种的存在。这两种情节,就是我们认定物质所具有的必然性的全部本性所在。离开了相似物象的恒常"连接",以及由此而生起的那种推断,我们则不会有任何必然意念或联系的意念。

由此,我们如果看到,人类一向都毫不迟疑地承认,这两种情节也发生于人的有意动作中,也发生于人心的作用中,那我们就可以断言,人类一向都是接受必然学说的,之所以一直争论不休,只是因为不能互相了解。

说到第一种情形,即相似的各种事情的恒常而有规则的连接,我们或许可以以下述的考察来作出说明。人们普遍承认,在各国各代人类的行动都有很大的一律性,人性的原则和作用也是没有变化的。同样的动机,常产生同样的行为;同样的事情,常跟着同一的原因。野心、贪心、自爱、虚荣、友谊、慷慨、为公的精神,这些情感从世界开辟以来,至今一直是我们所见到的人类一切行为和企图的泉源;这些情感混合的程度虽有不同,却都是遍布于社会中的。你想知道希腊人和罗马人的感情、心向和日常生活吗?你好好研究法国人和英国人的性情和行为好了。你如把由后两国人所得出的大部分观察结果,在前两国人也作这样的推论,你不会犯大

自由和必然

的错误。人类在一切时间和地方都是十分相仿的，所以历史在这个特殊的方面并不能告诉我们什么新奇的事情。历史的主要功用，只在于使我们发现人性中恒常的普遍的原则，它揭示人类在各种环境和情节下是什么样的，供给我们以材料，使我们从事观察，并使我们熟悉人类的动作和行为的有规则的动机。战争、密谋、党羽和革命的种种记载，在政治家和道德哲学者手里，只是一大堆实验，他们正可借此来确定他们那种科学的原则。这个正如物理学家或自然哲学者借各种实验熟悉了植物、动物和别的外物的本性一样。亚里士多德和黑普克洛特（Hippocrates）所考察过的地、水以及其他元素，固然和我们现在所能观察到的地、水以及其他元素相仿，可是波利比（Polybius）和塔西佗（Tacitus）所描述的人物也正和现在管理世界的那些人相仿。

如果有一个旅行者从异国而来，并为我们叙述那完全异于常人的事，如那些人没有贪欲、野心或报复，他们除了友谊、慷慨和为公的精神而外，便不再知道其他的快乐。我们则正可以根据这些情节，立刻发现他的虚伪，证明他是一个撒谎者。我们之所以敢于断定他是一个撒谎者，因为他给我们叙述的正如叙述马面龙神迹那般怪异。我们如果想来驳倒历史上的伪造事实，那我们的最有力的论证就在于证明，所记载的某一个人的行动正和自然的途径截然相反，而且在那些情节下人类一定没有那种动机引动他来发生那种行为。就如库舍（Ifuintus Curtius）曾记载亚历山大有超自然的勇敢，促使他奋勇向前，以己身来攻击众敌；又记载他有超自然的气力，使他能够抵挡那些众敌。但是，这种超乎自然的勇敢和气力，我们难以相信它的真实。由此看来，我们不但在身体的动作上，而且在人类的动机和行为上，都是确定不疑地承认有一种一律性的。

经验对人很有好处，如果你寿命长、阅历多、交游广，这些经验使得我们熟悉人性的原则，并以此规范自己的行为；也可以经验为指导，根据人的行动、表情，甚至于姿态，就能窥探出他的心向和动机；而在另一方面，我们既然知道了他们的心向和动机，我们也可以来解释他们的行动。长时间积累的经验，给我们以人性的线索，教导我们解开人性中一切错综的情节。所谓借口，所谓冒充，都不能欺骗我们。人们向公众发出的宣言，我们往往会认出它们是出于某种私心的饰词。我们虽然承认德性和尊荣具有很重的分量和权威，但是人们所常自夸的那种完全的为公则在群众和党派中看不到的，这种心情在他们的领袖中也是难得的，甚至于在任何职务或地位的人，都是罕有的。但是，人类的行为中如果没有一律性，而且我们所做的这一类的实验如果都是不规则的、反常的，那我们在人类方面便不能搜集到任何具有概括性的观察。这时任何经验，人们纵然反省，也不能给我们什么帮助。一个老农之所以比一个青年农民精于他的稼穑，只是因为日光、雨水和土地对植物的生长有一种恒常一律的作用，经验使得那个老农的行为合乎适当规则。

但我们也不能设想，人类的行为都是一律性的，在同一环境下总会精确地照同样方式来行事，我们必须承认人们在性格、偏见和意见上的差异。这种在各方面都很一律的性质，在自然中的任何地方都是找不出的。正相反，我们在观察了各个人的不同的行为以后，还正可以由此来构成其他的一些规则；不过这些规则仍然以前面设定的某种程度的一律性和规则性为其条件。

从各个时期各国的人类风俗可以看到教育和习惯的重要作用，教育可以使人类在婴儿期中就把人心铸了型，并使人们形成一种确定的品格。男人和女人在行为上是不同的，可是我们可以看到，自然在两性上所印入的具有恒常的性格。一个人由婴儿期到老年期，在一生中的各个时期有许多差异，但是我们可以从我们的

自由和必然

情感和心向的逐渐变化中,得出许多概括的观察来,以及适用于人类的各种年龄的许多通则来。就是各个人所特有的性格,也存在一种恒常而一律的东西,否则我们即便熟悉了各个人,对他们的行为作了观察,我们也不能明白他们的心向,也不能指导自己对他们的行为。

我承认,我们自然可以看到有些行为似乎和任何已知的动机没有任何有规则的联系,对我们久已认为确立了的支配人类行为的一切规则,也可以说是一些例外。但是,我们如果想知道,对于这类不规则的奇特行为,我们应该有何种判断,那我们正可以来考察普通人们对于自然中和外物的作用中那些不规则的事情有什么意见。一切原因和它们的恒常结果,并不能在同一律的情形下来互相连接。一个工人虽在操作使用一团死了的物质,有时他也会不能达到目的;这正如一个政治家在支配有感觉有智慧的人类的行为,经常会不能达到目的一样。

人们往往以对事物的初次现象来认识事物,把事物的各种不确定性归于原因的不确定性,以为如此可以不必去追问原因的影响。但其实原因的作用并不会受到阻碍,因为差不多在自然的每一部分都存在动力和原则,它们因渺小或悠远隐藏于自然之中,所以发现相反的事情不一定是由于原因中的偶然性,而是还存在相反的原因在秘密进行着。他们以为这种情形至少是可能的。这种可能性,在进一步观察之后又成了必然性;因为他们看到在精密的考察之后,相反的各种结果总揭露出相反的各种原因来,而且那些结果是由那些原因之互相对立来的。一个农人无法解释一个钟停了,只是说它走得不对;而一个匠人可以看到,一条簧或一个摆只要它的力量不变,则它在轮上的影响总是不变的;它所以不能产生寻常的结果,是一粒尘土造成的。于是在观察了几个同样的例证以后,哲学家就概括出一个通则,即一切因果间的联系都具有必然性的,在有些例证下它之所以看似不确定,只是因为有相反的各种原因秘密反对着。

就人的身体而言,无论我们对健康或疾病有什么预期,或对药物的作用有什么预期,总有一些不规则的事情使预期受阻;一个哲学家或一个医生并不惊异这回事,也不会由此就来否认支配身体结构的那些原则有必然性和一律性。他们知道,人类的身体是一个大而复杂的机器,有许多秘密的能力隐伏于其中,是为我们所完全不能了解的;因此,身体的作用也必然具有很不确定性;我们不能因为呈现于外部的那些事情难以预期就得出结论,说在身体的内部作用和组织中,其自然的法则是不被其规则起作用的。

哲学家的结论,也可以推论于有智慧的生物的一切行为和意志上。我们只要知道某些人性格中和环境中的一切特殊情节,我们就能由此解释出他们那些最不规则最出人意料的决意来。一个殷勤有礼的人如果给你一个带怒气的答语,那或者是因为他牙痛或没有吃饭。一个愚蠢的人如果表现出了异常敏捷的动作,他或许是遇到了一件幸运的事情。一种行动即使不能为行事人自己或他人作出明确的解释(这是有时候可以见到的),我们仍然可以知道,这是因为一般的人性在某种范围内的不恒常、不规则性。人性的特质在某种范围内的变幻也是恒常的,运用这个规则就可以解释那些变幻无常毫无确定的人的行为。人类表面上虽然有这些貌似的不规则行为,可是他们的内部原则和动机仍可以在一律的方式下来动作,正如风、雨、云以及气候的变化等被人假设为受恒定的原则所支配的一样。

由此看来,人类的动机和其有意的动作之间那种连接,和自然的任何部分中因果间的那种连接是一样有规则、一样一律的。我们应当看到,这种观点也是为人类所普遍承认的,不论在哲学中或在日常生活中,它都不曾成为争论的题目。我们既然凭过去的经验来得到关于将来的一切结论,而且我们既然断言,我们常见在具有连接着的那些物象将来也是连接的,所以我们似乎可以得出证明,人类行为方面所经验的这种一律性,就是我们关于这些行为的推断所以发生的来源。不过,为使这个论证更为充分,我们还要来简略地讨论这后一个题目。

由于社会中,人类间的相互关系是十分广泛的,人类的任何一种行为都不可能孤立地进行,人的行为总与其他人的行为相关联,必须有其他人的行为才能使行事人的行为充分达到他的意向。一个独自劳作的穷匠人,至少也要希望官吏的保护,保证他来享用他的劳作的收获。他还希望,在他把货物运到市场,能以合理的价格出卖;他会遇到购买人;他用所赚的钱来购买其他的产品,以维持他的生活。人的事业愈广,他们的交游愈复杂,那他们在生活中愈常计算到其他人的许多有意义的行为,他们正希望那些行为会依照适当的动机来和他们的有意动作合作。在这些结论里,他们都根据过去的经验来拟就计划,正如他们在关于外物的一切结论中一样。他们确信,人和自然的事物是相同的,他们的行为是有规则的。一个制作家在完成一件工作时,不但要计及他所用的工具,还要计及他的仆人的劳力。如果这件工作没有达到预期的目的,他就会失望。总而言之,人们总是在推断或推论,这占去人生中一大部分时间。当一个人醒着,每时每刻总是这样的。那么,按照上边所述必然二字的定义来解释,我们有理由断言,人类是同意于必然学说的。

在这方面,哲学家和一般人的意见是一致的。他们在日常生活中的每一种行动不用说是依据这种意见,就在这种思辨的学问方面,这种意见也是如此。人们是依据自己对人类所有的经验来相信历史家描述的历史的,而法律和政府形式之所以对于社会具有恒常一律的影响,可以看到政治家在其中的作用。如果某一些特殊的性格没有可以产生某些情感的确定力量,而且这些情感在行为上也没有恒常的作用,那道德学的基础就成为问题。断言诗歌和小说中各角色的行为和感情是否合于某种身份、某种环境,当然也是基于我们生活恒常的一律的规则,否则,我们有什么权利来批评任何诗人或优美文学的作者呢?由此看来,我们不论从事于一种科学或一种行为,我们都不能不承认必然的学说,都不能不承认由动机到有意动作的这种推断,都不能不承认由品格到行为的这种推断。

现在我们承认,自然的证据和人事的证据是如此地联系在一起,它们构成一个论证的系列,那我们便可以毫不迟疑地承认它们的本性是相同的,它们是由同一原则来的。一个狱囚如果既没有金钱,又没有人情,面对围绕他的那些墙和栅时,他知道自己跑不了;一想到狱吏的那种固执时,也知道自己是跑不了的。他要力求寻得自由,而宁愿在石墙和铁栅上努力,也不愿在执拗顽固的人性上努力。这个狱囚在被人带到断头台上以后,他可以由警卫队的忠心不渝,预见到自己的死期临近,正如他从斧子或处磔刑的刑车去预见自己的死期一样。他的心沿着一串观念往前行进:他想到兵士不容他逃跑,行刑人的动作,他身首异处,他流血、痉挛和死亡。在这里,自然的原因和有意的运动环环相连,人们对这些环节的相连不会感到惊奇,而认为是确信不疑的,会发生下去的。正如那种事情是被一串原因联系于感官前或记忆中的一种物象似的,正如它们是被我们所谓物理的必然性黏合在一块似的。我们所经验到的这种联合在我们心上有同样影响,不论所连合的物象是动机,是意志,是行动,还是形象或运动。我们虽可以变换事物的名称,但是它们的本性和它们在理解上的作用是永不会改变的。

一个与我有深厚友谊的友人到我家,他忠实而富裕,他走进我的屋内时，我不会感到有一种威胁——他会在走以前把我刺死，以便抢夺我的银墨水壶。我之不会想到这件事情，正如我之不会想到这所根基稳固建筑坚实的新房子要塌倒似的。当然人们有时会忽然得了一种无名的疯狂症。——地球也许突然会震动起来，我的家发生剧烈震荡，四周倒塌下来。不过在这里，我就又改变了我的假设。我可以断定，他不会把他的手搁在火里，一直等它烧焦；他在跳出窗外不遇障碍时，人一定不会悬在半空，这都是可以确信的。我们纵然猜想到有任何一种无以名状的疯狂，也永不相信前一种事情是可能的，因为那是和人性中一切已知的原则相反的。一个人如果在正午把装满金子的一个皮包遗失在查伦十字街（Charing Cross）沿街的台阶上，他当然不能设想那个包在一小时以后还不会有人去动它，如果是那样，那他的这个皮包一定如有羽毛似的会飞。人类的推论，多半含有相似的推断，至于我们对这种推断的确信程度，也是以经验而定的。

我往常思考，既然人类在其全部的活动和推论中都对必然学说深信不疑，那么有什么理由使他们在口头上又不予承认，并宁愿信奉相反的意见呢？我想可以照下边的方式来解释这种现象。我们如果考察物体的各种作用和原因之产生结果，那我们就会看到，我们的一切官能都不能使我们知道这种关系的究竟，我们只能看到，各种特殊的物象是恒常地连接在一块的，而且人心借习惯性的转移，会在此一物象出现后，相信有别一个物象。但是我们关于人类的愚昧所在的这个结论，虽是在极其严格地考察了这个题目以后才得到的，可是人们还有一种强烈的倾向，即他们相信能窥见到自然的这种能力，发现因果之间所谓"必然联系"的这种东西。其次，他们在反省自己的心理作用而感觉不到动机和行为之间这种联系时，他们就容易假设，由物质力量而来的那些结果，异于由思想和智慧而来的那些结果。但是我们既然一度相信了,我们在任何一种因果关系之间,并不知道别的,只能知道各种物象的恒常连接,以及人心的由此及彼的推断,而且我们又看到,全人类都普遍相信这两种情节也发生于由意志而来的行动中;因此,我们就容易相信这些行动也有一切原因共有的同一必然性。这种推论虽然和许多哲学家的体系相矛盾,虽然认为意志的决定作用也有一种必然性,可是我们在反省之后就会看到,它们只是在口头上反对这种说法,而并非真心反对这种说法。按照此处所说的"必然"而言,任何哲学家都不曾否认过它,而且我相信,将来也没有任何哲学家会否认它。他们或者妄称,人心可以在物质作用方面见到有较进一步的因果联系,而且那种关系并不曾发生于有智慧的生物的有意动作中。这种说法究竟对与不对,只有在考察之后才可看出。因此这些哲学家应该守其职责,把那种"必然"给我们下个定义,在物质原因的作用中为我们把那种必然性揭示出来。只有这样,他们的学说才能使人信服。

在讨论自由和必然问题时,人们仿佛是从一种错误的一端出发的,即他们往往先来考察心灵的官能、理解的影响和意志的作用。但是,他们正可以先来讨论一个较为简单的问题,即物体的作用和冥顽不灵的物质的作用;他们正可以试一试,除了各种物象的恒常连接,以及人心的由此及彼的推断以外,可否还能形成其他的任何因果关系和必然性的观念。如果这些情节实际就构成了我们在物质方面所想的那种必然性,人们也普遍都承认这些情节发生于人心作用中,人们的争辩就可以结束了,以后的所谓争辩只是口头上的了。但是,只要假设在外物的作用上还有其他更深一层的必然观念和因果观念,人心的有意动作中除了恒常的连接以外再找不到什么,那我们对这个问题永不能解决,因为我们所依据的假设也许本身是错误的。能使我们洞察真相的唯一方法,只有再往上推一步,只有来考察应用于物质原因上的那种科学的狭窄范围;只有来使自己相信,我们在那些原因方面所知的,只有上述的那种恒常的联系和人心的推断。我们或者会看到,我们很难甘心给人类的理解力这样狭窄的界限,但是我们在后来把这种学说应用到意志的作用上时,却使我们不能不这样做。因为我们看得很清楚,这种行动和动机、环境及品格,都存在一种有规则的连接,而且我们既然在这里也要由此推彼,所以我们就必须在口头上承认我们在每一种思虑中、每一步行为中所已经承认了的那种必然性①。

---

① 自由学说之所以通行,还可以用另一种原因来解释。也就是说,我们在自己的许多行为中自以为是地感觉到,并且似乎体验到有一种自由或中立状态。其实,任何所谓的必然性,不论是物质的或心理的,都不是动作者方面的一种性质,只是能考察这种动作的那个有思想或有智慧的生物的一种性质;这种必然性之成立,多半只是因为他的思想中有一种决定作用、要由先前的一些物象来推断出那种动作来;同样,与必然相对立的那种自由也并不是别的,只是那种决定的不存在,在这里,我们可以任意由一个物象观念进到下一个物象观念,或不进到那个观念,而且我们在这里感觉到自己没有拘束,没有偏向。现在我们可以说,在我们反省人类的行为时,虽然很少感到这种无拘无束、没有偏向的情形,但是我们通常可从行为人的动机和性情十分精确地来推断它们,可是我们在亲身实行这些行为时,往往会感觉到类似于此的一种情形。我们既很容易把一切相似的对象互相错认了,所以我们就用这种事实作为有效的证明,并证实人类的自由。我们觉得,在多数情形下,人们的行为是受意志的支配的,并且想象自己觉得意志自身是不受任何东西支配的;因为人们如果不承认意志的自由,那我们会生了气来试验一番;并且看到,意志可以在各方面移动,并且可以在它以前不曾选定的那一方面来构成自己的影像(Image),经院中叫这种影像为意欲(Velleity)。我们相信,这种影像或微弱的运动,在那时候原可以成为事实;因为人们如果否认这一层,则在第二次试验时我们也会看到,它现在仍可以成为事实。我们并不思考,我们想证明有自由存在的这种狂幻的欲望,正是这里行为的动机。我们似乎明确地看到我们虽然想象自己在自身觉得有一种自由,可是一个旁观者往往可以从我们自己的动机和品格来推断我们的行为。既然他不能如此推断,他也可以概括地断言说,他如果完全熟悉了我的环境和性情的有关情节,以及我们性质和心向的最秘密的机簧,他仍是可以推断出的。按照前边的学说讲来,这正是"必然"的本质所在。——原注

现在我们正可以在自由和必然的这个问题方面来进行我们的调和计划。我们看到自由与必然的这个问题在最富有争辩的哲学中虽一直为人争辩着，可问题的解决并不需要许多话语，人类所谓的自由学说，就如其同意于必然学说一样，这些争论都只是口头上的。"自由"一词在应用于有意的动作上时，它的意义是什么呢？我们不能说人类的行动和他们的动机、倾向、环境没有什么联系，也不能说，它们不是照某种一律的途径互相引生，也不能说由这一种现象来推断那一种现象的存在。因为这些都是明白的、公认的事实。因此，所谓自由只是指可以照意志的决定来行为或不来行为的一种能力，就是说，无论你是静待着或有所动作都可以作选择。这种假设的自由是普遍被人认为是属于各个人的，只要他不是一个狱囚，只要他不在缧绁之中。因此，在这里并没有什么可争辩的题目。

不论我们给"自由"一词下什么定义，都必须遵守两个必要的条件。第一，它必须和明白的事实相符合；第二，它必须自相符合。我们如果能遵守这两个条件，并且使自己的定义成为可了解的，那我相信一切人类在这方面都会有一致的意见。

人人都承认，任何事物只要它存在，总有其存在的原因；至于机会，则在严格的考察之后，它只是一个消极的字眼，它并不揭示着自然中任何地方存在的任何实在的东西。不过有人又会妄说，有些原因是必然的，有些原因不是必然的。这里我们就可以看到定义的好处所在。一个人在给"原因"下定义时，如果可以不在其定义中包含原因与其结果间所有的那种"必然联系"，他如果能照这样清晰地揭示出定义中所表示的那个观念的起源来，我就可以立刻把全部争论都抛弃了。但是人们如果承认了我前边所解释的那种原因，他们的这种做法乃是绝对不可能的。各物象之间如果没有有规则的连接，那我们便想不到任何因果的意念；只有这种有规则的连接，才能产生理解中那种推断和我们所能了解的那个唯一的联系。人们如果想离开这些情节来给原因下个定义，那他们必然得应用一些没意义的名词，否则就是他们所用的名词和他们所欲定义的那个名词意义正相同①。人们如果承认以上的定义，则使"自由"和"必然"相对立，而与"限制"相联系，人们是根本不会承认的。

在哲学的争辩中，人们经常借口某种假设在宗教和道德上有危险的影响，就想法来驳斥那种假设。这种推理办法，我们经常看到，但是最应加以谴责。我们不能因为一种意见有危险的影响，就一定说它是虚妄的；否则就很难使我们来发现真理，只能使反对者的为人显得可憎。我的这个观点当然只是泛讲的，并不是想由此得到什么便宜。我只是坦白地来接受这一类的考察，并且我敢大胆地说，上边所解释的那些必然学说和自由学说不但和道德相符合，而且是维系道德的绝对必要的条件。

所谓必然可以按照原因的两种意义来下定义，必然是原因中的一个主要的部分。必然性或者在于相似的各种物象的恒常会合，或者在于由此物及彼物的那种理解的推断。这两种意义（实在都是相同的）下的必然性，是在学校中、教堂中和日常生活中被人普遍承认（虽是缄默的）为属于人的意志的。没有人会否认，就人

---

① 我们从这个"原因"的定义来看，原因即"它是产生别的东西的一种东西"，那我们容易看到，所谓"产生"和"引起"（原因本义）正是一个意思。同样，如果我们给原因下定义说，"它是别的东西所借以存在的一种东西"，这也容易受到同样的反驳。所谓"借以"二字做何解释呢？我们如果说，原因是有"别的事物恒常跟在它后边的一种东西"，那我们便容易理解这些名词了。因为我们在这方面所知道的也只限于此。这种恒常性正构成了必然性的本质，除此以外，我们对必然性再不能有别的观念。——原注

类的行为也可以有所推断,这种是凭据我们经验论定在相似的行为和相似的动机、倾向及环境之间有一种联系。在这方面,人们或者不愿意给人类行为中的这种性质称为必然,或者他们主张,我们在物质作用中还可以进一步发现别的东西。他们所能发生异议的地方,也只限于此。说到第一层,我们如把真正意义了解了,那我想名称不至于为祸于人。说到第二层,则我想,那种情形对于自然哲学或形而上学虽然有影响,可是它绝对影响不了道德或宗教。但在物体的作用中,如果我们没有别的必然观念或联系观念,那我们也许是错了的。但是,我们所给予人心作用的那种性质,却是各个人都承认的。关于意志方面,我们并没有改变公认的正统学说中的任何情节,只在物质的对象和原因方面有所改变。因此,我们至少可以说,我们的学说是有益无害的学说。

　　法律是进行赏罚的依据,它的存在证明人们都假设了一个根本的原则,都假设了这些动机在人心上有一种有规则的一律的影响,并且能产生好行为,阻止坏行为。我们可以任意给这种影响以任何名称,但是它既然和行为恒常连接在一起,所以我们正可以把它认为是一种原因,并认为它是我们这里所想要证明的那种必然性的一个例证。

　　人们会产生憎恶心理和报复心理,当然是有原因的。任何有罪的或有害的行为所以能激起那种情感来,只是因为那些行为相关着的某种联系。各种行动自身都是暂时的、易逝的,而且各种行为如果不是由行事人品格中和生性中的一种原因来的,则它们虽是善的,那也不是他的荣耀;虽是坏的,那也不是他的丑事。那些行为自身也许是可以谴责的,它们也许是和一切道德同宗教的规则相抵触的,但是行事者却可以对它们不负责任。它们既不是由他自身中一种恒常的性质来的,而且在它们过后又不留类似的东西,所以他就不能因为那些行为成了刑罚或报复的对象。因此,从否认必然、否认原因的学说出发,一个人在犯了最可怕的罪过以后,就同他刚出生的那一刹那一样纯洁无污,因为他的品格和他的行为完全没有关系,那些行为不是从他的品格而来,行为的恶劣并不能用以证明品格的败坏。

人们的行为如果是盲目的、偶然的,那这种行为即使很坏,也不受人的谴责。因为这些行为的动力只是暂时的、限于自身的。仓促而未经预想的行为,与那些经过考虑的行为相比,我们对前者也不应加以谴责。因为急躁的脾气在人心中虽是一种恒常的原因或动力,但是它的作用是间断的,并不是这个人品格的全面反映。其次,人在悔改之后,如果能把生活和举止都改善一番,则悔改便能把他的罪恶全部扫除了。这又如何作出解释呢?我们只能说,各种行为所以使一个人成为有罪的,只是因为它们证明了人心中有一种犯罪的根源;而在这些根源变化以后,那它们就不再是可靠的证据,因而也就不再犯罪了。不过,我们如不相信必然学说,即使是犯罪行为也不是可靠的证据。

根据同样论证,我们也一样容易证明,按照上边所述的那个定义来说(这是人人都承认的),人类的行为如果没有自由,也就没有道德上的性质,自由对于道德是一个必然的条件,各种行为之所以能成为我们道德情趣(如好恶)的对象,只是因为它们是内在的品格和情感所流露于外的一些标志;因此,它们如果不由这些根源而来,只由外部的强力而来,则它们就不能引起我们的赞美或谴责。

我不敢断言,在这个"必然"和"自由"的学说方面,我已经把其他人的疑难都消除了。我可以预见到,有人会根据我们在这里不曾讨论过的一些论题,提出新的疑难。人们或者会说,有意的行为如果也和物质的作用受同一必然法则的支配,那一定有一长串连续不断的必然原因,这些原因预先就规定了、决定了——由一切事物的原始原因一直到每一个人的每一种意志作用。照这样,则宇宙中便没有偶然、没有中立、没有自由。当我们自行其是时,同时实在是被动的;而且我们的全部意志的最后发动者就原是创造世界的那位神灵,他在这个伟大的机器上首先加力推动,并且把一切事物都置在特殊方式下,使后来的一切事情都根据不可避免的必然性由此发生出来。这样,人类的行为在道德上就无所谓邪恶,因为一切是由那样良善的一个原因(上帝)带来的。如果这种行为是邪恶的,那就使我们的创世主也陷于同样的罪恶,因为我们承认他是那些行为的最后原因和发动者。因为一个人如果点着了地雷,那他就得对这一切结果负责,不论他所用的导火线是长是短。同样,一长串连续不断的原因如果被确定了,而产生最初原因的那个神明,不论他是有限的、无限的,他总是其余一切原因的发动者;因此,他也必然要得到那些事情所受到的谴责和称赞。当我们考察任何人类行为的结果时,我们的明白而稳定的道德观念,就可以根据确然的理由建立起这个规则。这些理由在应用于全知全能的神明的意志作用上时,它们就会有更大的力量;对这样有限的生物,我们诚然可以拿无知和无能来为他辩护,但我们的造物者是没有那些缺点的。造物主预见到并规定了引起我们鲁莽的叫作犯罪的那些行为。因此,我们必须断言说,它们不是犯罪;或者说,对它们负责的,不是人而是神。但是这两种说法既然都是荒谬的、不敬的,因此,这两种说法所以推演出的那种学说一定不会是真实的。一个荒谬的结论,本身是根据必然性推导的,那就可以证明其是荒谬的,因为它们中间的联系是必然的,不可避免的,这正如犯罪的行为证明原来的原因是犯罪一样。

这个疑难包含着两个方面,我们来分别加以考察。其一,我们如果循着一串必然的连锁把人类的行为推源于神明,而那些行为一定不会是犯罪的;因为发生那些行为的神明是有无限的完美品德的,而且他所意想的也都是至善的,可赞美的。其二,它们如果是有罪的,那我们就把我们所认为神明具有的那种完美品德减低了,并且必须承认他对于一切被造物的罪恶和其道德上的败坏,承受最后的发动者的责任。

我们对于第一种疑难的答复是这样的:宇宙全体若当作一个完整的体系看,那它在它的存在的每一时期中都是受制于最完美的智慧的关照和打理;一切被造物最后都要得到最大可能的幸福,在那种幸福中丝毫不能掺杂一点消极的灾祸或绝对的苦难。物理方面的各种灾祸在这个仁慈的体系中乃是个必要的部分,神明自身虽是聪明的动作者,也不能无条件地把它免除了;如果免除了,那一定会招来更大的灾害,或者排除由此种灾害所生起的较大的幸福。由这种学说,一些哲学家(如古代的斯多葛学者)就在一切灾难之下得到一种自行安慰的说法。他们教导他们的弟子们说,他们所身受其苦的那些灾害实际上乃是宇宙中的福利;我们如果能放眼观察全部的自然界,则样样事情都会成为愉快和欢喜的对象。这可以说是许多哲学家在精确考察了自然界的一切现象以后作的断言。这种说法虽然冠冕堂皇,可是在实行上我们立刻看到它是那样的脆弱而没有效果。一个人如果得了痛风症,他很痛苦,但你却对他说:自然的普遍法则仍是正直的,虽然那些法则在他身上产生了那些毒素,并且使那些毒素经过某些通路,流到某些筋肉和神经中,刺激起那种剧烈的痛苦来。你这样说,当然会激起他的愤怒,而不能宽解于他。一个从事于思辨的人如果处于安定自在的情况中,则这些扩大的观点也许可以暂时取悦于他的想象。但是他没有受到痛苦情绪的搅扰,他心中也不能常存这种观点;而在他们被那样有力的反对者(痛苦)所攻击时,那他们更不能固守其阵地。人的感情对于它们的对象往往采取一种较狭窄较自然的观察;它们只按照较适于脆弱的人心的一种自然趋向(结构)来观察我们周围的那些事物,而且我们个人是根据自己的所见来评定事物的。

道德的罪恶方面和物理的灾害方面是一样的。我们可以合理地作这样的假设,在身体的灾害上不存在那种有效,在道德的罪恶上当然也不能说存在那种有效。人心本其自然的趋向,在一见了某些品格、心向和行为后,就会立刻感觉到称赞或谴责的情趣;而且这些情趣在人心组织中构成了重要的成分,此外再没有别的更重要的成分。能得到我们称赞的那些品格多半是能推进人类社会的和平和安全的;能引起我们谴责的那些品格多半是有损公益、搅乱公众秩序的。因此,我们就可以合理地假设各种道德的情趣是直接或间接由反省这些相反的利益生起的。哲学的沉思当然可以建立另一种观点,即认为一切事情就全体看都是合理的,搅乱社会的,那些性质大体上都是有益的,而且它们正和直接推进社会福利的那些性质一样适合于自然的原来意向,不过这些深远而具有精确度的思辨究竟有什么意义呢?它们并不能起到使我们在直接观察对象时产生情趣。在一个人被人抢了一大笔钱款以后,也不能仅凭崇高的反省减低他的损失,使他不再烦躁,人们为什么假设,他对这种罪恶所生的道德上的愤怒,是和那些反省不相容的?一切思辨的哲学体系既然承认人体的丑美有实在区别,为什么它不容许我们承认罪恶和德性有实在区别?这两种区别都建立在人心中的自然情趣上。这些情趣是不能为任何哲学的学说或它的思辨所控制或改变的。

至于第二种疑难,就不能有那么容易而满意的答复。关于神明为什么既是人类一切行为的间接原因,却又不是罪恶和失德的主动者的问题,我们很难做出清晰的解释。因为这些都具有神秘性,我们只凭自然的不受神助的理性,一定不能解释它们。理性不论采取了什么系统,它在这些题目方面每一步都会陷于困难,寸步难行,甚至矛盾重重。要想把人类行为的可进可退性和其偶然性同上帝的先知先觉调和了,要想一面来辩护绝对的天命,一面又来使神明卸却罪恶的责任,那是需要一种超哲学的本事的。因此,理性在窥探这些崇高的神秘时,如果能感觉到自己的大胆妄为,那它就应该离开那样含混而迷惑人的景象,谦恭地复返于它的真正固有的领域中,来考察日常的生活;果真能这样,那就是很可庆幸的事情了。生活本身到处都是困难,这些困难使我们难以应付,因此我们真没有必要进入这个无边、不定又矛盾的深海之中。

(璐　肯　译)

各派哲学

可以从两种途径来研究精神哲学(Moral Philosophy)或人性科学,这两种研究途径都各有其特殊的优点,并给人类以快乐、教训或知识。研究途径之一是把人看作生而就受其兴味和情趣所影响的:他追求某一个物象而避免另一个物象,至于其或趋或避,则是按照这些物象似乎所含有的价值来决定的,是按照他观察这些物象时所采取的观点作为标准的。人们既然认为在一切对象中德性是最有价值的,所以这一派哲学家就把德性说得最为和蔼可亲。他们从诗和雄辩中借来所需要的帮助,在讨论他们的题目时,总是采用一种轻松简易并最能取悦的方式。他们从日常生活中选择出最动人的观察和例证来,把相反的性格加以适当的对比,他们以光荣和幸福的前程,来引诱我们进入他们所设计的德性之中,用最健全的教条和最显赫的范例,引导我们的步伐。他们使我们感觉到恶和善的差别,刺激起我们的各种情趣并因此规范我们的行为。对他们来说,我们能喜爱诚实的行事并引以为荣,他们著书立说的目的就达到了。

另一派哲学家则不同,他们把人当作是有理性的,着眼于从理性上去理解人,而不只从感性的活动去理解人。人性在他们看来是一个可以静思的题目,他们精密地去考察它,以求发现有什么原则可以规范我们的理解、刺激我们的情趣,并使我们赞成或斥责某种特殊的对象、行动或行为。他们认为,到目前为止的一切学问都有一种缺憾,即哲学还没有毫无争论地确立起道德、推论和批评的基础;它谈论真与伪、罪与德、美与丑,却又不决定这些区分的来源。他们从事于此种热烈的工作时,是不会被任何困难所阻止的;他们由特殊的例证,进入概括原则的层面,再往前研究达到了更概括的原则的层面,一直等达到了那些最基础的原则这个层面,他们才可以放心;因为在科学中,人类的好奇心在达到那些原则以后,就不能再前进了。他们的思辨虽然似乎是抽象的,而且在普通读者看来甚至于是不可理解的,不过他们所期望的只是有学问有智慧的人们的赞成。他们认为,只要自己能发现出一些隐藏着的真理给后人以教益,他们毕生辛苦的价值也就得到了充分的补偿。

很确实的,前一种哲学轻松而明确,后一种哲学精确而深奥,人们常对前一种哲学表达了较大的爱好。人们推崇前一种哲学,不只因为它比后一种较为宜人,还在于它比后一种较为有用。这种哲学进入人们的日常生活中,它会铸就人心和情感;它由于已论及人生的那些原始动力的改善,因而也改善了人们的行为,使他们较接近于它描述的美德的模型。在另一方面,那种深奥的哲学,因其所依的心境不宜进入事务中和行动中,所以当哲学家从深思的斗室走进日常生活时,那种哲学的思辨就烟消云散了,它的原则也不易在我们的行为上留下任何影响。心里情感的游移,欲念的搅扰,爱憎的激荡,都足以把它的结论消散了,都足以使深奥的哲学家成为一个凡夫俗子。

我们还必须承认,最经久而公道的美誉是被那些简易的哲学所获得的。抽象的推理者,由于当代人的乖僻无知,虽也能享受暂时的好名声,但他们并不能在较公道的后人面前维持住他们的好名声。因为一个深奥而虚玄的推理是很容易陷入错误的,一个错误就会生出另一个错误来。但是一个哲学家如果只是意在把人类的常识陈述在较美妙、较动人的观点中,那他纵然偶尔陷于错误,也不至于错得太远。他只要重新求助于常识和人心的自然情趣,他就能纠正自己的错误,复返于正途之中。西塞罗的名字至今还光耀着,但亚里士多德的名字却不像过去那样辉煌。卜鲁耶(La Bruyere)名扬四海,举世共知;但是马尔布希(Malebranche)的荣誉,则限于他的本国和他的时代。阿迪生(Addison)将来或许会被人高兴阅读,至于洛克(Locke)则恐怕要被人完全忘记了。

一个纯哲学家常不为世人所欢迎,人们认为,他不能对社会的利益或快乐有所贡献;他的生活也同人类远隔,他沉醉于其中的各种原则和观念是人们所不能了解的。在另一方面,纯无知的人更是可鄙弃的,因为在科学繁荣的一个时代和国家内,一个人如果对那些高尚的消遣品毫无嗜好,那只能表示出这个人的才气过于狭窄了。这样,最完美的人格似乎介于两个极端之间的。他对于书籍、社交和职业,能够有相当的才能和趣味;他的谈话能保持像作文那种明察和优雅;在从事他的职业时,能保持正确的哲学所给人养成的那种忠实和精确。为广泛地培植这类完美的人格,最为有效的方法莫过于学习文体流畅而宜人的那种著作,这种著作,并不向人生要求太多,它们也不要求去深刻地钻研和埋头苦攻,就能使人了解它们;当这些人通过学习进入时,他们具有了高贵的情趣和聪明的知识,可以用来适应人生中任何事变。借这些著作的力量,人的德性会成了和蔼的,科学会成了可意的,社交会成了启发人的,独处会成了有趣味的。

人是一个有理性的动物,并以这个身份由科学反映他所吸收的适当的食品和养料。但是人类的理性的理解范围是很狭窄的,所以在这方面,我们并不能从成功的例子或已有的成就来希望得到满意。其次,人不仅是一个理性的动物,他还是一个社会的动物;所以他又不能老是只享受可意的有趣的交游,而不对它们保持一定的距离。再次,人又是一个活动的动物;由于这种趋向以及人生中其他的许多必然,他从事职业或事务,并时时需要人心的放松。由此看来,自然似乎指示给我们说,混合的生活才是最适宜于人类的,我们不要让这些偏向中的任何一种所迷惑,免得使他们不能适合于别的业务和享乐。它说,你可以尽量爱好科学,但是你必须让你的科学成为人的科学,必须使它对于行为和社会有直接关系。它又说,奥妙的思想和深刻的研究,我是禁止的,如其不然,那我将严厉地惩罚你,我将使它们给你带来沉思的忧郁,将使它们把你陷在迷离不清的境地,将使你的自命的发明在发表出去以后受到人们冷淡的待遇。您如果愿意做哲学家,尽管做好了,但是你在你的全部哲学思维中,总是孤独的。

人们一般爱好浅易的哲学,但对奥妙深刻的哲学则不应加以任何的责难或鄙弃,让各人自由地维持他的嗜好和意见。但现在人们却有些太过度,对一切深奥的推论都绝对地加以排斥。所以,我们有必要进行考究,我们有什么合理的理由,来为那些推论进行辩护。

一开始我们就可以说,由精确而抽象的哲学所产生的一种重大的意义,就是这种哲学对于浅易近人的哲学所具有的好处。精确而抽象的哲学,使浅易近人的意见或原理或推理达到十分精确的地步。一切优雅的文章不是别的,只是各种角度、各种方位下所见的人生的图画;它们可以使我们按照它们给我们所呈现出的物象的性质生起种种情趣来,如称赞、惩责、羡慕等。一个艺术家,如果除了他的细微的趣味和敏锐的了解以外,还精确地知道人类理解的内部结构和作用,各种情感的活动,以及能分辨善和恶的那种情趣,那他一定更能刺激起我们的各种情趣来。这种内部的考究不论如何费力,人们只要想胜任愉快地来描写人生和风俗的显见的外表的现象,他们就不得不从事这种研究。解析学者虽给我们眼前呈现出最可憎最不快的对象来,但是他的科学对于画家是有用的,甚至于在画家画维纳斯和海伦时,那种科学也可以帮助他。画家虽然运用其艺术中最丰富的色彩,并且给他的形象以最优美最动人的姿势,但同时他必须注意到人体的内在结构,各种筋脉的方位,各种骨节的组织,各种器官的功用和形象。在任何情形下,精确都是有助于美丽的,正确的推论都是有助于细微的情趣的。我们不应过于夸张一方面而贬抑其他。

此外,我们还可以说,在任何艺术和职业中,即在那些最有关于人生和行动的艺术和职业中,那种务求精确的精神,总能使人们趋于完美的程度,促进人类社会的利益。一个哲学家的生活虽然会离开实际的事务,但是哲学的天才如果被一些人谨慎地培养起来,它就会在全社会发展开来,使各种艺术和行业都一样地正确起来。政治家会由此在分划权力或平衡权力时,有较大的先见和机敏;法律家由此会在他的推论中,得到较为准确和精致的原则;司令们由此会在施行训练时具有规则,在计划和实行时比较谨慎。现代政府所以较古代政府更为稳定,现代哲学所以较古代哲学更为精确,也就是依据同样次序进行的。至于它们将来的进步,或许也是要由同样次序进行的。

即使我们的这类研究不能得到什么利益,只能借此来满足自己的无害的好奇心,我们也不应当予以摒弃,因为这毕竟是一种安全无害的人生快乐。人生愉快而幸福的路,是要经过科学或学问的小径的;任何人只要在这方面能把一些障碍除去,或开辟任何新的境界，他在那个范围内就对人类作出了贡献。即使这一类研究令人费神而疲乏，但各人的心理是不同的。这个也正如人类的身体不一样似的，有的身体因为精强力壮，所以它需要猛烈的运动；而且他能从一般人所认为的繁重劳苦的活动中得到快乐。幽暗对人心和眼睛当然是痛苦的，但是如果我们能用特殊方法使幽暗产生光明，却是令人兴奋的事情。

但是，人们反对幽暗的深奥的哲学仍然是有道理的，因为这种哲学不仅令人费神，令人疲乏，还因为它是必然生出不定和错误的根源。在这里人们对于大部分的哲学提出了似乎最公道、最合理的批评，说哲学实在不是一门真正的科学；哲学之所以生起，或者是由于人类的虚荣心的驱使，去做那种无效的努力，因为他们所钻研的是人类理性所绝对不能接近的题目；否则就是由于普通迷信而产生的一种伎俩，那些迷信因为不能用公平的理由来防护自己，所以他们就摆出这些纠缠人的荆棘来，以掩饰自己的弱点。这些强盗因为被人从旷野中追赶出去，所以他们就跑到树林内，等待机会来袭击人心中任何一条没有防备的小径，并且以宗教的恐怖和谬见来袭击它；最顽强的反对者，只要稍不留神，就会被他们所压迫了。许多人因为懦弱和愚昧，为这些仇敌开了门户，并恭敬服帖地去接待他们，承认他们是自己合法的统治者。

但是，我们可以由此为理由提出哲学家应该停止那些研究，而让迷信继续占领它的避难所吗？我们的结论当然是相反的，即应当继续我们的努力，一直攻到敌人的腹地。我们不能因为屡次的挫折，而抛弃这类缥缈的科学，以及对人类理性的适当领域的研究。因为人们对这类题目是充满兴趣的，而且盲目的失望在科学中并不能合理地存在下去，因为以前的努力不论如何失败，而我们依然可以希望其后代凭借勤劳、幸运和改进了的睿智，而超越前代,发现前代所不知晓的东西。每一个好冒险的天才对这个难得的奖品都会欢欣雀跃,他不但不被前人的失败所挫阻,而且会因此更为勤奋;因为他希望,成就那样艰难的一件冒险事业正是一种光荣,那种光荣是唯独为他保留,让他去获得的。我们要想使人类的学问完全免除这些深奥的问题,唯一的方法只有认真地来研究人类理解的本性,并把它的能力精确地分析一下,以求得出,它无论如何不应去作那种深远及深奥的研究。我们必须先经受这种疲乏的努力,以求在以后过上安逸的生活;我们还必须细心来培养一种真正的哲学,以求消灭虚妄假混的哲学。懒惰对有些人虽然能使他们不受这种哲学的欺骗,但是在另一些人那里,这种懒惰却又被好奇心所平压下去。失望有时虽然能得势,但是它在后来也许会让步于乐观的希望和期待。只有精确的和正直的推论,才是唯一的万应的良药,这种推论可以适合于一切人,一切性格;只有它可以推翻那个深奥的哲学和玄学的妄语——那个哲学因为和普通的迷信相混之故,已经使它有几分不能为疏忽的推理者所穿越了,虽然它装出一副科学和智慧的模样。

经过审慎地研究以后,我们可以把最不确定的那部分学问驱除出去,明白人性中各种能力和官能,这对我们是具有许多积极的利益的。人心的作用是最奇特的,它们虽然紧紧靠近我们,但是它们一成为反省的对象,它们便似乎陷于暧昧的地步。我们的眼睛不容易找到分辨或识别它们的那些界线。那些对象过于精细并不确定,它们不能在同一方面继续好久;我们必须在一刹那间借天生的优越的锐目(这个锐目是可以借习惯和反省而进步)来把握住它们。因此,我们只要能知道人心的各种作用,把它们互相分离开,把它们归在适当的项目下,并且把它们在作为反省和研究的对象时所呈现的那种纷乱情形改正了,那已经是不小的科学工作了。

这种分类和识别的工作，如果行之于外界的事物方面，如果行之于我们感官的对象方面，固然是没有什么价值的；但是这种工作如果行之于人心的各种活动，那它的价值就会提高；而且我们所遇到的困难和劳苦愈大，它的价值也就愈大。我们即使贡献的只是一幅心理的地图，它只把人心的各种部分和能力描写出来，而不能再进一步，但只要能走到这么远的一步，那至少也有几分满意的了。人们获得了对这种科学的认识（现在自然是不明了的），那些自命为有学问而懂哲学的人们如果不知道它，那他们就很可悲了。

　　我们到此并不能再猜想这种科学是不确定的、虚幻的，除非我们主张绝对的怀疑主义，把一切观察甚或行动都推翻了。我们不能否认，人心赋有各种能力；我们不能否认这些能力是有差异的；我们不能否认，当下的"知觉"所见为个别的，在反省时，我们也可以区别它们；结果，我们不能否认在这个题目方面的一切命题中有真理、有伪说，而且这种真理和伪说并不是人类所不能了解的。这些明显的区分是很多的，就如意志和理解的区分，想象和情感的区分——这些都是各个人所能了解的。至于较精细较哲学的区别也一样是真实的、确定的，虽然它们是较难了解的。在这些研究中一些成功的例证，尤其是晚近的那些例证，很可以使我们较为正确地明白这种学问的确定性和可靠性。哲学家们既然是不辞辛苦地在给我们提供一个真正的行星系统，把这些远离我们的物体的位置和秩序摆布好，如果别的什么人也一样愉快地能胜任这项工作，对于这些人，我们能忽略他们的存在吗？

　　一种哲学如果加以细心地培植，公众又给以鼓励，这种哲学的研究就可以有发展，并发现人心的各种活动受什么秘密的机栝和原则所促动的。天文学家虽然一向只是根据各种现象证明了各种天体的真正运动、秩序和体积，他们也一向满足于此；不过到后来，有一个哲学家依据最巧妙的推论，说明了各种行星的运转所依以进行的那些法则和力量。关于自然的其他部分，也有同样的研究。在心理的能力和组织方面，我们费心去研究它们，我们也可以获得相等的成功。在这里，我们没有任何失望的理由。我们可以设想，人心的各种动作和动作的原则是互相依赖的，这些原则又可以还原于一种更概括更普遍的原则。至于这些研究究竟能到什么程度，那在没有谨慎尝试之前（抑或在以后），我们甚难断言。我们很清楚，即使是在推理上最不细心的人们，现在也逐渐有这种认识，以充分的细心和注意来从事此种研究乃是一种必要的事情。我们分明知道，这种目的如果是人类理解所能达到的，则它终究会幸运地被我们获得；否则，我们也可以自信地、安全地把它抛弃。最后这个结论，自然是令人不愉快的，我们也不应该鲁莽地相信它。因为我们如果这样假设，那我们不是把这类哲学的美丽和价值减去大半吗？各道德学者在考究刺激起我们赞赏和憎恶的各式各样的行为时，一向会惯于找寻一种公共的原则来解释这些花样纷繁的情趣。他们虽然过于爱好概括，有时不免极端，可我们还是必须承认，他们这种做法是可原谅的，因为他们只是希望找寻出一切罪恶和德性所能还原的一种概括的原则来。批评家、逻辑家甚至政治家都曾有过相同的企图。这些企图也并非全都不成功，经过较长的时间、较大的精确、较热烈的专心，这些科学是能够不断超过完美的简单的否定这一类企图，那是最为鲁莽的或荒唐的独断，即使是从来以浅薄的命令和原则强加于人类的那种最为大胆最为肯定的哲学，也从来不会那样做。

那么，关于人性的这种推论，往往抽象而难理解的原因是什么呢？我们不能因此就假定它们是虚妄的。与此相反，聪明而深刻的哲学家把握不住的东西，说明它们不易。这类研究，我们要付出极为辛苦的劳动，但我们如果能由此在这样重要无比的题目方面把我们的知识增加了，我们就觉得不只在利益上，也在快乐上，得到了充分的补偿。

但是应当看到，这类思考的抽象性是个不利因素，要克服这个不利因素，只有求助于细心和艺术。阐明这些问题，因为这些问题已经把不少聪明人阻止了。我们如果能把深奥的研究和明白的推论、正确的事理和新奇的说法加以调和，把各派的哲学界限拉拢，那就幸福了。我们如果在这样轻松推论以后，把从来似乎保障迷信并掩护荒谬或错误的那种奥妙哲学的基础加以推翻，那就更为幸福了。

（璐甫 译）

论德与恶

一、道德的区分不是来源于理性

所有深奥的推断都带有某种局限,即它可以让论敌无话可说,却又不能令他心服口服。并且那种深奥的推断,人们在最初发明它时,要作出十分的努力,这样才能让人感觉到它的力量。但当我们走出小房间而置身于成规惯例时,我们推断出来的那些结论又无影踪了,就像是黑夜中的幽灵在曙光来临时遁身而去;甚至于我们自己也很难确信以辛辛苦苦的推断为证明的那种信念。这一点在一大串的推理中更加明显突出,因为此时我们必须将最初一些命题的证据一直保留下去,但我们却常常会遗忘了哲学或常规中所有的公理。不过我还是抱有这样的希望:在目前这个哲学体系的发展进程中将会获取新的力量;而且,我们有关道德学的推断可以对前面所论及的知性与情感加以证实。与其他任何论题相比,道德是更能让我们加以关切的。我们认为,每个有关道德的判断都和社会安宁有利害关系,并且很显然,和那些与我们毫不相干的问题相比,道德的判断就必定使我们的思辨看上去更加实实在在。我们断定所有影响着我们的事物,都绝对不能是一种幻影;既然我们的情感一定要倾注在这上面或那上面,那我们就自然而然地认为这一问题是在人类所能理解的范围之内;而在其他情况下,即便是一些同性质的问题,我们也容易对于该问题的推断产生怀疑。假如不存在这一有利条件,我是绝对不敢在这样的时代再为如此深奥的哲学写作了,因为在这个时代中的大部分人好像都一起将阅读变成了一种消遣,而将所有在很大程度上人们需要关注才能够理解的事物,都一律进行抛弃。

前面已经讲过,心灵中除了其知觉之外永远不存在任何东西,视、听、判断、爱与恨及思想等行为,都可以划归于知觉的名下。心灵所能展开的各种活动中,没有一种是不能划归于知觉名下的;所以,知觉这词就同样可以用在我们辨别道德善恶的判断上,就像是把它用在心灵的别的各种行为上一样。赞赏这个人,责备另一个人,这都只不过是那许许多多不同的知觉罢了。

然而,既然知觉分为印象和观念两类,那么这一区分就又产生了一个问题,即我们究竟是凭借观念还是凭借印象来区分德与恶,来断定某一行为应加以责备或应加以赞赏?我们将从这一问题着手,就道德学来进行研究。这种研究将摒除掉在道德学上所有不相干的议论与雄辩,从而使我们得到一种精当的论点。

有的人认为,所谓道德不过是对理性的吻合。事物存在某种永恒的适当性和不适当性,这对于每一个能对它们进行思考的理性者而言,是完全相同的;道德上的这种永恒不变的是非标准,既给人类也给"神"自身增加了一项义务;所有的这些系统都存在着一种相同的看法,即道德和真理一样,也只不过通过一些观念并借着一些观念的并列与比较而被认识的。所以,我们为了评价这些系统就只有认真研究,我们是否仅凭理性区分道德上的善恶,还是必须要利用其他一些原则的协助,才可以进行这种区分。

如果道德不是自然地影响着人类的情感和行为的话,那么我们如此费尽辛劳地去教导人们,就是白费力气了。那是很清楚的,通过费劲去掌握道德学家的大量规则与教条来培养人的道德情感,那是毫无用处的。哲学一般分为思辨的和实践的两个部分;既然道德一贯是归属于实践的,于是就被假定为它影响着人们的情感和行为,而这种影响不是通过超乎于知性的、宁静的、懒散的理性思辨的评判实现的。人们的日常经验可以证实。常识告诉我们,人们通常受其义务的支配,并在想到批评时就受其阻止而不施行某些行为了,但在想到义务时就又受其促动而实施某些行为。

道德准则对情感和行为有某种影响,但这些道德准则不能从理性中获得。这是因为仅仅有理性是不能够产生任何的那种影响的,前面我们已经证明过这一点了。道德准则刺激情感,产生或者阻止行为。在这一点上理性根本无能为力,所以道德准则并非我们理性的结果。

这一推断的正确性是无可非议的。道德的原则不能建立在推断的基础上,有了这种明确的观点,我们就能避免把推断绝对化。因而那种声称道德只是由理性的推断来发现的观点,也就徒劳无益了。一个原则永远不能建立在一个被动的原则之上。理性本身如果是被动的,那它在其所有的形象和现象中也就必定永远是这样的,而不管它是从事研究自然的还是道德的问题,也不管它是在考虑外部物体的能力还是理性的存在者的行为。

由此可以说明,理性根本就不具有主动性,它既不能阻止人们的行为发生,也不能够使人们产生新的行为或情感。但理性还是有作用的,理性的作用是发现真或者假。真或者假取决于对观念的实在关联或者对实际存在和事实的相符或不相符。所以,所有不能具备这种相符或不相符关系的东西,都不能够是真的或者假的,并且永远不能够成为我们理性的对象。但是很显然,我们的情感、意志与行为是不可以有那种相符或者不相符关系的;它们是原始的事实或者客观存在,其自身圆实自满,并不要参照别的情感、意志和行为。所以,不可能断定它们就是真的或者假的,是违反理性的或者与理性相符的。

就我们现在的目的而言,这个论证具有双重的优越性。因为它直接证明,正确的行为并不是它与理性相符,行为有过错也并不是由于它违背了理性。同时,它还比较间接地证明了这个相同的真理,即向我们指明,既然理性永远不能够凭借反对或赞同任何行为而直接阻止或者产生某种行为,那么它就不能够成为道德之善恶的源泉。行为可以是受赞赏的或者受责备的,但行为不能说是合理的或者是荒诞的。行为受赞赏或受责备是一回事,行为是合理的或荒诞的是另一回事。行为的功与过,通常和我们的自然倾向相矛盾,有时候还控制着我们的自然倾向。但是,理性并不具有这种影响,所以道德上善恶之区分并非理性的产物。理性根本就是不活动的,永远不能够如良心或道德感那样成为一项活动原则的源泉。

但也许有人会说,尽管人的意志或者行为均不会与理性直接有矛盾,但我们可在行为的有些附随条件上,即在它的原因或者结果上,发现那样一种矛盾。行为可以产生判断,并且在判断与情感相符时,也能够间接地为判断所引发,从而用一种滥用的观点(哲学是难以容许这种滥用的),也能把那矛盾归因于那种行为。现在应该考察一下这种真或者假在何种程度上能成为道德判断的源泉。

我们已经讲过,在严格的哲学意义下,理性只在两种方式下可以影响我们的行为。一种方式是,它通过告诉我们成了某种情感的确切对象的某种东西之存在来刺激起那种情感;另一种方式就是,它找出了因果关系,从而提供给我们发挥某种情感的手段。唯有这两种判断可以附随于我们的行为,并且可以说是在某种方式下产生了行为；同时，我们必须承认这些判断常常可以是无根据的和错误的。一个人会误认某种痛苦或快乐存在于某个对象中，而产生某种情感，而那个对象实际上并未出现苦或乐的感觉倾向，或者出现的结果正好与想象的情况相反。一个人也可以在为达到其目的时运用了错误的方式，因而他的愚蠢行为妨碍了而非促进了任何计划的实施。我们可以认为这些毫无根据的判断影响了那些和它相关的情感和行为，而且可以用一种不适当的比喻说它们使得行为变得荒诞。但是尽管可以承认这一点，我们还是很容易看到这些错误远非一切不道德的源泉，它们通常是无辜的，而并未给不幸陷入错误的人们带来任何罪过。这些错误只是事实的错误，由于这种错误完全是无意的，因此道德学者一般都认为它不是有罪的。如果我在对象产生苦或乐的影响方面有了错误的认识，或者不知道满足我欲望的适当方法，那么人们就应该怜悯我，而不应该责备我。任何人都不能把那些错误看作是我的道德品性中的一种缺陷。例如在相当的距离之处我看见了一个实际上不好吃的水果，我因想象它是美味香甜的而出了差错。这就是一个错误。我为了得到这个水果又选择某种不适当的手段，这又是一个错误。除此之外，再也不可能有第三种错误在我们有关行为的推理之中发生了。所以，我要问，这种情况下的某个人如果犯了这两种错误，且不管这些错误如此地不可避免，是不是都应认为他是恶劣的和罪恶的呢？我能否想象这种错误是一切恶的根源呢？

在此我们或许应该指出，道德之善恶的区别如果是由那些判断的真假取得的，那么无论在何处只要我们形成判断，就必定会出现善恶之区别；而且无论是关于一个苹果还是一个王国的问题；也无论是可以避免的还是不可避免的错误，就都毫无差异了。因为既然假定道德的质是和理性相符或者不相符，那么别的条件就完全是无关紧要的,永远不能把善良的或邪恶的性质给予任何行为,也不可剥夺它的那种性质。另外,既然这种相符或者不相符不能够存在程度上的差异,那么所有的德与恶就当然全都相等了。

也许有人这样说,事实不清的错误尽管不是罪恶,但是非上的错误却常常是罪恶的,而这就能够成为不道德的根源。我的回答是:由于这种错误是以一种实在的是非为前提的,也即是以独立于这些判断之外的一种实在的道德区分为前提的,因而这样的一种错误不可能是不道德的原始根源。所以,是非的错误可以是不道德的一种,但它仅仅是一种依据在其以前就存在的另一种道德之上的后发生的不道德行为。

(有人说)有的判断是我们行为的结果,并且如果这些判断是错误的,就会使我们断定那是一些违背真理和理性的行为。对此我们可以说,我们的行为永远不能产生出任何我们自己的真或假的判断,而只是对别的人才会有这样的影响。确实,在许多场合,一种行为能让别人产生毫无根据的结论;如果某个人从窗户窥视我和邻居的老婆的淫乱行为,或许他会天真地认为她肯定是我的老婆。我的行为在这一点上就与谎言或妄语相似,唯一的不同之处(这很重要)就是,我的淫乱行为并非要让他人产生一个错误判断的想法,而只不过是为了使我的性欲和情感得到满足。但我的行为却因意外而引发了一种错误的和毫无根据的判断;行为之结果(即他人的判断)的无根据性可以运用奇异的比喻来归属于行为本身。但我还是找不到任何借口可以依据它来声称,引发那种错误的倾向就是一切不道德的最初的源泉或者原始的根源。①

---

① 一个有幸成名的已故作者(沃拉斯顿 Wollaston)曾郑重声称,这样的错误就是所有罪恶与道德上的丑恶之基础。要不是他这么讲,我们本来还可以认为上述这一点完全是多余的。为了发现他的假设的悖论,我们只要考察下面(转下页)

（接上页）这点，即：人们之所以从某个行为推断出一个错误的结果，仅仅是因为自然原则模糊不清，以至于一个原因被另一相反的原因所掩盖，并使两个对象间的联系发生变化。然而，由于即使在自然的对象上，原因也有类似的不稳定性和变化，并导致我们判断中类似的错误，因此如果引发错误的那个倾向就是恶和不道德的本质，那么必然的结果就会是：即使是那些非生物，也能成为罪恶的和不道德的。

如果人们又辩解说，非生物的行为没有自由，是无法选择的，那也是枉费的。既然自由和选择不是让某种行为在我们心中产生错误结论的必要条件，那么不管怎么样，两者都根本成不了道德的本质；而且就这个系统而言，我也难以明白它怎么还能够想到自由和选择。如果导致错误的倾向是不道德的源泉，那么在任何情况下该倾向与不道德都应该是不可分割的。

另外，在我和邻居的老婆尽情淫乱时，如果我细心地先关上窗户，那么我也就不犯不道德之罪了。这是因为，既然我的行为完全是隐秘的，那就应当不会有造成任何错误结论的倾向了。

基于相同的理由，如果一个偷窃者攀着梯子从窗户进来，并极为小心地不惊动任何人，那么他完全无罪。因为，要么他不被发现，要么就是如果被发现了，他也不会导致任何错误，在这种情况下谁也不会认错了他的身份。

大家都很清楚，斜视的人很容易让人出现错误。我们很容易认为他们是在和某人打招呼或者说话，但他们实际上是在和另一个人说话。难道他们因而也可以说是不道德的吗？

另外，我们还不难发现，所有的那些论证中都存在一种明显的循环推断。如果一个人侵占了他人的财产，并作为自己的来使用，那么他就犹如宣布了这些财产是自己的；这种悖论是"误解"这种不道德的根源。然而，如果预先没有道德准则为前提条件，那么财产、权利和义务还会是可以理解的吗？

一个忘恩负义的人在某种意义上就表明他不会被施舍过任何恩惠。然而是在何种意义上呢？是否由于感恩是他的义务呢？但这就是在假定此前已经存在一种义务和道德的规则。那么，这是否由于人性一般来说是感恩的，并使我们断定一个伤害别人的人就永远不能使受伤害的人获得过任何恩惠呢？但是人性并非那样普遍地是感恩的，从而可以证明这样一种结论。即使人性一般而言是感恩的，那么一个普遍原则的例外是否只因其为例外就总是罪恶的呢？

但是只需这一点就足够全面摧毁这个荒谬的体系，即：它使我们同样很难说清楚为什么真实是善的而错误则是恶的，就如同它说明不了任何其他行为的功过一样。如果你能够讲出任何还算合理的理由来说明那种错误为什么是不道德的，那我反而愿意承认，所有的不道德都是因行为中这种假设的错误而产生的。但是你如果好好地考虑一下这个问题，你就会发现你还是处于原先的那种困境。

最后的这个论证非常具有决定性，因为要是在这种真假上未附着某种明显的功或过的话，那真假就绝不能对我们的行为产生任何影响。谁会因害怕别人可能因某种行为得到错误结果而不去作那种行为呢？或者谁会为了让他人得到正确结论而去作出某种行为呢？——原注总而言之,道德之善恶的区分不可能是因理性而产生的;因为那种区分对我们的行为有一种影响,而单就理性而言是发生不了那种影响的。由于理性与判断促动或指引一种情感,因此确实可以成为一种行为的间接原因;但是我们不会妄称这类判断的真假会附随于德或者恶。至于因我们的行为而产生的别人的那些判断,则更加不能赋予构成其原因的那些行为以那些道德的性质。

但是为了阐述得更加详细一些,也为了指出事物的永恒不变的适当性和不适当性并不能够获取完善的哲学辩护,我们还可以考虑以下几点。

如果只需要思想和知性就能确定是非的界线,那么德与恶这两种性质就必定会要么在于对象的某些关系,要么就在于能通过我们的推断来发现的一种事实。这一结论是显而易见的。既然人类知性的作用分为以观念的比较和事实的推断这两种,那么,如果德是由知识来发现,则德就一定是这些作用之一的对象,除此之外知性再也没有第三种作用能够发现它们。有些哲学家曾经勤勉地传送一个意见,说道德是可以证明的;尽管谁也没有在那些证明方面前进一步,但他们却假设这门科学能够和几何学或者代数学达到相同的精确性。按照这个假设,恶与德必定存在于某些关系中,因为从各个方面来看,人们都承认事实是不能证明的。所以,首先让我们以考察这个假设作为起点,并且如果有可能,那就尽量明确那些长期以来成了毫无结果的研究对象的道德性质。请你明确指出构成道德或义务的那些关系,以便让我们知道那些关系是怎么形成的,以及我们要以何种方式来进行判断。

如果你认为德与恶是由那些具有确切性并可证明的一些关系而形成的,那么你指的肯定仅限于四个可以具备那种证明程度的关系,而那样你就陷入了重重矛盾中而永无脱身之日。因为既然你主张道德的本质就存在于这些关系当中,而这些关系中没有任何一种不能应用于不具理性的对象,所以结果当然就是,甚或这些对象也必定可以有功或者有过了。相似关系、相反关系、性质程度和数量与数额的比率,这一切关系不仅属于我们的行为、情感和意志,而且也确切地属于物质。所以,可以肯定,道德并不处在任何这样一种关系之中,而且道德也不因这些关系的发现而存在。①

要是有人认为,道德感决定于发现与这些关系不同的某种关系,并且在我们将所有可证明的关系都划归于四个总项时,那么我们所列出的关系就是不完整的。如果无人愿意对这种新的关系给予指教的话,对此说法我还真不知该怎样回复才好。我们是不可能对一个从未作过说明的系统进行反驳的。这样在黑暗中混战,一个人常常是打空了,会把拳打在敌人不在的地方。

所以,在这种场合我就只好对愿讲清楚这一系统的人要求以下两个条件。第一,既然道德之善恶仅仅是心灵的活动并通过我们对待外部对象的态度获得,因而由这些道德区分引起的那些关系就必然仅存于内心活动和外部对象之间,并且必然不能够在自我比较的内心活动中或者某些外部对象与其他外部对象的对比中运用。既然将道德假设为追随某些关系,因此,如果这些关系仅仅

---

① 为了证明在这个问题上我们的思维方式常常是多么混乱,我们可以这样说,认为道德是可证明的那些人并不说道德就存在于关系之中,并且那些关系是能够通过理性来区分的。那些人只是说,理性可以发现在那样的关系中这种行为是善的,而另一种行为却是恶的。他们好像以为只要能在他们的命题中放入关系这个名词就可以了,而用不着费心去考虑它是否与命题相吻合。但是我认为这里有一个明显的论证,证明的理性仅仅发现关系。但就这个假设而言,那个理性也发现恶和德。所以,这些道德的性质必定是关系。当我们责备各种情况下的各种行为时,情况与行为的一切复杂对象必定产生恶之本质所赖以存在的某些关系。在别的方式下是理解不了这一假设的。因为当理性断定每一种行为都是恶的时候,它发现的是什么呢?它是发现了一种关系还是一种事实?这些问题是决定性的,并且谁也不能逃避。——原注

是纯粹的内心活动,那么结论就是:无论我们对宇宙抱的是什么态度,我们自身就会是犯罪。同理,假如这些道德关系可以在外部对象间运用,那么结论就是:即使是非生物也能产生道德上的善恶了。但我们好像难以想象,在情感、意志和行为与外部对象比较中发现出的任何一种关系在自我比较的情况下是不可能属于这些情感和意志或者属于这些外部对象的。

然而,要满足证明这个系统所需的第二个条件却更加困难。就好像有的人所认为的那样,在道德之善恶当中存在一种抽象的理性的差别,而事物也有一种自然的相适性和不相适性;按照这些人的原则,他们不但假定这些关系因其永恒不变而在被每个理性的动物考察时总是存在的,而且还假设它们的结果也必定是同一的;他们还断定,与对于理性的、善良的人们的支配比起来,这些关系对于神的意志的指导具有同样的、甚至更大的影响。这两点明显不是一码事。对道德的认识与使道德和意志相符,这是两码事。所以,为了证明是非标准是约束每个有理性的心灵的永恒规则,而仅仅指出善恶所依据的那些关系还不够,我们还得指出那种关系和意志之间的联系,并且须证明这样的联系是必然的,以至于尽管每个有善意的心灵在别的方面存在巨大的、无限的差别,这些心灵中的这种联系必定会产生,并且必定存在其影响。但我已经证明任何关系即使在人性之中也绝不能单独产生任何一种行为;除此之外,我在研究知性时也已经指出,一切因果关系(道德关系也被视为因果关系)都只能通过经验来发现,而且我们也不能毫无根据地说,仅仅通过思考一下对象就可以对这种因果关系有任何确切的理解。一切宇宙间的事物,仅就其自身而言,看上去完全是散漫而又相互独立的,我们只不过凭经验才懂得它们的影响和联系,但我们永远也不应将这种影响扩大到经验之外。

由此可见,由于我们不可能指出那种是非的区分所依据的那些关系,因此不可能满足永恒的、理性的是非标准的系统所需要的第一个条件。第二个条件也同样满足不了,因为我们无法先验地证明,如果这些关系确实存在并被感知,那就会有普遍的强制力和约束力。

然而,为了让这些一般的思考更清楚、更有说服力,我们可以运用一些公认的含有道德的善与恶性质的特殊事例来详细说明。人类可能犯的所有的罪恶中,最可怕、最大逆不道的就是忘恩负义,尤其是这种罪恶犯在父母身上,表现为伤害和杀害的罪大恶极的例子中。不管是哲学家还是普通人,所有的人都承认这一点。唯独在哲学家当中出现了这么一个问题,即:这种行为的恶是建立在理性的基础上还是建立在人的内心感觉经验反省的基础上?如果我们可以指出,别的对象中尽管也存在相同的关系,但并未伴随任何罪恶或者负义的意思,那么这一问题的结论就马上被肯定了,它不能建立在理性的基础上。理性或科学只不过是对观念进行比较和揭示观念的关系;要是相同关系具有不同性质,那么结果明显就是不只是理性发现了那些性质。所以,为对这个问题进行检验,让我们选择任一无生命的对象,如一棵橡树或榆树。我们假设,那棵树掉下一粒种子,树下长出了树苗,那树苗渐渐长大,最后高过母树并将它毁灭。那我要问,该例子中是否缺少了谋害父母或忘恩负义行为中被发现的任何一种关系呢?老树难道不是幼树存在的原因吗?难道幼树不就是老树死亡的原因、就像儿子杀害他父母一样吗?如果只是回答此处缺少选择或意志是不够的,因为在杀害父母的情况下,意志并不引起任何不同的关系,而只是之所以产生那种行为的原因。所以,它引起的关系是与橡树或榆树因别的原则而引起的关系相同的。意志或选择决定了一个人杀害其父母；物质和运动的规律决定了橡树苗毁灭了它赖以生长的老树。所以，相同的关系具有不同的原因，但那些关系还是一样的。既然两种情况下这些关系的发现并非都伴随着不道德的观念，那么结论就是，那种观念并不是在那一种发现中产生的。

但我们还能找出一个更相似的例子。请问各位，为什么人类的血族通奸是罪恶的，而动物的相同行为和相同关系却根本就不能说是道德上的罪恶和丑恶呢？如果有人回答说，动物的这种行为之所以不是罪恶的，因为动物没有足够的理性去发现这是罪恶的，而人类则具备理性功能，应该约束他的行为，使他遵守规则，因而对于人来说相同的行为就马上成了罪恶了。如果有人这么说的话，那我可以回答说，这明显是一种循环论证，因为罪恶必定早在理性可以察觉到罪恶之前就已经存在。所以，罪恶是在我们理性判断之外独立存在的，它是这些判断的对象而非其结果。因此照此说来，一切有感觉、欲望和意志的动物，也即任何动物，必然都具有我们所赞赏和责备人类的所有德与恶，一切差别仅仅是我们的高级理性足以发现德或恶并凭此能够增加赞赏或责备。这种发现不过还是假定这些道德差异是以一个独立的存在者为前提的，这个存在者只依赖着意志和欲望，而且在意念与现实中都能和理性分离。动物之间也和人类一样存在同样的关系，因此如果道德的本质就是这些关系，那么动物也和人一样可以有同样的道德。动物也许因缺少足够的理性而阻碍了它们察觉道德的职责和义务，但这却永远阻碍不了这些义务的存在，因为这些义务必须事先存在才可以被知觉。理性永远产生不了这些义务，而只能够发现它们。这个论证值得考虑，因为我认为它完全具有决定性。

这一推断不仅证明了道德并不是在作为科学对象的任何关系中产生的，而且在通过认真观察后还会同样确切地证明。道德也不是在知性所能够发现的任何事实中产生的。这是我们要论证的第二部分,如果这一部分讲清楚了,那我们就能断定道德并非理性的对象。然而,想要证明德与恶不是我们凭理性所能发现其存在的一些事实又有何难呢?就拿公认为罪恶的故意杀人来说吧。你可以用尽一切观点去思考它,看看是否找得出你所说的恶的任何事实或者实际存在来。无论你从哪个角度去观察它,你都只能找到一些情感、动机、意志和思想。这里再也不存在别的事实。如果仅仅继续研究对象,那你就根本看不到恶。你是永远也发现不了恶的,除非你反省自己内心并感觉到心中对那种行为产生一种责备的情绪。这是事实,只不过这个事实不是理性的对象而是情感的对象。它不在对象之中,而是存在于你的内心。所以,当你断定一切行为或品格是恶的时候,你的意思只不过是,你在思考那种行为或品格时因为你的天性的结构而产生了一种责备的感觉或者情绪。所以,德与恶可以看作是声音、颜色、冷和热,根据近代哲学,这些都只是内心的感觉,而不是对象的性质。道德学中的这一发现就像物理学中的那个发现一样,应当视为思辨科学上的一个重大进步,尽管这种发现和那种发现一样对实践几乎没有任何影响。对于我们来说,最真实且又让我们最关心的就是我们的快乐和不快乐的情绪。如果这些情绪是赞成德而反对恶的,那么在指导我们的行为和活动上就无须别的条件了。

我必须在这些推断上添加一条附论,它也许会被认为是相当重要的。在我遇见的每个道德学体系中,我总是注意到作者在某个时期是根据往常的推断方式来确定上帝的存在或者对人事进行一番评论。但我却突然间惊异地发现,我遇见的不再是命题中常见的"是"和"不是"等连接词,而都是由"应该"或"不应该"把各个命题联系起来的。虽然这个变化是不知不觉的,但却具有极为重大的关系。因为既然这个应该或不应该表示的是一种新关系或肯定,那么就必须进行论述和说明,同时也应当摆出理由来说明这种看起来完全不可思议的事情,即这种新关系怎么可以从根本不同的其他关系中推导出来。不过,既然作者们往往并非如此谨慎行事,那我就要建议读者们加以提防。而且我相信,这种细微的注意,就能摧毁一切通俗的所谓道德学体系,并让我们明白,德与恶的差别不是仅仅建立在对象的关系上,也不是由理性来察知的。

二、道德的区分来源于道德感

因此,论证的进程使得我们断定,既然德与恶不是纯粹地由理性发现的,或者是从观念的比较中发现的,那么我们肯定是通过它们所产生的某种印象或情绪才可以注意到它们之间的差异。我们有关道德的正与邪的判断明显是些知觉,而所有的知觉既然要么是印象,要么是观念,那么将其中之一加以排除,就是留下另一种有力论证。所以与其说道德是被人判断出来的,不如说道德是被人感觉到的。但是,通常这种感觉或情绪非常柔弱与温和,从而我们很容易将其与观念相混淆,因为根据我们的习惯,所有关系相似的事物都被视为同一的。

接下来的问题是,这些印象是什么性质的以及是以何种方式对我们产生作用的?我们对此不必多言,而必定马上就能断定,产生德的印象总是令人愉快的,而产生恶的印象总是令人痛苦的。任何一瞬间的经验都让我们相信这一点。一种高尚而慷慨的行为是那样的美好;而一种残暴奸佞的行为又是那样令人作呕。没有一种快乐能比得上和我们所敬爱的人在一起时所感到的那种愉悦,就好像最重的惩罚就是被迫和我们所憎恨或鄙视的人生活在一起一样。一部戏剧或小说就能提供给我们一些事例,以说明产生于德的快乐和来自恶的痛苦。

既然我们借以认识道德之善恶的那些印象只不过是些特别的痛苦或快乐,那么必然结果就是,我们只须指出区分这些道德与否的那些原则,我们在观察各种品格时就会感到快乐或痛苦。也就是通过那些原则,我们就完全可以相信,为什么这种品格是可赞赏的,那些品格则是应责备的了。为什么一个行为、一种情绪、一种品格是善的或者恶的?这是因为人们一见到它就产生一种特别的快乐或者痛苦。所以,如果说明了快乐或痛苦的理由,那我们就充分说明了德与恶。产生德的感觉不过是因为思考一种品格而感觉到一种特别的快乐,而恰恰是那种感觉形成了我们的赞赏或钦羡。我们不必再进一步去追求,也不必去探寻这种快乐的原因。我们并不是通过某种品格令人快乐才推断出那个品格是善的,而我们实际上是在感觉到它在某种特殊情形下令人快乐时就觉察到了它是善的。这种情形如同我们对各种各样的美、爱好和感觉作出判断时一样,由它们所产生的直接快乐中就内含着我们的赞赏。

我们已经反驳了那种构建了永恒理性的是非标准的体系,我在理性动物的行为中所能够指出的任何一种关系都可以从外部对象中发现,所以,如果道德永远伴随着这些关系,那么非生物也就能够是善的或恶的了。不过人们同样也可以反驳现在的这个体系说,如果德与恶是取决于快乐和痛苦的话,那么这些善恶的性质就必然永远通过感觉产生的;于是一切对象,无论是有生命的还是无生命的,是理性的还是非理性的,只要能够激发起快乐或者痛苦,就都能够成为道德上的善或恶了。但是这种反驳尽管好像是和前面的一致,却在这种情形下绝无前一种情形下的那种力量。因为,首先,我们显然在快乐这个名词下包含了许多很不相同的感觉,这些感觉只需那种疏远的类似关系就足以使它们通过同一个抽象名词来表示。一个美妙的乐章和一瓶美酒都一样产生快乐,而且两者的美好都仅仅是取决于快乐。但我们能够因此而认为酒是美味的或者音乐是和谐的吗?同理,虽然一个非生物或一个人的品格或情绪都能给人以快乐,但是因为快感不一样,这就使得我不至于混淆了因它们而产生的情绪,并且让我们把德划归为一类而不是另一类。即使是通过品格和行为产生的每一种苦乐情绪也并非都归属于使我们赞赏或责备的那种特殊的苦乐情绪。敌人的优秀品格对我们是有害的,但还是会激发我们的尊敬。所以当我们并不参照我们的特殊利益,而只是在一般地思考一种品格时,那种品格才产生了那样一种感觉或情绪,从而使我们将那种品格称为道德上的善或恶。当然,因利益产生的情绪和因道德产生的情绪容易相互混淆,并且自然地相互融合。我们很少认为敌人不是恶的,也很少可以在他对我们的利害关系与本人真正的恶劣之间加以区分。但这并不妨碍那些情绪本身还是互不相同的,而且一个镇定而有远见的人是可以不受这些幻觉控制的。同样,尽管和谐的声音的确只不过是自然地给人一种特殊快乐的声音,但一个人却难以察觉到一个敌人的声音是动听的,或者承认它是和谐的。然而一个听觉敏锐的且能自制的人却可以区分这些感觉,因而对值得赞赏的就给予赞赏。

其次,我们可以回忆一下前面提到的情感体系,以便了解我们各种快乐与痛苦之间的一种更大的差别。当每个事物显现在我们面前,并且该事物既对这些情感的对象产生一种关系,又产生了一种和这些情感的感觉有关的独立的感觉,此时骄傲与谦逊、爱与恨就被激发起来。德与恶就伴随有这些条件。德与恶必定在我们自身或别人身上存在,而且必定会引起快乐或痛苦;于是它们必定激发起这四种情感之一,这就使它们和那些通常与我们无关的非生物所产生的苦乐清楚地区分开来。这也许是德与恶对心灵所产生的最大的作用。

现在,可以就区分道德之善恶的这种苦乐提出一个概括性的问题,即:这种苦乐是通过什么原则产生的,它产生于人类心灵的根源是什么?我可以就此问题回答说,第一,要在每个特例中想象这些情绪都是产生于某种原始的性质和原初的结构是荒唐的。因为,既然我们的义务可以说是无限的,那么我们的原始本能就不可能延及到每项义务,也不可能从我们的婴儿期开始就把最完善的伦理学体系中所包含的那一大堆教条烙在我们的心灵上。这样一种方式是不符合那些指导自然界的一般原理的。在自然界,少数几项原则就形成了我们宇宙中所观察到的所有种类,而且一切事情都是在最简单的方式中进行的。所以,我们必须将这些原始的冲动归纳一下,找出我们所有道德观念所依据的某些比较概括性的原则。

但是,第二,如果有人问,我们应该在自然中还是必须到别的某种来源中寻找这些原则?那我可以回答说,我们对这问题的答案是取决于"自然"这个词的定义,没有一个词比它更含糊不清了。如果所谓的自然是和神灵相对的,那么不仅德与恶的区分是自然的,而且世界上发生过的任何事件,除了我们宗教所依存的神灵以外,也都是自然的。所以,如果说德与恶的情绪在此意义上是自然的,我们就没有什么非常了不起的发现了。

然而,自然也能够和罕见的意义相对立。在通常意义下,有关何为自然的何为不自然的问题常常会引发争论。一般来说,我们并没有可以用来解决这些争论的任何十分明确的标准,常见还是罕见要取决于我们所观察的事例的数量,而我们不可能确定其中任何精确的界限,因为这个量是可以慢慢地有增有减的。在这一点上，我们只能断言，如果有事物能在此意义上称为自然的，那么道德感就一定能称作自然的，因为世界上没有任何国家，任何国家中也没有任何人完全没有道德感，没有一个人在任何事例中从未对习俗和行为表示过丁点的赞赏或厌恶。这些情绪深深地扎根于我们的天性之中，要不是因为疾病或疯狂使心灵完全陷入混乱，它们是绝不可能被根除掉的。

但是自然不仅能和罕见对立，还能和人对立，并且在此意义上，人们也可以争论德的概念是不是自然的。我们容易忘记人们的设计、计划和观点就像冷、热、潮、湿等原理那样，在它们的作用下一样是受到必然的支配，但当我们将其视为自由的、全由自己控制的时候，我们就常常将其与自然的一些别的原则对立起来。所以，如果有人问道德感是自然的还是人为的，我想现在对此问题我不可能作出任何明确的答复。也许我们以后会发现，我们的有些道德感是人为的，而另一些则是自然的。在我们进一步详细考察每个特殊的德和恶的时候①，再对这个问题进行讨论，那将是比较适合的。

同时我们可以按照自然的和非自然的这些定义说，认为那些主张德的是与自然同义的，而恶的则和非自然同义。但这种分析是最违背哲学的。因为在自然和神灵对立的第一个意义中，德与恶同样是自然的。我们至少得承认，有时勇敢和野蛮的暴力相似，它们都是极为罕见的，因而是非自然的。对于自然的第三个含义，德与恶的确同是人为的，因而是非自然的。因为无论人们怎么争论某些行为的功或过，就这种功或过的概念本身显然是人为的，

---

① 所讨论的"自然的"一词有时也和"政治的"相对立，有时还和"道德的"对立。对立的情形总是会显示出所指的含义。

它们总是人们按照某种目的来作出的,否则的话那些行为就不可能归属于这些名称当中的任何一个了。所以,自然的和非自然的这些性质无论在何种意义下都标示不出德与恶的界限来。

因此,我们就再次回到了我们原先的论题,即德与恶是通过我们纯粹观察和思考一切行为、情绪或品格时所产生的快乐和痛苦来区分的。这个论断非常贴切,因为它让我们归纳到这样一个简单的问题,即为什么一切行为或情绪在一般的观察下就给予人们某种快乐或痛苦,由此我们就能指出道德之正邪的根源,而用不着去寻找永远没有在自然中存在的,甚至也并未(通过任何清晰的概念)存在于想象中的任何不可理解的关系和性质。在就此问题作出这个我认为绝无任何模糊不清之处的说明之后,我深感庆幸,因为这些思考在我看来是极为重要的带有本质性的意义。

(刘根华　璐　甫　译)